创新
供应链管理

利丰冯氏的实践

|第三版|

冯氏集团利丰研究中心 编著

卢慧玲 张家敏 执笔

中国人民大学出版社
·北京·

　　国际著名资讯科技研究和顾问公司高德纳咨询公司（Gartner）旗下的成员机构 SCM World，在 2013 年的首席供应链官调查中采访了近 600 名供应链管理人员，大部分受访者认为在企业业务策略中供应链的重要性在于降低成本，接近七成的受访者认为供应链对业务策略非常重要，只有不到一半的受访者认为供应链对增强自身竞争优势和创造新价值非常重要。由此可见，企业的供应链管理策略较多着眼于控制成本效益，提高供应链流程的效率，习惯于"防守"。相对地，较少企业重视"进攻"型的供应链业务策略。

　　"防守"和"进攻"两者似乎是鱼与熊掌，不可兼得。但事实上，面对日益复杂的市场环境，最好的供应链不仅需要防守，确保"四流"顺畅高效，同时还要拥有进攻能力，具有敏捷性和适应性，并且可以保持与企业合作伙伴的利益协同。借鉴足球战术理论，"全攻全守"正切合现今供应链管理策略。供应链各环节宜同时兼备攻守功能，成为全攻全守型供应链 (Total Supply Chain)。足球场上，要实行全攻全守对球员本身的技术和体力有极高要求，套用在商界亦然。当全攻全守足球战术运用于商界时便是 3A 供应链概念，企业需根据市场环境变化培养迅捷 (Agility)、灵活 (Adaptability) 和协作 (Alignment) 这三个特性。

　　有曰："仕而优则学，学而优则仕"，要打造一个全攻全守的供应链，企业可先从精炼营运开始，包括但不限于以改善成本效益和资讯流通为目标的数字化，确保企业内外部网络能适应市场趋势，以及简化跟合作伙伴之间的工作流程，增加透明度。奠定防守根基后，便可部署进攻策略，利用数字化为供应链创造新价值，与合作伙伴共同建立可持续发展的生态系统，并对市场的变化保持一定的敏感度，随机应变。

冯氏集团利丰研究中心的《创新供应链管理：利丰冯氏的实践》一书恰恰向读者展示了冯氏集团的数字化和攻守兼备供应链的构建进程。在市场无间断的改变下，集团仍能快速回应客户需求、灵活应对环境变化，在商业生态系统中与伙伴密切合作，增加供应链的价值。通过此书，相信读者可以对冯氏集团有一个全新的了解，获得启发之余，也可让各行各业的供应链进一步改良，精益求精。

李效良

冯氏学院董事会主席

美国斯坦福大学商学院教授

　　近年来，数字经济是全球发展的重要趋势，是信息技术革命的产业化和市场化，在经济活动中以大数据为基础催生了一系列新产业、新业态、新商业模式及新组织形式。目前，数字经济呈现三大趋势：一是从高度标准化商品转向复杂商品再向服务拓展；二是从单纯线上创新转向线上线下融合创新；三是从消费环节创新入手转向全产业链、供应链的互动创新。

　　当前全球新一轮技术革命方兴未艾，成为全球创新的主要动力。以互联网、移动通信、大数据为代表的现代信息技术广泛深度应用，成为中国乃至全球效率提升和实现创新驱动的主要动力及途径，并对消费、生产、流通产生一系列革命性的影响，实现消费与生产制造、流通服务的深度融合和创新，从而形成驱动新产品、新服务、新技术、新业态、新模式发展，促进新兴业态、发展新兴行业，带动经济结构调整升级和实现持续增长的新格局。

　　更为重要的是，全球消费变革正在成为创新的新动能。作为全球最大的消费市场，中国城乡居民消费水平正在实现从量到质的升级，从以往的大规模、同质化、普及型的消费，向多样化、差异化、高品质的消费转型，消费者对商品及服务的质量、安全、效能等方面的要求不断提升，多样化、多元化、多层次的全新消费格局正加快形成。

　　面对急速的全球市场变化和数字经济的发展，企业转型、创新和升级是刻不容缓的任务。香港冯氏集团是全球供应链管理企业翘楚，其创新管理模式能为市场带来先进的示范作用。本书介绍了冯氏集团在不断变化的市场中保持创新的步伐，以快捷、流畅的数字供应链回应客户和消费者的需要，在供应链的不同环节提供全方位管理方案。书中除了提供全面数字供应链方案，还有不少关于品牌管理、物流和新型零售的案例，值得细读。

王微

国务院发展研究中心市场经济研究所所长、研究员如今，企业早已跨越"原子主义"竞争的时代，成为包含多种业务和关系的供应链网络中的积极参与者。然而，随着分工的全球化，很多供应链开始走向全国乃至全球，在世界范围内进行运营活动，因此，供应链整体面临的风险的接触面也进一步扩大。另外，消费者对产品的个性化定制需求越来越大，对产品价格以及服务质量的要求也越来越高，加之技术的快速变化和产品的不断更新换代，许多行业越发争分夺秒，产品的周期越来越短，复杂性越来越高。要在如此复杂的环境中求生存，企业和供应链都需要打造自己的弹性能力和风险缓解能力并保持整体结构的灵活性，以快速应对环境不确定性的挑战，这也对供应链的"智慧储备"产生了更高的要求。随着信息技术以及其他先进分析技术的发展，现代供应链逐渐得到发展，开始利用先进的技术以及"价值共创"的生态合作理念，将数据、信息、物理对象、产品和业务流程进行无缝整合，由此，企业可以更加精细和动态的方式管理生产和生活，达到"智慧"状态，从而构建具有类似人脑主动分析、反应功能的"智慧供应链"。例如，配备智能设备和仪器的工厂可以和遍布全球的团队通过智能分析和横跨整个价值链的动态订单管理系统实现订单的协同、实时管理。毫无疑问，嵌入具有智慧存储、智能分析以及自动预警和应激功能的供应链中的企业能更高效地利用资源，在确保灵活性和弹性能力的同时保持供应链的精敏性，不但提高了企业的生产效率，还提升了企业的竞争优势。鉴于此，大量制造企业纷纷向"智慧化"转型，智慧供应链的建设如火如荼展开。实际上，智慧供应链的创新发展，不仅能够推动组织间流程再造、实现企业业务范围扩展、从根本上改变现代企业的运作方式，进而帮助企业重塑竞争优势，还有助于推动整个产业的重构并加速产业迭代。智慧供应链是实现智能制造的重要引擎，我国已意识到构建智慧供应链对于打造国家竞争力的重要作用，有关智慧供应链的政策风口逐渐打开，特别是国务院办公厅印发《关于积极推进供应链创新与应用的指导意见》（国办发〔2017〕84 号），明确指出，要通过供应链创新与应用、打造智慧供应链体系，推进农村一二三产业融合发展，促进制造协同化、服务化、智能化，提高流通现代化水平等。

这些政策和产业发展趋势对企业而言，既是机遇又是挑战。一些本已在市场上领先的优秀的大企业，既要把握身为"前浪"的先机，保持甚至扩大影响力，也要与"后浪"同步，突破过去令人印象深刻的成功形象，再次进化。未来，企业要突破现状和创新，需要把握供应链的创新变革的趋势。

第一，供应链决策智能化。供应链决策智能化指的是在供应链规划和决策过程中，能够运用各类信息、大数据，驱动供应链决策制定，诸如从采购决策，经制造决策、运送决策，到销售决策的全过程。供应链决策智能化通过大数据与模型工具的结合，通过智能化以及海量的数据分析，能够最大化整合供应链信息和客户信息，有助于正确评估供应链运营中的成本、时间、质量、服务、碳排放和其他标准，实现物流、交易以及资金信息的最佳匹配，分析各业务环节对于资源的需求量，并结合客户的价值诉求，更加合理地安排业务活动，使企业不但能够根据顾客要求进行业务创新，还能提高企业应对顾客需求变化所带来的挑战。

第二，供应链主体生态化。商业生态系统理论认为众多的组织和个体都是价值创造的一部分，他们相互之间共同作用，有机地组织在一起，扮演不同的角色，推动商业网络的形成、发展、解构和自我更新。这种生态化的网络结构产生的结果便是供应链组织方式和行为方式发生改变，即从原有的双边结构（dyadic），经三边结构（triadic）向四边结构（tetratic）转化。供应链的生态化是从产业整体的角度来看待企业的发展问题，生态圈里除了传统意义上的上下游供应商和客户外，还包括政府机构和其他宏观管理组织、供应链的行业协会组织以及其他同等的供应链等，即以核心企业打造的平台形成的生态圈是一个"小世界"，平台生态圈里的各方群体将建立一个良性循环机制。这种机制表现为扬西蒂（Iansiti）和莱维恩（Levien）所提出的三个维度：一是生态的稳健性（robustness），即通过各相关主体之间的协同和合作，使得合作网络能够应对环境的不确定性和任何突然变化；二是生态的生产力（productivity），即通过各主体之间的合作，充分整合各自的核心要素，不断改进生产率，传递创新，共同实现更高的效率和效益产出；三是生态利基创造力（niche creation），即生态系统中的成员角色呈现出多样性的特点，并且形成了随之而来的创造力。

第三，供应链活动服务化。供应链活动服务化是指在供应链运行中能有效地整合各种要素，使要素聚合的成本最低、价值最大。这种服务管理不仅通过交易、物流和资金流的结合，实现有效的供应链计划（即供应链运作的价值管理）、组织（供应链协同生产管理）、协调（供应链的知识管理）以及控制（供应链绩效和风险管理），而且通过多要素、多行为交互和集聚为企业和整个供应链带来新的机遇，有助于供应链创新。这主要表现在三个方面：一是通过供应链参与者之间的互服务和价值互动，使得创新从单一企业推动、经上下游协同创新逐步走向生态开放式创新；二是通过金融服务供应链以及供应链推动金融，实现资产端和资金端的创新；三是通过制造加服务，实现创新逐步从单一强调生产发展到生产与服务并驾齐驱。

第四，供应链管理可视化。供应链管理可视化就是利用信息技术，通过采集、传递、存储、分析、处理供应链中的订单、物流以及库存等相关指标信息，按照供应链的需求，以图形化的方式展现出来，主要包括流程处理可视化、仓库可视化、物流追踪管理可视化以及应用可视化。通过将供应链上各节点进行信息连通，突破信息传输的瓶颈，使链条上各节点企业可以充分利用内外部数据，这无疑促进了供应链的可视化。而供应链的可视化进一步推动了管理的可视化。管理的可视化对于企业的运营具有以下益处：一是能及时感知真实的世界在发生什么，也即企业能在第一时间掌握商业正在进行的过程、产生的信息或者可能发生的状况；二是帮助企业预先设定采取行动的时机，即在分析供应链战略目标和运营规律的前提下，设定商业规则以及例外原则；三是分析正在发生的情况，即企业有能力有效地分析所获取的信息和数据；四是确定采取的行动方案，即企业在获得商业应用型的、图示化的分析结果之后，供应链各环节的管理者根据此前确立的商业规则、例外原则等，知晓需要运用的资源、优化工具以对供应链运营进行调整，形成良好的供应链方案；五是落实行动方案，即为了实现上述调整优化目标，企业确定实现供应链资产、流程的调整与变革的措施。

本书的主角是拥有过百年商贸经验的冯氏集团，在外界眼中，冯氏一直是全球供应链的佼佼者。在新形势下，冯氏把握了上述四个要点，在其第九个"三年计划"中再度进化，以"速度、创新、数字化"为纲领，构建智慧供应链，加快流程速度，为每个环节增添新价值。集团与合作伙伴共同建立了紧密的生态系统，一方面，积极与合作伙伴开发有利于未来供应链发展的技术，另一方面，集团致力于实践可持续发展，并为集团人才提供孕育创新思维的良好土壤。

本书详细介绍了冯氏集团创新供应链发展的一系列操作，并辅以多

项业务的实际案例进行阐述，相信能为读者带来整合全球化供应链管理
的新洞见。

宋华
中国人民大学商学院副院长、教授

第
一
版
序
言
一

2001 年 12 月 11 日，中国正式成为世界贸易组织成员。自此，中国将履行"入世"作出的承诺并享受应有的权利。加入世贸组织意味着中国国内市场与国际市场的融合，也意味着我国流通企业将在更大范围、更深层次参与经济全球化的进程。由于跨国公司拥有雄厚的资本、丰富的经营管理经验、先进的管理信息系统和全球采购网络，我国的流通业未来在流通领域中参与国际合作与竞争的激烈程度将远远高于现在与过去。

在市场经济的大环境下，流通领域的发展对社会现代化的生产有着深刻的影响。众所周知，市场经济是以消费需求决定和带动生产的。流通带动生产，小流通带动小生产，大流通带动大生产，现代化的大流通带动现代化的大生产。没有现代化的大流通，就不可能有现代化的大生产。随着社会主义市场经济体制的建立与完善，现代流通组织形式和经营方式已经成为扩大内需、指导生产、引导消费、拉动经济增长的重要因素。通过现代流通的方式，把社会再生产的全过程紧密连接起来，使生产企业和最终消费者信息畅通，实行全过程服务与监督，最大限度地提高经济运行效率。这不仅代表着先进生产力的发展要求，也是适应我国加入世贸组织后参与国际竞争的迫切需要。

利丰集团于 1906 年成立，是一家精于供应链管理、以香港为基地的大型跨国商贸集团。利丰集团的核心业务为出口贸易、经销批发和零售，其发展经验和模式备受关注。哈佛大学曾对利丰集团作了一系列的案例分析。许多投资银行和研究机构也对利丰集团的业务进行了分析和研究。我一直对利丰集团的业务模式很感兴趣。今天我非常高兴地看到利丰研究中心撰写的这本关于利丰运用供应链管理概念发展业务的书，书中着重介绍了利丰集团在贸易、经销和零售等方面许多真实的业务案例，分享了许多业务心得。我相信利丰集团在供应链管理以及出口贸易、经销、零售方面的经验对我国发展现代流通业和增强企业竞争力有一定的参考价值。

张志刚

商务部副部长

《供应链管理：香港利丰集团的实践》

（第一版，2003）

2003 年 3 月

　　放在我们面前的这本书，讲述的是香港利丰集团如何通过供应链管理创新，将自己从一个传统进出口贸易公司改造提升为现代商贸业巨擘的成功案例。从这个故事中汲取经验和教训，对于内地流通业的现代化具有极为重要的意义。这是因为，最近 30 年来，流通业有了革命性的变化，传统的买卖中间商变成了社会供应链条的召集人和管理者。然而直到最近，内地流通业对这种发展跟进得还很不够，甚至对于供应链管理本身也知之不多。这种情况必须尽快改变，否则我国流通业将会遭遇愈来愈多的困难。这种困难在中国"入世"第一年里流通业所遭遇的冲击中已经可以看到端倪。我们知道，流通业是现代市场经济的一个最重要的组织部分，因此，发展现代流通业，提高它的竞争能力，降低它的经营成本，不仅关乎中国流通业本身发展和竞争力提高，而且是关乎中国经济整体发展的重大问题。

　　诺贝尔经济学奖获得者道格拉斯·诺斯把生产的总成本划分为转形成本（transformation costs，也就是马克思所说的物质变换成本，即人们通常所说的制造成本）和交易成本（transaction costs，包括获取市场信息的成本、订立合同的成本、执行合同的成本等等）两个部分。正像理论经济学所认为的，降低转形成本的基本途径在于深化分工。然而，随着分工的深化，人与人之间的相互依赖关系加深，交易关系愈益频繁，降低交易成本就成为一个具有决定意义的任务。现代物流业及其所应用的供应链管理就是在这种要求下应运而生的。

由于分工的深化是经济效率提高的主要原动力，第二次世界大战结束以后，愈来愈多的制造业企业把非本企业核心业务的作业"外包"（outsourcing）出去。例如，企业愈来愈专注于自己核心能力（如某项产品的研发、生产、营销等）的发挥，而把非核心产品外包给其他供应商去生产。在价值链（value chain）细分的情况下，有大量的流通组织工作，如供应链设计、订单管理、元器件采购供应、仓储、报关、运输等工作需要由主营企业自己的物流部门或者委托给第三方物流企业去处理。这样，就发展起一系列高效的物流管理技术，涌现出一大批以高效的供应链管理（supply chain management，SCM）作为自己的核心竞争力的企业，如戴尔、沃尔玛、利丰等，以至于供应链管理已经成为现代管理学的一个重要分支。所谓供应链管理，就是把生产过程从原材料和零部件采购、运输加工、分销直到最终把产品送到客户手中，作为一个环环相扣的完整链条，通过用现代信息技术武装起来的计划、控制、协调等经营活动，实现整个供应链的系统优化和它的各个环节之间的高效率的信息交换，达到成本最低、服务最好的目标。一体化供应链物流管理的精髓是实现信息化，通过信息化实现物流的快捷高效的配送和整个生产过程的整合，大大降低交易成本。这种管理思维已经在许多企业中得到应用，取得了巨大的效益。当前流通业由单个企业的物流管理到一体化的供应链管理的革命，极大地降低了全社会的交易成本，提高了各产业的生产效率，成为 20 世纪末大规模产业重组的重要内容。美国著名的物流专家马丁·克里斯托弗（Martin Christopher）甚至认为："21世纪的竞争将是供应链与供应链之间的竞争。"

目前中国经济运行面临的一个重大问题是：虽然产品的制造成本很低，但总成本的另一个组成部分——交易成本却很高。制造成本（转形成本）很低，进一步降低的空间十分有限。但是，由于市场制度还没有完全建立，经济活动缺乏规范，经济行为人缺乏诚信等原因，交易成本却很高，存在较大的降低空间。这样，如何通过与交易有关的各行业的现代化，降低交易成本，以提升本土企业的竞争力，便成为中国加入WTO以后亟待解决的一个问题。在中国加入WTO以前，由于存在比较高的关税和非关税壁垒，在较好的制度环境下运行、具有交易成本优势的境外企业无法充分利用内地制造成本低的优势，使交易成本较高的本土企业受到某种程度的保护。中国加入WTO以后，关税和非关税壁垒迅速降低，境外企业纷纷把它们的加工厂转移到中国，以便分享制造成本低的优势，因此中国正在成为世界的制造业基地。至于中国的本土企业，由于交易成本比较高，总成本往往高于境外企业，这使它们与境外企业相比缺乏足够的竞争力。这样，对一些本土企业而言，外资企业的大量涌入和对原有合资企业的整合就形成了"大军压境"的形势。处理不好，就会在今后的激烈竞争中败北。由此看来，提高中国与交易有关的行业包括商贸业的效率，便成为一项十分紧迫的任务。

和发达的市场经济体相比较，中国境内的商贸业存在两方面的缺陷：

第一，大体上还停留在一手买进、一手卖出的商业中介的发展阶段，效率低、竞争力差。中国境内商贸业，无论是其中的外贸企业还是内贸企业，都是在计划经济体制下建立的，虽然改革开放以来少数企业迫于市场压力也进行了一定的改革和创新，并且出现了少数机制比较灵活、业务模式较新的民营商贸企业，但从总体来看，商贸业并没有得到根本性的改造和革新。体制僵化和业务模式落后依然是普遍存在的问题。特别是在前些年的改革中又采取了某些不适合现代市场经济的做法，如"层层承包""出租柜台"等，以致愈来愈跟不上时代的要求，甚至成为影响我国产业大规模重组的一个薄弱环节。

　　第二，现代商贸企业在数量上严重不足。商贸等与交易密切相关的行业是与市场经济相伴随而发展的。由于分工的深化和交易量的增大，商贸业在国民经济活动总量中所占比重也会愈来愈大。据诺斯对1870—1970年美国经济中与交易有关的部门规模的估量，20世纪后期美国经济中银行、保险、金融、批发、零售等与交易相关的行业在国民收入中所占的比重从1870年的25%左右提高到1970年的45%左右。目前我国相应行业在国民收入中所占比重只与发达市场经济国家一个多世纪前的情况相若。和在强大的流通业组织的支撑下，发达市场经济国家产品价值链愈分愈细的情况相反，我国商贸业发展不足制约了分工的深化。

　　面对这种形势，我们必须努力发展商贸业，提高它的效率。第一，要按照十六大精神以及2001年12月国务院办公厅转发的国家计委《"十五"期间加快发展服务业若干政策措施的意见》的要求，放宽对非国有经济的准入限制，允许民营经济进入对外贸易等行业。第二，为商贸业营造透明的法治和政策环境，使企业的经营有平等的竞争场地。第三，要有符合现代市场经济要求的政府监管框架。第四，商贸企业要加强自身的建设，包括用现代信息技术改善经营流程，提高管理和服务水平。所有这些工作，需要政府和民间通力合作。

　　香港作为亚洲重要的经济中心，在发展商贸业、提高商贸业的效率方面有很多宝贵的经验值得内地学习。香港地区有一个适合市场经济的法律框架、执法系统和政府规制系统，这是发展建立在规则基础上的现代市场经济或称法治的市场经济的基本前提，也是建立强大和高效的商贸业的重要制度基础。在香港已经回归的情况下，内地的立法机关、执法机构和行政规制机构完全有可能低成本地引进有关的法规体系和规制框架。通过向香港学习，把现代市场经济的这一制度基础设施比较快地建立起来。与此同时，香港商贸企业在发展一体化物流（integrated logistics），改善供应链管理和提高商贸企业效率方面取得的成就是举世公认的。香港是一个重要的国际商流、物流、资金流和信息流的中心，通过综合运用这些资源和优势，香港商贸业在推进流通现代化的实践中不断进行新的探索和创新，积累了一些很有价值的经验。在这方面，利丰集团就是一个值得学习的榜样。它是香港甚至是世界范围内商贸业的一个著名的创新者。它顺应了经济全球化、采购和生产全球化的趋势，面对快速变化的市场需要，不断改革和创新，使自己从一个传统的中介贸易商逐渐演变成全球商贸供应链的管理者。它紧紧围绕客户的需求，利用十分先进的管理信息系统，在全球范围内选择最好的设计师、最好的原材料供应商、最好的加工厂，以合理的价格按时向客户提供最好的产品。通过高效率的组织和严密的调度管理，利丰集团以一体化供应链的管理方式，在专业化基础上真正实现了全球资源的最佳配置。目前它在全世界40个国家和地区设有67个分公司和办事处，网络遍布全世界，为数百家客户服务。正因为利丰集团的做法和经验所具有的独创性，它已被哈佛大学作为教学的典型案例进行重点分析和研究。我感到，利丰集团的经验对于中国内地商贸业的现代化发展有着更为重要的借鉴意义，因为它不仅为内地传统的内外贸企业的改革和发展探索出了可供借鉴的方向和方法，也为内地企业通过高效率的供应链管理降低流通成本、提高企业效益作出了榜样。

　　本书翔实地介绍了利丰集团的发展过程和供应链管理的基本做法和经验。我们相信，阅读本书对于关心我国商贸现代化、关心供应链管理发展的人们而言，定会大有裨益。

吴敬琏

国务院发展研究中心研究员

《供应链管理：香港利丰集团的实践》

（第一版，2003）

2003 年 3 月

　　中国加入 WTO 以后，绝大多数中国企业必须依据国际商业惯例与游戏规则行事，在商业大环境不断改善的同时，也将不得不直接面对来自国际竞争对手的强大挑战。由于国内商业环境的不成熟和市场机制发育的不完全，与国外竞争对手相比，国内企业在资金、技术、人才、战略等企业管理的方方面面存在很大的差距，这些差距对于打造和全面提升国内企业的核心竞争力有很大制约。

　　假如我们把企业管理理解得广义一些，可以将其看成一个房子，整体上分为三个部分：一部分是屋顶，一部分是围墙，一部分是地基。

　　屋顶部分可以看作企业具体运作层面的管理，比如一个企业的采购、生产、销售、研发、服务等方面的管理。每个行业、每个企业，其运作层面的管理都有自己的特色。第二部分是围墙部分，具体指的是流程层面的管理，比如物流、资金流、信息流的管理，如企业资源计划（ERP）、客户关系管理（CRM）等等。每个企业在这方面虽然不完全一样，但是管理水平较高的企业在这方面是有很多相同点的。第三部分是地基部分，我称之为企业管理的基础部分，这部分主要包括机制、体制、管理文化理念和方法论等几个方面。管理水平较高的企业，地基部分的本质是一样的，虽然各自的体现方式可能有所不同。在以上三部分中，地基部分是起决定作用的部分，可以说，没有扎实的地基，任何战略和战术动作都难以实现。联想这么多年能较为成功地组织和实施大的结构改造和战略调整，也正是因为我们这么多年在地基部分扎扎实实地做工作。

从这样的角度讲，国内大多数企业目前比较擅长的是屋顶部分。如果要在即将到来的激烈竞争中胜出，除了要夯实地基部分以外，围墙部分的建设，也就是 ERP、CRM 等企业流程的建设与再造工作，也是非常重要的因素。本书中谈到的利丰集团所擅长的供应链管理模式，就是这样一种非常重要的、涵盖了企业业务各个方面的全新流程再造工程。

对于如何管理供应链，虽然核心理念是一致的，即以顾客为中心，优化企业内的资源分配，不断降低业务流程中的各项成本，从而最终提升企业的盈利能力与竞争力，但是不同的企业有不同的成功模式。在这些企业中，利丰集团的经验无疑是独特而珍贵的。

众所周知，长期以来，香港作为亚洲经济的中心，在金融服务、贸易物流等方面拥有非常丰富的资源和成熟的经验，值得内地企业学习和借鉴。香港流通企业在发展现代物流体系、提高物流效率以及提升供应链管理能力方面取得的成就也是世人公认的。

作为一家在香港贸易行业经营了近百年的企业，利丰集团已经从一家传统贸易商转型成为以供应链管理概念运作的现代跨国商贸集团。多年的企业实际运作经验，无疑使利丰集团对产品的生产供应过程有着深刻而独到的理解。摆在我们面前的这本书，对利丰集团内部管理系统建设的经验作了全面总结，结合具体的案例，阐述了利丰如何应用供应链管理的概念发展出口贸易、经销批发和零售业务的心得。相信利丰集团的经验对于内地企业通过供应链管理来提升自身的竞争力会有所裨益。

柳传志

联想集团董事会主席

《供应链管理：香港利丰集团的实践》

（第一版，2003）

2003 年 4 月

　　《供应链管理：香港利丰集团的实践》初版于 2003 年面世后，得到各界热烈支持，后来，利丰集团在 2009 年出版《供应链管理：香港利丰集团的实践（第二版）》，亦受到各界友好及学术界的好评。集团在此向拥戴此书的读者表示谢意。

　　自第二版面世到今天的 10 多年间，科技与日俱新，零售市场与国际商贸环境快速变化，集团的全球业务亦不断扩张和演进。本书冀以上一版的供应链理论为基础再作革新，呈现集团在新时代下的创新发展，以及构建未来供应链的实践。

　　冯氏集团（Fung Group，下称冯氏）由多家子公司组成，作为控股公司，冯氏集团旗下贸易及物流业务由利丰有限公司（Li & Fung Limited，下称利丰）进行运营管理，品牌管理业务及零售业务分别由利标品牌有限公司（Global Brands Group，下称利标）及冯氏零售集团（Fung Retail Group，下称冯氏零售）运营。冯氏零售旗下业务涵盖国际服装及时尚品牌，包括经典男装、时尚女装、玩具、童装、便利店、饼屋及快时尚眼镜店。另外，冯氏成立合资公司利弘投资（LH Pegasus，下称利弘）管理三大产品领域，包括利妍（美容）、利洋针织（毛衣）和利家（家具）。

　　随着时代不断变迁，不单集团业务架构重组，供应链也在转型。冯氏集团主席冯国经博士认为："全球将经历一个重大转型期，我们要直面未来的发展局势。""以前用了数十年才奠定下来的供应链支配顺序将发生巨变，需求将首次来自那些传统的生产国，这意味着全球供需格局将发生微妙变化。供应链操作亦会因此发生根本变化，企业需要有能力在任何地区组织货源及销售货物。""一如既往"的供应链策略已经无法再带来最高的经营成效。企业必须调整供应链，充分运用成熟市场及新兴市场的商机创造效益。

在创新及数字科技的带动下，信息传播的速度越来越快，消费者的需求不断变化，要求便捷、即时和持续的新鲜感。在急剧变化的市场环境中，如何快速研发、生产、配送、销售市场所需的商品，成为零售商必须面对的课题。过去零售商大多着眼于压缩供应链环节之间的成本，但目前它们更关注回应市场的速度。以速度取胜是愈来愈多零售商采用的经营模式。利丰集团行政总裁冯裕钧认为："从需求角度而言，零售领域的消费者已高度数字化，从供应角度而言，各种数字科技仍未得到适切而广泛的应用，大抵都是处于传统供应链管理阶段。传统上，不同行业的商品从创意、设计、生产直至交到消费者手上一般需要 40 个星期。现在，通过采用数字科技、虚拟设计等技术，生产周期有效缩短至一半甚至更短时间。

面对下游零售领域的快速变化，利丰积极回应客户加速商品流转，在 2017—2019 年的"三年计划"中，提出"速度、创新、数字化"，构建数字供应链，回应新时代的需求。未来的供应链将转向全球化、数字化和智能化，并着重商业生态系统的建设，重视整体共赢、可持续发展，以数字平台为基础，与供应商及客户构建合作伙伴关系，从与不同的行业巨头组成强强联盟，到扶持具有潜力的初创企业，为利丰供应链生态下 10 亿人口打造美好生活。

有评论认为，互联网的普及、全渠道零售的百花齐放，会削弱利丰作为供应链管理者的角色。事实正好相反，作为全球供应链管理者，利丰拥有不同供应商和工厂资源，为全球不同国家和地区的客户服务。不是简单地撮合买卖双方，而是协调全球市场的采购生产，提供全方位且具弹性的一站式供应链方案及增值服务。利丰分拆每一项生产程序，深入参与、跟踪供应链的每一个阶段。加上千禧一代的消费模式与上一世代截然不同，千禧一代需要即时、高透明度的消费，要求品牌关注社会的可持续发展及公义。利丰长久坚守可持续发展的运营原则，严格执行供应链上各环节的合规及质量管理，为客户及消费者提供优质产品。

另外，时尚商品多批次、少批量的下单模式，大大增加整条供应链协调的复杂程度，因此，利丰作为协调者的角色显得更为重要。随着亚洲中产阶层的兴起、个性化商品需求殷切，未来将有越来越多跨境进口的产品，冯氏着力发展亚洲消费者市场，特别是面向内地市场成立新部门。

为了更有效地实施转型计划，2020 年 3 月，利丰公告与普洛斯集团（GLP）以协议安排方式私有化，此安排取得逾 97% 股东支持，同年 5 月，利丰于香港联交所撤销股份上市地位生效。2020 年 7 月，利丰与京东宣布达成战略合作协议，此次合作将加速利丰供应链的数字化发展，同时，利丰亦会充分利用其全球供应链网络，与京东在自有品牌方面合作，进一步拓展国内市场，双方还会在不同的科技领域上逐步进行创新合作。未来，基于冯氏与普洛斯的紧密伙伴关系及京东的加盟，利丰将继续发挥其规模优势及数字化能力，着力打造未来的供应链。

在太平盛世时，一家优秀的供应链管理企业固然要为客户提供优质的服务，当外在营商环境遭逢变化时，供应链管理企业作为全球资源协调者的角色更显重要。2019 年底新型冠状病毒肺炎暴发，之后蔓延全球，为保障人民的生命安全，多地实施限行管制，供应链运营受到严重冲击，不少企业停工。

作为全球供应链管理者，利丰与世界各地政府及行业组织建立了深厚的互信关系，曾与上下游供应链参与者携手渡过 2003 年非典型肺炎、2012 年中东呼吸综合征等难关。在这次疫情中，利丰继续发挥强大的全球行动力、沟通及组织能力，及时掌握各地信息，成立跨部门的全球危机管理小组，通过数字平台分析评估各地资源与风险，适时制定紧急应对方案，在保障员工安全的前提下，努力降低突发事件对客户及供应链造成的损害，与生态系统上各利益相关者共克时艰。

本书内容

冯氏以超过百年的经营，成为全球知名的国际贸易、分销、物流及零售集团，进入新经济时代，集团与时俱进，更在供应链管理模式上屡屡创新。本书详细阐述冯氏如何善用其供应链整合能力的优势，为供应链管理赋予新时代的意义。本书共分为七篇，并附以实践案例作说明分析：

第一篇为背景分析，剖析宏观发展趋势，指出现时供应链面对的新格局；大数据时代与创新科技不仅改变消费者行为，更颠覆传统的商业模式；文中亦探讨商贸中间人的角色争议，并介绍利丰全球供应链的百年沿革。

第二篇为理论和概念分析，概述供应链的基本定义，并介绍利丰"三年计划"的理念，及 2017—2019 年"三年计划"的重点："速度、创新、数字化"，以智慧型的数字供应链回应市场的需求。

第三篇从地域视野介绍冯氏集团的全球业务，涉及供应链的各个环节。本篇概述中外商家的区别及其对供应链服务要求的差异，并介绍冯氏集团的全球供应链网络及亚洲业务。

第四篇从微观角度，分析数字供应链如何重塑微笑曲线，令供应链各环节的价值得以提升。本篇重点介绍利丰的数字平台，并以具体业务案例介绍冯氏集团的全方位供应链管理方案：（1）解构利丰及利弘怎样运用数字科技，在生产、研发及设计层面实现高效及创新；（2）以多个例子印证利标建立品牌及为品牌拓展市场的能力；（3）介绍利丰物流业务，无论是跨境还是国内，利丰物流都能以最精确的服务及不断优化的物流方案为客户带来最大效益；（4）集中介绍冯氏零售旗下的 OK 便利店及利童的线上线下零售策略，以及其他创新零售方案，包括突破传统的玩具反斗城、快时尚零售的 Zoff 眼镜和利时及 DX 品牌折扣店。

第五篇超越单个企业界限，介绍冯氏与合作伙伴跨界构建生态系统，实现整体共赢。在冯氏的供应链背后，有专注于研究及发展的冯氏学院和利丰研究中心，也有创新业务孵化平台利程坊，以及提供供应链金融服务的 LF Credit。另外，在整个生态系统内，除了客户和供应商，还有初创企业、科技公司及电子商务专家等与冯氏携手一同打造智慧供应链。

第六篇详述冯氏贯彻推动的可持续发展策略。凭借公平、公开和合作共赢的理念，冯氏以可持续发展的方式，在风险管理、环境保护、人才培训及承担社会责任方面不懈努力，建立竞争优势，实现持续的经济增长。

第七篇汇集了冯氏集团主席冯国经博士、利丰集团主席冯国纶博士以及利丰集团第四代掌舵人冯裕钧先生对集团管理的经验分享及对供应链发展的观点，对冯氏的全球化供应链发展经验作了总结。

鸣谢

利丰研究中心非常希望借由本书与内地、香港和世界各地的朋友、企业家、政府官员和关心供应链管理发展趋势的读者分享冯氏集团的实践经验。我们更希望有机会与各界人士共同探讨如何更有效地运用供应链管理来提升企业的竞争力，迎接新型消费模式及科技一日千里所带来的挑战及机遇。

本书能够顺利完成，有赖许多关注和实践供应链管理的人士和机构的支持与协助。利丰研究中心首先感谢冯氏集团主席冯国经博士、利丰集团主席冯国纶博士和利丰集团行政总裁冯裕钧先生对本书出版的支持，他们提出了很多中肯宝贵的意见。我们亦要向集团各部门 50 多位经理表示衷心的谢意，没有他们提供的最新资料和业务信息，此书不可能顺利完成。还要感谢在案例中允许我们公开相关业务操作的客户。同时，我们亦感谢本书的项目组特邀成员马家华女士、李嘉咏女士及汤泳欣小姐，她们为本书的前期工作及撰写投入了大量精力。

我们特别感谢商务部原副部长张志刚先生、知名经济学家吴敬琏教授和联想集团前董事会主席柳传志先生为本书第一版作序；衷心感谢冯氏学院董事会主席、美国斯坦福大学商学院李效良教授，国务院发展研究中心市场经济研究所所长王微女士及中国人民大学商学院副院长宋华教授为新版作序。

感谢来自国内的专家和世界各地的学者与我们多次研讨供应链管理的理论并分享他们的学术研究成果。

最后，利丰研究中心郑重声明：本书所提出的有关观点仅为作者的独立研究成果，不代表冯氏集团的意见。我们真诚期待专家和读者的批评指正。

卢慧玲　张家敏

2020 年 6 月

01

第一篇

总　论

第一章

宏观格局的改变：新科技
颠覆传统供应链

进入数字时代，普罗大众的生活，不论是娱乐、工作、购物还是旅游等，均依赖智能手机及应用程序，移动技术的兴起改变了消费者在购物过程中的体验。消费者期望接收有用的市场推广信息，购物前随时随地在智能手机上进行市场调查，参考网络及亲友对商品或服务的评价。

由于消费大众在互联网上活动频繁，无论是线上购物还是浏览网页，甚至在社交媒体更新状态时，消费者都会不知不觉地留下数字足迹。据统计，截至2019年，全球约有41.3亿互联网用户[①]，他们在线上的一举一动已汇集成庞大的数据量，科技界形容数据像黄金和石油，而且是"取之不尽的石油"[②]。

不过，消费者行为不断变化，品牌商及零售商必须未雨绸缪，思考

---

① Statista. Global number of internet users 2005–2019.（2019）. https://www.statista.com/statistics/273018/number-of-internet-users-worldwide/.

② "Data is the new oil"（数据是新石油）由 Tesco 顾客忠诚卡设计者克莱夫（Clive Humby）在 2006 年提出。

如何善用数据，为消费者带来个性化及量身定制的服务及产品。IBM的研究显示，消费者对品牌的忠诚度已大大降低，取而代之的是对能带来新鲜感的产品更感兴趣。这意味着品牌商及零售商若要在众多竞争对手当中脱颖而出，并与消费者的喜好步伐一致，就必须明确定位及持续创新。

商家若拥有对数据分析及市场情报的洞察力，将有助于提升供应链的敏捷度，在正确的时间及渠道为消费者带来适用的产品。可以说，数据将改变企业的运营及供应链管理模式。

第一节 科技正推陈出新

科技创新的步伐加快，世界已进入第七波科技浪潮。[①] 大型主机与小型电脑掀起第一波变革，它们出现于 20 世纪 50—70 年代；第二波科技浪潮的战场集中于操作系统和台式电脑软件；第三波和第四波科技创新分别是第一代互联网[②]和第二代互联网[③]；第五波和第六波科技浪潮由大数据和物联网形成，联网装置和传感器不断输出庞大数据。每波浪潮席卷而来，都乘着前波浪潮的力度，所以累积的能量与强度不断迭加。而最新的第七波浪潮与人工智能有关。

大数据是世界第五波科技浪潮，大数据分析为商家提升商贸预测的准确性、清晰度和洞察力，同时促进跨供应链的信息共享。埃森哲的调查显示，有 41% 的受访者认为，大数据正影响企业对供应链的反应时间；有 36% 的受访者预见大数据可助供应链效率提高 10% 或以上，并

---

① Daniel Franklin. 巨科技——解码未来三十年的科技社会大趋势. 何承恩，李颖琦，张嘉伦，译. 台北：天下文化出版社，2018：102-118.

② 第一代互联网是指互联网刚普及，大部分网站是企业和机构网站，以功能性为主，单向提供资讯，当时主要以电话线连接上网。

③ 第二代互联网是指宽带上网，当时互动网站兴起，社交平台百花齐放。

将为供应链带来更强整合能力。[①]

基于大数据展现的商业模式大概可分成三种：（1）将既有数据变现，根据数据制定营销策略、改善产品；（2）以数据提升企业竞争力和内部工作效率，或降低决策成本；（3）以数据作为服务的基础与核心，用数据颠覆传统行业。

世界第六波科技浪潮是物联网[②]，相关技术正在颠覆供应链的管理模式。于物流层面，企业可利用云平台优化运输路径，物联网传感器可以上传及监控货物的实时状况。于零售层面，企业可即时跟踪消费者动态、店内库存和商品销售情况，帮助零售商快速回应市场需求，亦为供应链上游的设计、制造和物流仓储提供实时信息。

而世界第七波科技浪潮——人工智能——已被视为影响全球发展最深远的科技之一。人工智能需要以庞大数据为基础进行运算，作出分析及判断，计算成本效益，为供应链管理者提供最省时最便捷的方案。人工智能的应用如人脸识别及语音交互技术已得到广泛应用。

除了上述科技浪潮，下列创新科技也在颠覆供应链管理模式。

（1）3D 虚拟设计及 3D 打印技术经过多年发展，已在各行各业不同层面广泛应用，包括鞋履、玩具、电子消费品及汽车等行业。3D 设计及打印技术把产品设计带进全新模式，令产品开发期明显缩短，有效减少审批时间及缩减重复工序。

（2）越来越多企业探索把区块链用于供应链管理。区块链是一种电子数据库技术，可以提升供应链中所有参与者进行认证的数据通信效率。从原材料到制成品，每次流转和交易的资料都有记录，一目了然。

---

① Accenture. Big Data Analytics in Supply Chain：Hype or Here to Stay?.（2014）. https://www.accenture.com/t20160106T194441_w_/fi-en/_acnmedia/Accenture/Conversion-Assets/DotCom/Documents/Global/PDF/Digital_1/Accenture-Global-Operations-Megatrends-Study-Big-Data-Analytics-v2.pdf.

② 物联网是借助识别技术、传感技术和智能技术等实现物体之间的智能识别及管理。

区块链可用于提高整条供应链的透明度和可追溯性，并有助于提升供应链的效率。随着消费者日益重视产品的追本溯源，采用区块链技术是有效降低成本的供应链管理方式。①

由此可见，科技是供应链变革的核心和重要动因。各种科技互相配合，已渗透并应用于供应链的产品设计、制造、物流仓储和销售各环节，旧式的技术系统、低效率的人工操作流程已不合时宜。

第二节　数字时代消费模式改变

不少消费者现在用于浏览手机的时间比逛商场的时间更多，他们的喜好及购物模式的变化亦比过去任何时候更快，特别是"千禧一代"及"Z世代"②，他们的消费行为及期望与"婴儿潮一代"和"X世代"都大不相同。新一代更看重购物的即时性、体验、互动和参与，他们希望与其他拥有相同兴趣及品位的人紧密联系，热衷参与心仪品牌的创作及设计过程。同时，新一代不仅需要凸显个性的商品，更要求产品信息高度透明，例如产品在哪里及如何制造、材料来源于何处、产品是否符合环保原则等（见图 1-1）。这些消费需求的变化都从根本上改变了零售模式，改变了消费者与品牌之间的关系。

随着越来越多电商及创新企业加入零售市场，零售业的竞争加剧，加上跨境网购的流行，零售发展已不分地域国界。未来，改变的速度只会越来越快，传统龙头企业的运营模式需作出相应的改变，若无法适应快速的变化，将会引致衰败。过去几年传统零售环境严峻，市场竞争激

① Michelle Russell. Sourcing：Supply Chain Mapping Using the Bitcoin Blockchain.（2015-07-31）. https://www.just-style.com/analysis/supply-chain-mapping-using-the-bitcoin-blockchain_id125834.aspx.

② 根据威廉·施勒尔（William J. Schroer）的定义，"婴儿潮一代"生于1946—1965年，"X世代"生于1966—1976年，"Y世代"（千禧一代）生于1977—1994年，1995年以后出生的年轻人被称为"Z世代"。

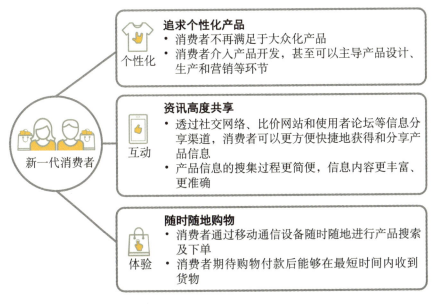

图 1-1　新一代消费行为的特征

烈，不少零售商和品牌商相继破产或关闭门店，预期去库存和促销活动会在各个市场持续发生。Business Insider 的统计显示，2019 年全年美国超过 9 300 家零售品牌门店关门，当中部分是因为品牌商破产或直接倒闭，部分与零售商大规模整合门店有关。

进入数字时代，企业必须以灵活的方案驾驭瞬息万变的市场。以消费者为中心、以数据驱动的新型零售形态和概念，例如阿里巴巴提出的新零售①、京东的无界零售②及苏宁的智慧零售③，已为行业带来重大改变。未来将不会有线上或线下的零售业务单独存在，而是线上、线下加上物流的综合性零售业务。愈来愈多实体零售商正为构建全渠道零售做

---

①　阿里巴巴提出，纯电商的时代已经过去，未来十年，将会是线上、线下和物流结合在一起的新零售时代。

②　京东提出的无界零售，指未来的零售将是人、货、场的重构，形成场景无限、货物无边、人企无间，这背后推动的核心为大数据，相当于阿里巴巴提出的新零售概念。

③　苏宁提出的智慧零售，指通过大数据分析来把握目标消费群体的偏好信息，进而在产业链信息逆向传导下为生产企业优化产能结构创造价值。

准备，许多纯电商公司也正在进行实体店布局，预期两者最终会融合成一个新的零售业态，并成为常态。商家亦因此需要更具创意更灵活的经营模式，增强与消费者的互动，通过分享信息引导消费，如借助Instagram、Pinterest、微信和微博等社交平台，开发电子商贸工具，让消费者可以通过社交电商渠道购物，进一步形成全渠道零售闭环。

第三节　新工业革命引领少量多样的定制化时代来临

传统 B2C 商贸模式（business to customer，商家到消费者）往往以上游企业为核心，商家联同厂家进行大规模及标准化的流水线生产，经过研发、采购、生产、物流服务等供应链环节，在最终零售端把货物卖给消费者。可是，各环节之间往往缺乏协同，上游经常不清楚最终端的需要，错估市场需求，容易导致库存过剩或不足。

有学者提出将来的商贸模式会由 B2C 转向 C2B（customer to business，消费者到商家），甚至是 C2M（customer to manufacturer，消费者到厂家）。数字时代下的 C2B/C2M，商家从消费者需求出发，掌握消费者数据，满足消费者个性化和定制化需求。部分学者预期大规模定制化模式会渐渐普及。

如今，一些商家通过大型电商平台，例如淘宝、京东商城、唯品会等，直接接触消费者。一方面，平台节约分销成本，让消费者选择更多、更便捷；另一方面，平台集合及分析用户数据，能够向商家反馈生产、采购和研发信息。在一定程度上，商家能够向消费者提供个性化服务，采用少量多样的生产模式。不过，这种模式本质上仍然是一种 B2C "卖库存" 模式。对期望转型的传统企业来说，若在没有产业及市场数据整合分析的条件下，局部仿效电商品牌的快速生产模式，只会恶化库存过剩问题。

　　反观近年一些新兴的快时尚生产模式正在引领少量多样时代的来临。一些快时尚品牌商能有效地管理设计、生产及付运等供应链环节，在市场上不断推出新品吸引消费者。在这股快时尚热潮的影响下，消费者的口味变化越来越快，对产品个性化的需求越来越大。以服装为例，当模特儿在天桥展出新服饰时，消费者已渴望尽快下单购买。

　　快时尚的"快"主要源于品牌采用数字平台驱动生产，无缝连接供应链上各成员，优化供应链的灵活性及增强调整能力，缩短生产流程，有能力处理小型订单，从而能够快速回应市场需要。一般传统零售品牌每年主要推出两三个季度的产品，而快时尚品牌一年却能够预备六七个季度甚至更多的新系列来迎合消费者的喜好。

　　可以预期，过去的传统企业为迎合大众对价廉物美消费品的需求，以规模生产来压缩成本的经营模式将会发生变化。未来，企业更趋向提供少量多样的个性化产品，而降低成本的方法将会通过数据化及智能生产的模式实现。今后，几乎所有能够以数字技术及通过互联网传递信息的产品与服务，各地消费者都可自行设定、随意订购。通过打通数据平台，商家能够实时知晓市场需求变化，即时调整生产计划及部署，灵活满足消费者个性化需求。

　　除了从商业角度看生产模式的演进之外，寻求制造业升级转型亦得到社会政策的支撑。自国际金融危机之后，世界各国重新重视实体经济尤其是制造业的发展，纷纷推行新工业革命——"再工业化"战略（见图 1-2）。

　　"再工业化"推动制造业进入新工业革命时代，改变产品传统的生产模式和销售模式，供应链体系也随之改变。智能生产涉及整个企业的生产物流管理，在工业生产过程中应用人工智能、人机互动及 3D 设计等技术。过去传统的自动化生产往往是人单向指令机器操作，现在的智能生产是人与机器的互动、物件跟物件或物件跟机器之间的联动。

美国

战略名称：美国国家制造业创新网络计划

发布时间：2012 年

战略内容：

- 计划建设由 45 个制造业创新中心和一个协调网络组成的全国创新网络
- 专注研究 3D 打印等有潜在革命性影响的关键制造技术

战略目标：

- 成为世界先进技术和服务的区域中心
- 持续关注制造业技术创新
- 将技术转化为面向市场的生产制造

法国

战略名称："新工业法国"战略

发布时间：2013 年

战略内容：

- 解决能源、数字革命和经济生活三大问题
- 确定 34 个优先发展的工业项目，如智能纺织等

战略目标：

- 通过创新重塑工业实力，提升法国在全球的工业竞争力

英国

战略名称：英国工业 2050 战略

发布时间：2013 年

战略内容：

- 推进服务 + 制造
- 致力于更快速、更敏锐地响应消费者需求，把握新的市场机遇
- 可持续发展，加强培养高质素劳动力

战略目标：

- 重振英国制造业
- 提升英国的国际竞争力

德国

战略名称：德国工业 4.0 战略实施建议

发布时间：2013 年

战略内容：

- 建设一个网络：信息物理系统网络
- 研究两大主题：智能工厂和智能生产
- 实现三项集成：横向集成、纵向集成、端对端的集成
- 实施八项保障计划

战略目标：

- 通过信息网络与物理生产系统的融合来改变当前的工业生产与服务模式
- 使德国成为先进智能制造技术的创造者和供应者

中国

战略名称：中国制造 2025

发布时间：2015 年

战略内容：

- 发展新一代信息技术产业、高档数控机床和机器人、先进轨道交通装备、节能与新能源汽车、新材料、生物医药及高性能医疗器械等十个重点领域

战略目标：

- 到 2025 年，迈入制造强国行列
- 到 2035 年，中国制造业整体达到世界制造强国阵营中等水平
- 到新中国成立一百年时，综合实力进入世界制造强国前列

图 1-2　各国"再工业化"战略

工业的互联网化中一个关键元素是智能机器。智能机器能通过先进的传感器、控制器和软件应用程序以崭新的方式连接机器、设备、团队和网络，形成一个庞大的集成系统。工业互联网将提升工业系统各层面的运转表现、改善生产流程及运行效率，从而为商业和全球经济带来更大的效益。

第四节　全球贸易格局重构

除了上述几方面的发展因素，全球宏观环境变化也在改变贸易格局，以致影响对供应链管理服务的需求。

近年来，新兴中产阶层的兴起以及消费全球化的浪潮改变了传统"东方生产，西方消费"的模式。据 Euromonitor International 预测，2020 年，东南亚国家联盟年度消费者开支将达 1.92 万亿美元，较 2016 年增加 30%，2016—2020 年的年均增长率约为 6.8%；到 2030 年，印度将超越日本、德国和英国，成为世界第三大消费市场[①]，中产阶层成为主要增长动力。随着发展中国家，特别是"一带一路"沿线国家消费力量的迅速崛起，"全球生产，全球消费"的格局正逐渐形成。一些新兴、非经济合作与发展组织国家（如中国及印度等）正成为全球供应链不容忽视的重要消费来源，这将为全球的企业带来新的机遇和挑战。

另外，国际贸易争端令全球经济环境更难预测，将直接影响国际供应链环境。2016 年签订的《跨太平洋伙伴关系协定》因美国的退出而受挫，并由 2018 年签订的《跨太平洋伙伴全面进展协定》取而代之。近年世界贸易组织的贸易争端亦显著增加。新的贸易环境变得复杂，双边贸易协定和保障措施不仅增加了交易的障碍，更是扭曲了商品流，制

---

① Euromonitor International. Global Overview of Consumer Expenditure to 2030.（2018-01-23）. https://blog.euromonitor.com/global-consumer-expenditure/.

造摩擦，降低灵活性，提高了生产成本和消费者最终支付的价格。

自 2018 年起，全球两大经济体中国和美国的贸易争端相持不下，有的厂商为回避加征关税带来的干扰和风险，逐步把厂房或生产设备迁移到中国以外的地方。随着贸易保护主义抬头和贸易大国之间的矛盾激化，原有的全球贸易规则和体系正在解体和重构，全球产业合作模式改变，必将推动全球供应链的深度变革。各企业需要对征收关税做好准备和应对，在全球调配生产。

由此可见，全球消费市场的转变的确为企业带来了重大机遇，但是要有效进行跨国贸易，企业需要拥有跨国甚至全球供应链管理能力及经验，否则，企业难以盈利，业务难以持续发展。

第二章

去中间化的争议

利丰集团（下称利丰）是全球著名的供应链管理企业，已累积 110 多年的商贸经验。起初，集团旗下的贸易业务主要扮演赚取佣金的中间人角色，发展至今，利丰在全球 50 多个经济体管理 10 000 家供应商，服务约 2 000 家零售伙伴，包括品牌商、专卖店、百货公司、大型零售商、电商、大卖场、折扣店和会员制商店等。

每个时代，企业都面对不同挑战，在每个浪潮当中，都有不少评论认为贸易中介是夕阳行业。例如，20 世纪 70 年代，香港的工业家实力壮大，许多工厂客户成立自己的出口部，直接向外国买家报价，以省却中间人佣金费用，洋行和贸易商的地位因此迅速下降。利丰收取的佣金也从早期的 15% 缩减至 10%、5% 和 3% 不等。当时许多人认为，利丰的采购代理业务将会渐渐没落。然而，由冯国经和冯国纶兄弟领导的利丰革新了整个商贸模式。

原本在全球供应链体系中，产品设计、原材料采购、生产、组装及运输是各自为政的分散环节，但利丰将各个环节整合在一起，构建全球的供应链体系。配合贸易模式的转变，利丰引入现代管理，改革公司的内部架构和人事制度。结果，利丰不但没有被市场淘汰，反而转型成为全球供应链管理者。1998 年《哈佛商业评论》曾评论利丰的供应链管理为"香港风格的供应链管理"，具有"快捷、全球化和创业精神"等特点。[①]

时代继续变迁，交易平台、信息处理系统、大数据分析系统得到广泛应用。未来，制造商和消费者两端极可能直接对接，采购、批发及分销作为中间商的生存空间将会进一步受到挤压。不少评论者认为供应链的"去中间化"渐成趋势，他们的主要论据包括：

（1）越来越多具备研发设计能力的大型制造商为了快速回应消费者需求，规避传统推式供应链"先生产，后销售"可能出现的牛鞭效应、高库存或供不应求等风险，选择直接对接品牌及零售客户。

由于大型制造商掌握生产技术、了解生产细节，可以早在产品开发阶段便与品牌商及零售商互动交流，共同探讨产品设计，甚至主动为客户构想合适的新产品，借此提高设计使用率，并缩减由研发到生产的时间，同时有效压缩产品成本，更快把产品推向市场。

事实上，国内传统的生产基地中，一些厂商已由原设备制造商（original equipment manufacturer，OEM）转型为原设计制造商（original design manufacturer，ODM），甚至是原品牌制造商（original brand manufacturer，OBM）（见图 2-1）。其中，原品牌制造商通过创立自有品牌和建立分销渠道整合中下游，能够捕捉供应链环节更高附加值部分。

---

① Joan Magretta. Fast，Global，and Entrepreneurial：Supply Chain Management，Hong Kong Style. Harvard Business Review, September-October 1998 Issue. https://hbr.org/1998/09/fast-global-and-entrepreneurial-supply-chain-management-hong-kong-style.

图 2-1 中国制造商转型升级路径

（2）正如第一章所述，消费者的口味变化越来越快，对产品个性化的需求越来越大。市场在探索 C2B/C2M 商业模式，期望通过私人定制给消费者带来更大的满足感，也帮助企业订立高效精准的生产计划。部分上游商家已能够利用信息处理、大数据分析系统，及时了解消费者需求，并即时提供反馈。

（3）第三方电商平台聚集供应商、品牌商、零售商和消费者，信息汇聚能促进供需匹配，让消费者随时随地在线上完成交易。电商的供应链也相对精简，它们经营的商品大多直接从品牌商或总代理来货，减少中间环节，甚至大量的品牌商直接在第三方电商平台开设网店，期望省却寻求各级分销代理的时间及成本。

（4）越来越多零售商向上游整合，介入采购环节，采取延后生产、敏捷制造及物流的经营模式，通过 B2B 商贸平台（business to business，商家到商家）取得生产商联系方式，直接进行交易。

以上观察表明新科技及互联网改变了供应链环环相扣的状态，上中下游清晰的分界线越来越模糊。在供应链越接近下游的环节，传统中间商所受线上平台的冲击越大，尤以零售业态为主，被取代的危机越大，需要创新转型的呼声最高。至于部分上游及中游环节当中工序复杂或技术含量要求高的业态，仍需要通过信誉良好及经验丰富的中间商协调。总的来说，中间商的角色和功能其实并没有消失，只是由不同的供应链成员兼而任之，或以新的形式出现。

长久以来，利丰作为供应链管理者，并不是简单地撮合买家和卖家，而是能够协调全球采购生产。利丰分拆每一项生产程序，深入参与、跟踪供应链的每一个阶段。在新时代下，利丰作为卓越的供应链服务商可以做到：运用新科技服务客户；为客户提供外包增值服务；与客户建立紧密的伙伴关系；提供具有弹性的全方位供应链解决方案。

（1）运用新科技服务客户。电子商贸的兴起给营商环境带来创新和变化，亦对传统商务构成压力和挑战。不过，原有的营商原则和交易基础并没有改变，企业只是采用了新的运营模式，运用新科技来服务客户。不管是由生产商主导还是由零售商主导，甚至是由供应链管理者主导，实现更高效运作的关键都是要有效管理整个供应链的四个流程——工作流程、实物流程、信息流程和资金流程，通过增值服务，把合适的商品以合理的价格适时地送到消费者手上（供应链四流的详细定义见第四章）。

利丰正推动供应链全面数字化，通过数据分析及运算，洞悉客户核心需求，为客户提供合适的服务。从产品开发、样板制作，到产品生产及运送，利丰致力于将供应链上的主要程序数字化。端到端的数字平台能进一步理顺供应链四流，提升每张订单的处理效率及增加成本效益。

（2）为客户提供外包增值服务。零售商在考虑是否把供应链环节外包给利丰，抑或建立内部采购团队时，主要会计算成本和效益，考虑核心能力和企业发展方向，具体包括以下要点：

- 建立供应链团队所需要的长期投入费用，是否符合企业长远发展利益；

- 自建的供应链团队是否比利丰团队更专业高效；
- 自建的供应链团队是否熟悉供应商所在的市场和当地法律法规；
- 是否可通过利丰的全球供应链网络进入陌生的市场。

当零售商最终决定把业务外包给利丰时，其关键因素不仅是奉行"专业的人做专业的事"的商业逻辑，更重要的是利丰的服务确实能为客户带来附加值，帮助客户专注发展主业，互惠共赢。

（3）与客户建立紧密的伙伴关系。企业与上下游公司之间不应只是"一纸合同"的关系，而是要追求紧密深厚的合作关系。企业各层次之间、人员之间建立深厚关系有助于提升流程效率，也有助于解决复杂的问题。例如，利丰旗下的 LF Credit 为客户提供贸易融资服务，使其供应商可以提早获得资金用于运营周转，避免供应链因现金周转不灵而中断运作。基于利丰与客户已建立的信任及长期稳定的合作关系，LF Credit 拥有优良的风控管理能力，一方面能弹性处理贸易融资服务的申请，另一方面能有效规避风险。

（4）提供具有弹性的全方位供应链解决方案。利丰的价值主张是为客户提供全方位供应链解决方案，亦为客户提供量身定制的供应链增值服务。

有别于一般供应链管理企业只专注提供各供应链环节中的某一项或几项服务，利丰凭借对各地市场的深入认识，已建立的灵活、多元化及业务发展成熟的全球网络，拥有提供全套从产品设计、原材料采购、生产及品质控制、分销到仓库管理，乃至最后一公里配送等供应链环节的管理能力。利丰能够为客户提供有针对性的供应链解决方案，也能帮助客户提升市场竞争力，多年来，利丰与国际客户群已建立起紧密的伙伴关系。

此外，为协助客户适应市场的快速变化，利丰亦会为客户提供定制服务，正如餐厅的"单点菜单"一样，让客户按照自身需要灵活选取适合的增值服务。例如，当客户需要在短时间内推出新款产品时，利丰可提供虚拟设计服务，帮助客户缩减产品开发时间。由于数字设计技术讲究规模效益，并需要配备兼容的数字软件，品牌商选择利丰的虚拟设计服务可节省专业设计人才培训及多项软件授权费用等开支。利丰投资开发了数字化设计平台，设计团队对多款数字设计软件的应用已游刃有余。该平台提供多项细致的设计功能，包括 3D 设计、数字样板和虚拟试身等，得到市场认可，例如（见图 2-2）：

- 订单周期由 40 个星期缩短到 13 个星期；
- 由于对终端零售市场的反应更快，销售额增加 25%；
- 因库存堆积而推出的促销折扣较一般情况下降 30%；
- 库存减少 25%。

另外，由于实体样板的需求大幅减少，制造样板成本和空运样板费用明显下降，供应商亦因而受益。

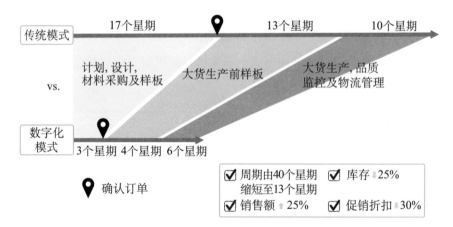

图 2-2　采用数字供应链管理有效缩短订单周期

第三章
百年利丰的沿革与演进

利丰不断革新迎变，由最初的贸易中间人发展成为采购代理商、增值代理商、虚拟生产商、供应链管理者，在逾110年间，不断优化整套供应链管理服务（见图3-1）。

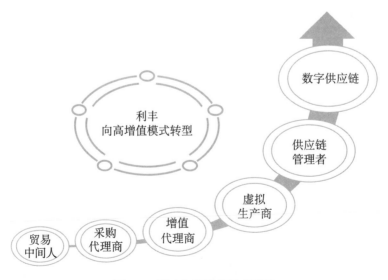

图 3-1 利丰向高增值模式转型

第一节　阶段一：贸易中间人

　　100多年前刚成立的利丰担当供应商和客户之间的中介角色。当时外国公司希望进口中国的廉价商品，但不熟悉中国市场；中国的供应商也希望把产品卖到欧美，但不懂英语，也不熟悉国际贸易规则，对接洽中外商家都有经验的利丰顺理成章地成为连接中西贸易的重要桥梁。这一阶段，利丰在供应链中担当的角色相对简单，主要依靠语言及信息优势，根据客户要求寻找合适的供应商，从事简单的转手贸易，收取佣金。

　　后来，随着贸易公司之间的竞争越来越激烈，制造商的规模也越来越大，制造商希望直接寻找客户，跟客户洽商交易。当时，利丰亦意识到传统的中间商功能正逐渐削弱（见图3-2）。

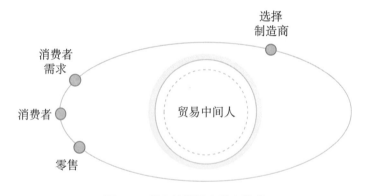

图 3-2　利丰的贸易中间人模式

第二节　阶段二：采购代理商

　　20世纪70年代贸易保护主义抬头，西方实行纺织品配额制度。顺应环境变化，利丰开始扮演地区采购代理的角色，并在中国台湾、韩国和新加坡设立办事处拓展业务，投入大量资金建立采购知识库与关系网络，通过扩大采购规模为客户降低采购成本。这一阶段，利丰在供应链上的角色由贸易中间人发展成为监督生产的采购代理商，并提供产品质量控制服务（见图 3-3）。

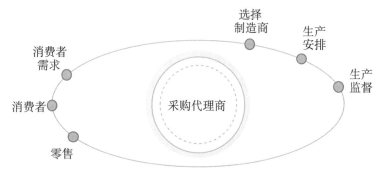

图 3-3　利丰的采购代理商模式

第三节　阶段三：增值代理商

利丰进一步成为无边界生产（又称分散生产）的管理者和实施者。在此阶段，利丰在全球供应链的架构下，分解产品的价值链，从事设计和质量控制等附加值较高的业务，同时把附加值较低的业务安排到成本更低但质量可靠的地方进行生产，按时交付。利丰除了为客户提供产品采购服务外，还提供一系列增值服务，包括采购原材料、设计和开发符合市场需求的产品等（见图 3-4）。

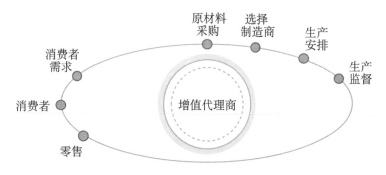

图 3-4　利丰的增值代理商模式

第四节　阶段四：虚拟生产商

利丰在 1999 年收购了金巴莉（Camberley Enterprises Limited），并采用当时金巴莉最具前瞻性的虚拟生产模式。所谓虚拟生产模式，是指利丰以供应商的身份跟客户签订合同，但是利丰本身并不从事生产活动，而是把生产活动外包给合作工厂，利丰在供应链上提供的服务则包括设计、原材料采购、样板制作、生产监督、物流运输及进出口安排等。相较之前的代理模式，在虚拟生产模式下，利丰作为供应商，直接和客户签订合同，并承担质量、交货和收款等风险（见图 3-5）。

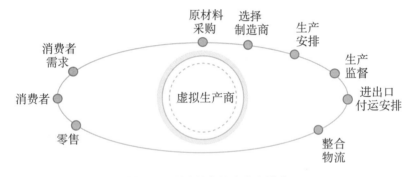

图 3-5　利丰的虚拟生产商模式

利丰以轻资产的运营策略作为虚拟生产模式的基础条件。轻资产运营模式是把资产性投资减至最低，不必将巨额资金绑定在厂房机器等固定资产上，而是把资本用作扩大经营规模所需的运营资金，务求以最少的资源做最多的生意及最佳的投资，有效改善投资回报。例如把资源投入信息科技发展和员工培训，使员工掌握集团业务增长所需的技能和知识。顺应市场的经济或政治环境变化，采用轻资产运营模式能让企业灵活调整经营策略，不会受固定生产设施的束缚影响长远发展。

第五节　阶段五：供应链管理者

为使整条供应链的运作更高效畅顺，利丰开发了更全面的供应链服务。从市场调查、产品设计开发、原材料采购、挑选供应商和生产监控，到办理一系列进出口清关手续和物流配送，都由利丰包办，确保整条供应链能在最佳的状态下运作，为客户提供最具成本竞争力的产品。

在这一阶段，利丰的另一战略是开发本土市场。2005 年，利丰实施登陆美国的本土策略，建立在岸批发分销服务，通过各零售渠道进入美国市场，又在美国建立产品设计和开发团队，以便更深入地了解当地消费者的需求和流行趋势。

随着亚太地区新兴市场的兴起，利丰也开始将欧美知名品牌引进中国及亚洲其他市场。早在 1999 年，利丰收购了一家有超过百年历史、在英国上市的英之杰集团（Inchape Group）旗下的亚洲分销业务，成立利丰经销，成为香港乃至亚洲地区最大经销商之一。2003 年，利丰经销把业务重新组合，以物流业务作为基础，结合营销和制造两大核心，成立利和经销集团。随着业务不断增长，2010 年利丰决定再次合并利和经销，打通设计、生产、分销及物流各个环节，减少不必要的流程，继续优化整条供应链（见图 3-6）。

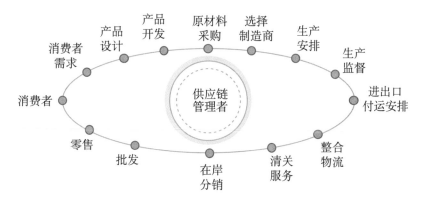

图 3-6　利丰的供应链管理者模式

　　利丰重视供应链上每一个步骤，注重协调生产，部署全球供应链网络，实践分散生产的概念。分散生产的精髓在于企业懂得剖析和分解供应链环节。供应链管理者需要在全球不同区域寻找最合适的工厂，完成供应链上不同的工序和优化每一个步骤，从而形成一个最有效率的供应链网络。此外，分散生产的另一个好处是分散风险，若个别生产地遇上突发事件，供应链管理者可即时调拨生产资源，甚至迁移生产地点，灵活应变。

　　正如上文所述，利丰的采购网络无远弗届。全球化的生意规模令其聚集强大的购买力和议价能力，可以为客户带来规模经济效益（见图3-7）。

香港总部

利丰的办公室及供应商遍布全球50多个经济体，全球供应商超过10 000家

图 3-7　利丰的全球网络

　　更重要的是，利丰多年来积累了丰富的市场知识，掌握了全球资源及各地市场的具体运作。每个地方都有自身的竞争优势，供应链企业需要针对不同生产基地的特性，按需调拨和协调资源，组织生产（见图3-8）。

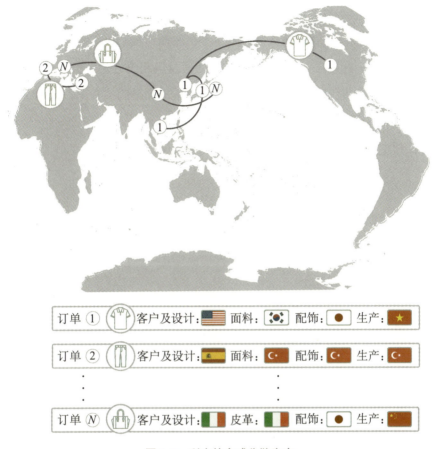

图 3-8 利丰的全球分散生产

第六节 下一阶段：利丰供应链的数字化变革

思科估计，2020 年，全球将有 500 亿个智能设备与互联网连接，涉及 19 万亿美元的经济价值，这些硬件上的创新已带动全球数字化变革。[①] 例如，亚马逊（Amazon）改变了零售业；优步（Uber）颠覆了交通业；爱彼迎（Airbnb）革新了旅游住宿服务。

---

① Cisco. Disrupt or be disrupted.（2015）. https://www.cisco.com/c/dam/assets/global/EMEAR/assets/internet-of-everything-ioe/Cisco-DisruptOrBeDisrupted_en.pdf.

　　人类已进入数字时代，利丰亦积极创新迎变，在已有的全球网络基础上，革新供应链管理业务，以数字平台驱动为核心，逐步建设未来的供应链。未来供应链的关键是大数据，通过运用先进智慧型创新科技，汇聚和分析跨地区网络的数据，组织全球生产和采购的资讯，迅速掌握及回应市场需要，务求提升整体供应链价值。之后的篇章将详细介绍利丰供应链的数字化变革。

02
第二篇

利丰的数字供应链

第四章

什么是供应链

　　数字新科技的诞生和广泛应用在各方面影响消费者的行为，倒逼供应商、生产商和零售商改革经营模式来顺应市场需求的急剧变化。当供应链的各个流程采用了数字化技术，各利益相关者都能实时监控供应链上各环节的进度，自然能更快回应突如其来的状况，互利共赢。进入数字时代，竞争不再是企业之间的事，而是供应链与供应链之间的事，全供应链的信息透明、快速灵活和创新程度是制胜关键。

第一节　供应链的相关概念

一、何谓供应链

　　曾有不少学者从不同角度为供应链下定义。

　　（1）Peat Marwick McLintock 的高级管理顾问格雷厄姆·史蒂文斯（Graham C. Stevens）指出，供应链是把物料、零部件及成品从供应商处送到消费者手上的过程，当中牵涉一系列规划、协调与控制活动。它始于供应的原点，止于消费的终点。[①]

（2）宾夕法尼亚州立大学（Pennsylvania State University）的拉姆·甘尼香（Ram Ganeshan）和特里·哈里森（Terry P. Harrison）则指出，供应链是一个具有不同设施和销售系统的网络，通过执行不同的步骤，例如采购原材料，将原材料转变为半成品和成品等，把最终成品送到消费者手上。[②]

（3）西北大学（Northwestern University）的苏尼尔·乔普拉（Sunil Chopra）和波士顿咨询公司（Boston Consulting Group）的彼得·迈因德尔（Peter Meindl）认为，供应链是为满足消费者需求所直接或间接涉及的所有环节，当中牵涉供应商、制造商、运输商、仓库管理者及零售商等。供应链是一个动态系统，它包括不同环节之间持续不断的信息流、产品流和资金流，每个环节都执行不同的程序，并与其他环节相互影响。消费者是供应链的中心，供应链存在的目的就是满足消费者的需求，企业通过供给消费者所需而从中获利。[③]

利丰研究中心在《供应链管理：香港利丰集团的实践（第二版）》（2009）中详细分析了何谓供应链，并根据各种不同的论述和经验实践，总结了以下三方面：

（1）供应链是由客户需求开始，贯通从产品设计到原材料采购、生产、批发和零售的过程，中间经过运输和仓储，把产品送达最终用户的各项活动。

（2）供应链的利益相关者包括不同机构、上下游企业和各企业内部

---

① Graham C. Stevens.Integrating the Supply Chain.International Journal of Physical Distribution & Materials Management, Vol.19 Issue：8, 1989：3-8.

② Ram Ganeshan，Terry P. Harrison.An Introduction to Supply Chain Management. Pennsylvania State University, 1995. http://lcm.csa.iisc.ernet.in/scm/supply_chain_intro.html.

③ Sunil Chopra，Peter Meindl. Supply Chain Management，Strategy，Planning and Operation. Harlow：Pearson Education Limited, 2016：13-25.

部门单位。供应链涉及各利益相关者之间的互动关系，包括跨企业和企业内跨部门的合作。

（3）供应链的业务过程和操作可以通过供应链四流展现。供应链的信息流程带动工作流程，工作流程决定实物流程，所有流程又由资金流程带动及承托，各流程在供应链中紧密联系。

二、何谓供应链四流

供应链好比一条管道，里面有四大流程：工作流程、实物流程、资金流程和信息流程（见图4-1）。

（1）工作流程（亦有研究称之为商流）涉及一系列的交易决定及工序管理，需要大量信息作为支撑，以分析消费者需求为起点，继而进行产品开发和设计、生产计划制定等工作。这一过程中，企业之间会订立合同，承诺交易，之后，各方按照合同协议执行不同环节，包括从采购、生产、分销到零售的工作。

（2）实物流程涉及原材料、半成品及产品的交付和转移，亦是履行交易合同的必要过程。实物流程涵盖物品的整个运输过程、库存管理以及包装分配等工作。由于现代生产和销售活动日趋全球化，货物的流通往往由众多运输工具和单位一同承担，因此全球实物流程较一国的境内物流复杂。同样，实物流程也是以信息为基础，管理人员必须适时掌握市场信息和最新情况，以作出准确的运营判断。

（3）资金流程包括一切与财务相关的程序，例如企业销售产品后，从客户收到货款、向供应商清偿应付货款，到企业运用资金进行采购和投资设备等。通过链接信息平台，资金流程能够配合工作流程和实物流程的操作。

（4）信息流程包含收集和处理分析数据，选取有用的信息协助供应链上各成员采取最佳的商业决定和行动。信息流程由数据系统支持，把供应链的工作、实物和资金各流程联系起来，促进合作伙伴之间的沟通，使供应链上各个流程有效运行。

图 4-1　供应链四流的基本概念

三、何谓最终供应链、段落供应链和基本供应链

供应链概念可以从单一的企业角度到跨供应链形成的供应链网络的角度来观察分析。

（一）最终供应链

每一个由消费者享用的产品都由一条最终供应链提供。每个产品的供应链各有不同，但都涉及从最初的原材料供应至产品到达最终消费者的整个过程，包括所有利益相关者，如零部件供应商、设计师、生产商、贸易商、分销商、零售商、银行和政府。它的组织可以很简单，每一环节只有少量企业参与，也可以分工细致，由多个企业共同参与。

（二）段落供应链

最终供应链由不同环节（段落供应链）组成，每段供应链皆提供不同的部件或服务，为最终产品增加附加值。例如一个工具套装送达消费者手里的时候，已经过供应链上多个段落的操作。这些段落可能是：生产制成品，如螺丝刀、钳子、箱子；出口商分别从不同的工厂购买这些产品，在它委托的物流仓库内组合成一个产品包，送到进口商处；最后，零售商将产品卖给消费者，完成最终的供应链。

在全球化市场竞争的大环境下，很少有单个企业能够在一个产品的所有生产和流通环节上都成为最有竞争力的王者，包揽从原材料供应到产品送达消费者的所有工作。因此，大部分产品通常由多条段落供应链联结而成。一家企业要联同上下游企业，通过联盟和外包等多种合作方式建立一条经济利益相关、业务关系紧密及优势互补的段落供应链，实现合作优化，充分利用段落供应链上的资源来适应新的竞争环境，共同增强竞争力。

企业不能只考虑自己内部的事，还要和供应链上其他参与者合作。管理供应链并非易事，即使是成功的企业，多数亦只可以说组成了有效率的段落供应链，而非最终供应链。在段落供应链上，如果某企业的核心竞争力亦为某段供应链的核心能力的话，则该企业是该段供应链的核心企业（称为链主）。该企业可以是以制造能力为核心的企业，如汽车厂，汽车厂的供应商（零部件商）和客户（汽车代理商）是以汽车厂的组装制造为主体的各类配套企业；也可以是零售百货店，它的供应商包括工厂、进口商和贸易商，客户就是消费者，百货店的核心能力是拥有销售渠道和最终顾客的信息；还可以是贸易商，它的供应商是供应原材料、零部件、在制产品的企业，客户是零售商，这家贸易商可能需要协调不同的工厂进行生产，并把中间的生产工作外包给多家工厂，贸易商的核心能力就是掌握市场信息、客户、采购网络及产品知识。

企业的管理资源从内部扩展到外部，形成了段落供应链，而各个段落供应链联合起来则成为一条最终供应链。

（三）基本供应链

每条段落供应链均由多个企业组成，从企业个体的角度看，每个企业都有一条基本供应链。

基本供应链由一家企业、该企业的直接供应商和直接下级客户组成，包括从需到供的循环。它是供应链的最基本模式，每个企业都是一个供应链的组成部分。随着企业的商业模式、产业环境和管理重点的变化，它采取的供应链模式亦随之改变。

基本供应链分析了企业在经营时的各种工作和功能，并利用四流对各项工作和功能进行了归类。了解具体的操作流程、涉及的部门及其关系，不仅可以实现局部优化，而且可以从一个整合的高度，在流程与流程之间、部门与部门之间、环节与环节之间进行再优化，使基本供应链更有效率。

第二节　卓越供应链：3A 供应链

国际知名供应链管理权威、冯氏学院董事会主席、美国斯坦福大学（Stanford University）商学院教授李效良提出 3A 供应链（Triple-A Supply Chain）[①] 的概念，指出卓越的供应链一般都有三个特性：迅捷（Agility）、灵活（Adaptability）和协作（Alignment）（见图 4-2）。

在市场不断变化的情况下，对企业的反应速度、灵活应变能力以及内外部协调能力的要求都愈来愈高。李效良教授认为利丰的全球供应链管理模式体现了 3A 供应链的理念。

一、迅捷

进入数字时代，面对快速变化的市场，企业可以用于作出回应的预备时间越来越短，这里所指的时间已不是以月份或周数为单位，很可能是以小时计算，因此，掌握数据及资源、严谨分析及规划是迅捷的原动力。

---

① Hau L. Lee. The Triple-A Supply Chain. Harvard Business Review, October 2004 Issue. https://hbr.org/2004/10/the-triple-a-supply-chain.

迅捷
(Agility)

迅捷，就是反应迅速，指快速回应市场需求的能力，包括生产、技术和行动等各方面的迅速，同时也要达到成本效益。例如：

- 生产的快速是指客户下单后，企业能够迅速回应客户并投入生产。
- 技术的迅速意味着数字化使信息交流的透明度提升，令生产速度加快。
- 行动的迅速则要求企业组织架构有适应外部市场快速变化的执行力，比如在面对突发事件如地震海啸、疫情暴发、恐怖袭击等时，企业能够在短时间内调整业务，把突发事件带来的破坏降到最低。

灵活
(Adaptability)

营商环境变化莫测，当消费需求发生改变时，供应商需要灵活变通，以满足市场的新需求，例如：

- 今天一条所谓最理想的供应链，明天可能因为科技新突破而变得一文不值。因此，企业要根据不同产品的市场特性来设计专属的供应链，及早掌握和分析数据，设计最佳的生产、分销、配送和营销方案，甚至调整企业策略。
- 零售客户的需求时有变化，比如面对贸易纠纷危机，原本容许货物在3个月内付运，临时要求为2个月或1个月甚或更短。

协作
(Alignment)

卓越的供应链要求链条上的各成员通力合作，目标一致，实现协同效应，让供应链能够发挥最佳绩效，这样，供应链成员的利益才能最大化。通过协商的激励机制，各方利益得到协调，比如在经济危机下，重新协商账期，与合作伙伴共享信息等，使各方在平等的基础上建立信任，共享利益，共担风险，实现共赢。

图 4-2　3A 供应链

利丰的供应链管理是以客户为中心，回应客户对交付速度和质量的需求，利丰通过数字设计和虚拟打样技术，把产品的研制期大幅缩短。不过，利丰有着严格的质量控制标准，不会因速度放弃质量，供应商必须按照利丰及客户的标准进行合规生产。

利丰拥有全球资源，有能力为不同市场的订单定制最合适的供应链组合，在全球采购、协调和管理生产，通过分解订单和工序，对每个供应链环节进行解构和规划，把小订单和子工序分散到最有生产优势的供应商手中，努力使各工作流程进度透明，可以同步管理，缩短交付时间。这除了有助于迅速回应市场的短期波动外，亦有助于处理日趋小批量、多批次的订单需求。正如冯氏集团主席冯国经博士在 1998 年《哈佛商业评论》中指出，利丰所提供的迅捷供应链管理服务最接近按需定制价值链的原貌。

二、灵活

为保持竞争力，企业需要有敏锐的市场触角，从市场潮流、全球政经、贸易环境、科技革新，甚至自然灾害中，看出营商的契机与危机。

利丰的轻资产运营模式将资产性投资减至最低，务求保持企业的灵活性，运用最少的资本创造最大的利润，以提高资金回报率。

此外，在科技发展的浪潮中，利丰构建数字供应链，利用数字平台联系供应链上的各参与者，汇集分析各项数据；提高供应链的透明度，提升企业决策的效率；利用数字辅助工具，灵活地为客户提供量身定制的增值服务。

三、协作

供应链上下游承载着不同的利益集团，若各成员不能同心协力，供应链的效能会大大削弱，甚至瓦解。相反，彼此目标一致，各成员在供应链之间的竞争中才能站稳脚跟，甚至突围而出。

利丰建立的商业生态系统中牵涉各式各样的供应链，系统内成员众多，共同开发创新供应链解决方案和技术，部分成员通过与利丰建立合作同盟，提升整体供应链的价值，在发展新市场和自身业务的同时实现共赢。

此外，企业不能忽视政府在供应链中扮演的角色，需要和政府及社会各界保持良好的协调和紧密关系。利丰与政府、非政府团体及社会企业都保持友好关系，同时亦关顾员工及家属的福祉。利丰所构建的生态系统也致力为社会民生、环境保护及可持续发展等作出贡献。

第五章

数字时代的
供应链管理概念

供应链管理是一套管理概念，可应用到企业管理的各个方面，包括企业发展战略、生产计划、市场营销、财务系统、信息系统和人力资源等。有效的供应链管理可优化供应链，以最低的成本令供应链四流有效操作，为消费者创造更大的价值。

在《供应链管理：香港利丰集团的实践（第二版）》（2009）一书中，利丰研究中心提出供应链管理的七大概念，包括：

（1）以客户为中心，以市场需求的拉动为原动力；

（2）各企业紧密合作，共担风险，共享利益；

（3）节省采购、库存、运输等各环节的成本；

（4）强调企业专注于核心业务，建立核心竞争力，在供应链上明确定位，将非核心业务外包；

（5）缩短产品完成时间，使生产尽量贴近实时需求；

（6）重视工作流程、实物流程、信息流程和资金流程的设计、执行、检查和不断改进；

（7）利用信息系统优化供应链的运作。

当年这七大供应链管理概念可以说是企业管理的核心要素，不过，今天要着手打造未来的供应链，必须进一步强化成功因素，关键在于企业对创新技术的投入、数字平台建设，以及如何利用新科技服务供应链上各成员。基于大数据的数字平台是供应链的中枢神经网络，各环节的活动，例如研发、生产、营销、物流等，都将以平台采集的数据及分析作为决策依据，通过人工智能分析捕捉用户需求，科学安排生产和销售计划，提高信息流通的透明度，优化整条供应链，让七大概念得到进一步发展和提升。

第一节　数字平台驱动全供应链信息共享

一、以客户为中心，以市场需求的拉动为原动力

一流的供应链应以市场需求的拉动为原动力，企业通过与客户的互动，深入了解客户的需求。拉式系统下的供应链积极寻找客户的需求，注重快速回应市场，不然消费者需求得不到即时满足，或消费需求发生改变，最终产品一面世便成为过时的库存。不过，由于市场信息不对称，中间成本高昂，要实施拉式系统不太容易。由生产商主导的推式系统下，生产商硬推货品到市场，因忽略/错估消费者需求而过量生产并积压大量库存，企业减价促销存货导致盈利大减，甚至因割价贱卖尾货而面临亏损。

未来供应链通过数字平台支撑，打破信息壁垒，可以真正实施拉式的供应链管理模式。从设计环节开始，目标客户就参与其中。在数字化设计平台上，设计师向客户呈现多角度和细致的数字设计图，通过不

断的意见反馈、互动沟通，综合分析客户的评价及建议，之后才投入生产，最终产品真正符合客户需求。此外，供应链企业也可利用数字分析技术，洞察市场风向和发现消费者习惯，分析潜在客户需求，令需求预测更为精准，从而改善销售规划，真正实现以客户为中心的运营模式。

二、各企业紧密合作，共担风险，共享利益

成功的供应链必然重视上下游企业之间的相互合作和信任，各成员在产品质量、组合、生产时间和数量、发货的密度、订单提前期等各方面的要求上都要达到共识。因此，链上的企业都应把供应链各个环节视作一个整体，除了自身的利益外，还应共同追求整体竞争力和盈利能力。

今天，市场竞争是供应链与供应链之间的事，不只是企业与企业之间的事。某产品得到最终消费者的垂青，就是对该供应链上所有成员的认同；反之，消费者购买其他供应链的产品，就是对前者的否定。遇到任何内部或外部环境的干扰，供应链伙伴企业能在互信的基础上及时应对，共担风险，作出妥善安排和处理。

要实现信息共享，供应链上的企业需要搭建一个能联系各成员的数字平台，一方面提升效率，加强企业之间的实时联系，另一方面减少资源错配或重复的浪费，进一步提升整体供应链的长远竞争力。

三、节省采购、库存、运输等各环节的成本

供应链管理这一概念主张上下游企业紧密合作，建立信任，一方面节省反复交涉所浪费的时间，令工作流程更有效率，另一方面降低交易成本，从"软三元"当中提炼利润。一般来说，假设消费品出厂价是1美元，其零售价往往是4美元或以上，其中的3美元（即软三元）实际上是供应链流程中产生的附加值，某种程度上亦是企业的流通成本（见图5-1）。

沿供应链增值，确保每一步骤都符合客户需求

图 5-1　供应链管理过程中的价值——软三元

有效的供应链管理就是要从这软三元当中降本增利。由于供应链上的企业重视长期的合作关系，各企业可接入数字平台，方便传送标准化文件，通过引入区块链技术，保障所有文档及账目的准确性，进一步降低信用风险及成本。供应商亦要留意每次交付的产品的质量，减少因质量问题导致的退货或争执。在物流方面，利用数字平台整合流程设计并打通各个物流信息系统，实施精准生产，利用小批量、多批次进货等灵活安排，减少企业的库存数量，节省库存管理的运营开支。另外，供销双方可共享第三方物流设备，不仅减少中间的运输环节，还可保障信息互享，提高仓库的使用率，分摊初期建设和管理仓库的费用。在竞争激烈的市场上，节省的成本成为很多企业的纯利增长源。

第二节　数字时代下的企业以灵活及速效取胜

一、强调企业专注于核心业务，建立核心竞争力，在供应链上明确定位，将非核心业务外包

由于资源所限，一家企业要在各个行业或领域都获得竞争优势是相当困难的，因此企业应把资源集中在一个或几个专长的范畴，即核心业务上，这正切合了供应链管理概念所强调的：企业根据自己的核心业务

和能力，在供应链上发挥难以被取代的实力。与此同时，企业应将非核心业务委托给其他更专业的企业，各家专注于自己的核心业务，互相配合，使整条供应链发挥更大效益。

通过数字平台上的信息共享，企业更容易与伙伴进行配对，依靠自己的专业能力承担伙伴的非核心业务，有效运筹全供应链上分散的资源。另外，当市场环境变化时，数字平台能通过大数据分析突发情况对众多成员的影响，企业可快速调整外包策略，增加企业的灵活性和业务的弹性。在特别讲求速效的今天，各成员在供应链上定位明确，专注发展核心业务，互补不足，共同构建具有竞争力的供应链网络。

二、缩短产品完成时间，使生产尽量贴近实时需求

由于市场风向不定，尽量缩短生产与销售之间的时间，可降低产品过时及库存积压的风险。正如前述，快时尚的出现改变了整个服装业的经营生态，每隔几个星期，快时尚品牌店便有新货上架，为了每年售出数以万计单品库存量，它们对整体供应链的速度要求极高。

供应链企业可利用人工智能、机器学习及先进数字科技如虚拟设计技术等，加快产品设计及开发过程。此外，数字平台有助于供应链企业充分掌握生产资源，有效预留厂商的生产力，能够随时按单生产。而数字技术亦支持自动化生产及物流管理。传感器和射频识别器装置能够获取产品的实时数据，监控产品整个生产流程。特别是在遇到突发事件时，相关各方不用再等肇事源头层层通报，浪费时间；通过数字系统的实时数据，管理人员可以即时跟进及有效处理事件。

第三节 重视创新供应链四流及数字平台建设

一、重视工作流程、实物流程、信息流程和资金流程的设计、执行、检查和不断改进

在一条完善的供应链当中，四流互相带动，在各环节中缓缓增值，为企业及客户带来效益。因此，供应链企业要经常审视四流的综合设计和执行状况，不断检查、创新和优化。

企业可利用供应链管理概念订立短期计划和长期计划。短期计划是指针对某种情况而制定的具体操作和行动方案，将供应链各环节的工作定义妥当，确立各单位的定位及工作。长期计划则是设计整个供应链策略，订立各个流程的操作模式和相对应的企业组织架构。从战略层面作出部署，包括如何建立和维持供应链伙伴的合作关系、合作模式和发展方向等。不管是短期计划还是长期计划，企业都需要订立指标，量度四流的效果，以便改进。采用数字平台收集数据，使用人工智能及大数据分析，能有效比较四流的计划与执行的误差，分析原因，从而不断修正和改善。

二、利用信息系统优化供应链的运作

创新科技发展快速，对供应链上的商家而言是一把双刃剑，能抓住风口与时俱进的，会成为行业先锋，否则会在市场上消失。例如，有科技公司经研发在布料中植入射频识别标签，能追踪由生产到交货的整个过程，并轻松管理布料库存，若推广成功，采用相关技术的厂家会比其他同行更胜一筹。

未来的供应链管理将更重视数据发掘及分析，协助企业观察市场，精准决策，提升整体供应链的价值。这将改变传统供应链因信息壁垒造成

的负面影响。要建立一个有效的数字平台，需考虑下列四大要求：

（1）集成性。企业的信息能否真的配合各个内部和外部单位的工作需要，包括采购、生产、销售、财务、人事的整合能力等。

（2）跨平台的集成能力。如果技术平台之间未标准化，数据不能打通，企业间的资料交换就不能实施自动化，供应链效率将难以提升。

（3）平台的应用性。平台界面应容易操作，收集的资料应能转换为有用的信息、报表、提示和预测，配合各单位的行动和日常流程。

（4）平台的可延伸性。未来的营商环境持续变化，企业操作会随时调整，甚至转换业务，数字平台要有伸展性以适应企业的未来发展。

数字供应链管理的七大概念的新内涵如图 5-2 所示。

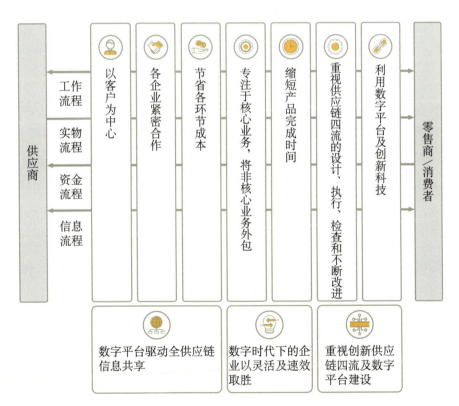

图 5-2　数字供应链管理的七大概念

第六章

新科技浪潮中的利丰"三年计划": 速度、创新、数字化

在《世界是平的：一部二十一世纪简史》（2005）一书中，作者托马斯·弗里德曼（Thomas L. Friedman）提出全球化主要分为三个阶段。

（1）全球化 1.0（1800 年或以前）：环球航海时代，哥伦布探索新大陆。在此阶段，全球化市场初现，各国大力发展交通运输工具和技术，把世界不同地区联系起来。

（2）全球化 2.0（1800—2000 年）：跨国企业崛起的时代。交通设施和通信技术的成本降低，世界经济的联系更加紧密。铁路、轮船、电报和电话等硬件革命亦推动全球化发展。

（3）全球化 3.0（2000 年至今）：智能设备及互联网驱动的时代，地球变得愈来愈小。光纤电缆及无线通信把世界各地的人和信息联系起来。企业服务软件帮助跨国企业管理全球的生产和服务，世界扁平化发展。

不过，近年亦有另一种声音，有学者认为世界向逆全球化发展。国与国之间贸易壁垒和投资限制增多，单边主义和"本国优先"等主张抬

头，新兴市场的生产成本上升，愈来愈多生产商回归本土。但是无论如何，全球各国重视发挥自身的比较优势，国际分工体系已经形成。一定程度上，短期的地缘政治变化和经济措施不足以扭转全球化大趋势，单一国家或地区难以脱离国际市场孤立发展。

回顾全球化每一阶段的发展，科技创新都扮演着举足轻重的角色，能够颠覆全球企业的经营模式，重塑全球供应链的价值。作为一家服务全球各地商家的跨国供应链管理企业，利丰不断求变，在固有业务的基础上积极提升整体供应链的价值。在 2017—2019 年的"三年计划"中，利丰提出了"速度、创新、数字化"发展新方向。以下介绍利丰的"三年计划"及未来供应链的创新发展路径。

第一节　利丰制定"三年计划"的要点

前文提及，一条完善的供应链必须通过周而复始的规划、执行、检查和改进才能提炼出来。要有效管理一家企业也不例外，早在 1993 年利丰便开始推行"三年计划"。

在制定"三年计划"的过程中，利丰的管理层以及基层员工都有机会检讨过去的工作，订立中长期目标和具体的策略与方法。利丰的"三年计划"参考国家制定五年计划的概念而形成，利丰研究中心在《供应链管理：香港利丰集团的实践（第二版）》（2009）中阐释了制定"三年计划"的要点，从构思、计划到实施过程，描绘企业不断优化的实践策略（见图 6-1）。

（1）由零开始：每个"三年计划"都是由零开始，重新出发，企业管理层要突破日常业务的惯性思维，以思考"某种生意是否值得做"为起点，根据最新环境和企业状况来评估及展望企业的发展。

（2）定下三年之期：第 1 年是计划和开展；第 2 年整个企业协力落

实计划；第 3 年达到目标，并进行检讨。三年的时间可给予企业空间，应对外部环境的变化，并把握时机达到目标。

（3）描绘三年后的愿景：综合外部和内部环境分析，包括宏观经济情况、微观经济运行情况，以及各产业供应链的结构和内容。

（4）立下目标：一个具有挑战性的目标能激励全公司上下走出舒适区，寻找和进入未知的市场空间和经营模式，有助于突破原来的限制。

（5）检视现状与目标的距离：利用企业分析法，例如 SWOT，评估企业的优势（strengths）、劣势（weaknesses）、机会（opportunities）和威胁（threats），找出企业现状与目标的距离。

（6）制定跨越距离的策略：设定具体和可量化的指标和实行方法。

（7）组织实施：依照定下的策略及目标，投入资源和人力，订立实施时间表、绩效指标、管理人员的权责分工，贯彻执行计划。

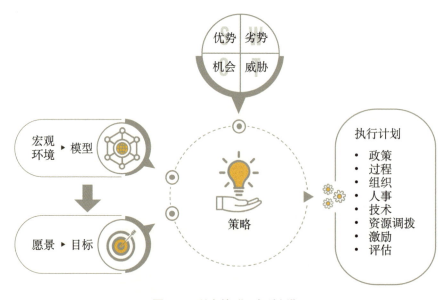

图 6-1　利丰的"三年计划"

第二节　利丰"三年计划"的发展进程

1973 年，利丰首次在香港联交所上市。1989 年，利丰为重整家族股权架构及专注核心业务发展将公司私有化，由管理层收购全部股权，公司集中管理出口贸易及零售两项业务。1992 年，利丰出口贸易业务以"利丰（1937）有限公司"之名在香港联交所上市。为了进一步开拓全球市场及规划未来，利丰推出首个"三年计划"。

一、前八个"三年计划"：扩充全球供应链网络

利丰制定上市后的第一个"三年计划"（1993—1995 年），收购其长期竞争对手英之杰采购服务公司 / 天祥洋行。借此收购，利丰获得通向欧洲市场的入门券，亦把货源网络延伸到南亚、地中海、拉丁美洲，员工人数也增加了近一倍。

1996 年，利丰推行第二个"三年计划"（1996—1998 年）。此计划的主要策略是"填补空间"，包括重整公司的组织架构，将英之杰的客户和海外采购办事处并入利丰，扩充全球采购网络和供应链管理网络，提高原英之杰的利润水平，从而增加整体盈利，实现 1998 年公司盈利比 1995 年双倍增加的目标。

1998 年，利丰制定第三个"三年计划"（1999—2001 年）。目标为三年内集团盈利翻一番，同时提升 50% 营业额和 1% 边际利润。利丰收购了太古贸易有限公司、金巴莉有限公司和 Colby Group Holdings Limited，进一步扩大全球消费品贸易业务，并充分发挥金巴莉在虚拟生产上的专长，令供应链向上游延伸，为客户提供更多样服务。

在 2002—2004 年的"三年计划"中，利丰管理层决定实行多元品牌策略，让新收购的公司能凸显各自的独特优势，例如利丰的核心优势

是开拓自有品牌，Colby 是百货公司，金巴莉专注发展设计师品牌，各部门通力合作，优势互补，为不同类型的客户提供全面的供应链管理服务。

发展美国本土业务成为利丰 2005—2007 年"三年计划"中的关键策略，并被视作带动盈利增长的主要动力。在此期间，利丰收购了多家公司来拓展美国本土业务，取得理想成果。

即使在 2008 年面对全球金融危机及经济衰退等不明朗的宏观经贸挑战，利丰仍成功实践本土策略，在欧美提供在岸批发分销服务，将产品打进各零售渠道，又在美国建立产品设计和开发团队，以便随时深入了解美国本土消费者的需求和流行趋势（见表 6-1）。

表 6-1 利丰"三年计划"一览

计划年期	目标	实现情况
1993—1995 年 第一个 "三年计划"	·成为行业内领先的贸易公司，营业额突破 10 亿美元	·目标达到
1996—1998 年 第二个 "三年计划"	·盈利较 1995 年倍增，盈利率提升到并购天祥洋行前的水平	·目标达到
1999—2001 年 第三个 "三年计划"	·营业额增加 50% ·盈利率提升 1 个百分点 ·总体目标纯利较 1998 年倍增	·由于互联网投资的撤账，总体目标未能达到，如单计贸易业务，则达到目标
2002—2004 年 第四个 "三年计划"	·纯利较 2001 年倍增，营业额增加 15%	·由于经济环境恶劣，未达到总体目标，但成功建立海外品牌，利润增长率提升
2005—2007 年 第五个 "三年计划"	·营业额于 2007 年底达到 100 亿美元 ·发展美国本土业务	·目标达到，营业额增至 118.54 亿美元，美国本土业务取得 10 亿美元的营业额

续表

计划年期	目标	实现情况
2008—2010 年 第六个 "三年计划"	·营业额增至逾 200 亿美元；核心经营利润达 10 亿美元	·面对金融危机及经济衰退，营业额仍达到 159.12 亿美元，核心经营利润亦增至 7.25 亿美元，股东应占利润为 5.48 亿美元
2011—2013 年 第七个 "三年计划"	·核心经营利润达 15 亿美元	·虽然面对不明朗的宏观经济环境和不断变化的全球局势，但是核心经营利润仍增至 8.71 亿美元
2014—2016 年 第八个 "三年计划"	·促进各个业务领域的固有业务增长，进一步利用集团贸易业务网络的多渠道采购平台；目标贸易业务网络的核心经营利润于 2016 年超越 2013 年整体核心经营利润 ·将专注于品牌和授权业务的利标品牌分拆上市 ·物流网络业务达到 2013 年核心经营利润的两倍	·面对贸易业务网络持续受订单减少、通缩以及美元强势等因素影响，利丰简化业务结构，继 2014 年分拆旗下国际品牌和授权业务利标品牌后，在 2016 年策略性出售亚洲消费品及健康保健用品分销业务 ·在物流业务网络方面，通过与现有客户合作扩大市场份额、取得新客户以及实现区域扩张，继续成功提升固有业务利润
2017—2019 年 第九个 "三年计划"	·打造"速度、创新、数字化"的供应链解决方案 ·核心经营利润增长	·贸易业务在遭受零售业持续多年的去库存、客户更替及店铺倒闭的影响下，利丰新的速度模式及数字供应链服务成功获得主要客户的支持，有效加快供应链，并为这些客户带来实质利益，包括降低销售折扣率和提高销售率 ·物流业务继续受益于中国强劲的增长势头，电子物流增长，与东盟地区核心客户扩大合作，在日本、韩国和印度业绩增长

进入 2017—2019 年的"三年计划"，利丰行政总裁冯裕钧借鉴在美国硅谷的创业经验，提出要推行利丰供应链数字化，未来的供应链包括三大元素：速度、创新、数字化。

二、第九个"三年计划"：创造未来的供应链，改善10亿人口生活

> 创造未来的供应链，协助客户驾驭数字经济，以及改善供应链领域所涵盖的10亿人口的生活。
>
> ——利丰集团行政总裁冯裕钧

事实上，今天的产业供应链仍是固守传统做法，未能跟上快速多变的数字经济步伐及零售革命。冯裕钧认为："上游价值链对这场变革的采纳仍然很缓慢。尽管利丰是一家拥有110多年历史、价值观根深蒂固的公司，但我们的目标是利用最尖端的科技和创新，站在这个爆炸性发展的世界中保持领先。""毋庸置疑，有朝一日会有人把整个供应链数字化，而我们当然希望成为首先完成这件事的人"（见图6-2）。

图6-2 利丰第九个"三年计划"：打造端到端的数字供应链解决方案

在供应链数字化的过程中，创新和速度是关键元素。创新涵盖技术、产品、设计意念、解决方案等方面，以及决策思维和合作方式的创新；速度则蕴含各种工具和技术的运用，例如快速原型测试、虚拟设计技术、自动化生产等。

利丰供应链数字化的具体构思是搭建数字供应链平台，采用多项技术工具，把利丰在全球10 000家供应商和2 000家零售客户的底层数据连接起来，形成大数据并进行分析，通过灵活采用创新技术，利丰能够提升整体供应链的速度和效率（详细内容见第十二章）。

经过三年的努力，利丰已成功转型为与众不同的数字供应链服务商。

冯裕钧认为："利丰是唯一将采购实力、数字化解决方案和物流能力结合的行业领袖，利丰可以利用强大的竞争优势，长远地为客户和企业创造极大的商业价值及获取市场份额。"利丰在 3D 数字产品开发方面有清晰的规划，越来越多的客户期望获得数字化服务。利丰一方面指导客户把数字产品整合到业务流程中，另一方面帮助客户推进自身的数字化升级。此外，利丰致力于发展整个生态系统，考量了全球逾千家技术公司，与能力互补的公司建立战略伙伴关系，携手在开发数字化供应链服务方案的道路上前进。总体而言，第九个"三年计划"提出创造未来的供应链，是近年来利丰最具变革性的一个计划，为日后的业务发展奠定了强大的基础。

第三节　利丰供应链：以数字化赋能速度与创新

今天，供应链成员面对错综复杂的新营商环境，若等到无法再沿袭旧方法走下去时才着手创新计划，则业绩基本上已回天乏术，具有前瞻性的企业策略必须未雨绸缪。至于创新也不是小修小补，仅仅推出新产品、升级某些技术、改善设计流程；创新策略更是决策思维的创新和团队合作方式的创新。真正的创新带来运营速度、效率和生产力的提升，而生产力的提升会进一步促进企业的成长并提升盈利能力（见图 6-3）。

利丰致力于为客户提供创新方案，以应对消费者不断变化的需要。利丰不但把创新融入产品及服务，更把创新融入运营模式，包括与客户及供应链其他伙伴的合作方式，以形成一个开放的合作文化。

一、采用快速原型测试以加速创新进程

谷歌前管理人员汤姆·希（Tom Chi）率先提出了快速原型测试的设计理念。汤姆·希以开发穿戴式谷歌眼镜和其他新兴技术而闻名，他提出快速原型的核心是以最短的试行时间进行高速学习的一套技术。企

图 6-3　创新提升生产力并促进企业成长

业团队可以快速制造一个原型来测试一个想法。如果有关构想不可行，企业团队可以改变策略，并从实践经验中获得新知识和新方法。这种快速试错的方法是基于经验学习，在快速测试概念中找到新概念带来的好处，而不是停留在理论层面纸上谈兵或召开无休止的会议。

　　这种快速原型实验可以令利丰同时具有初创企业的速度和大公司的优势。利丰已经在全球各地投资了多项快速原型设计培训，并与外部伙伴合作，将产品开发和项目管理重新定义为一个流畅的迭代过程，将来所有团队都可以复制成功的管理经验。2017 年，利丰多个内部团队联合开发了一个名为 Knique 的快速原型测试，把"给予纱线第二生命"的可持续时装概念付诸实践，并根据消费者的反馈进行多轮原型测试和修改，结果，Knique 实验圆满成功，产品及概念原型发展成为一个时尚品牌。

　　（一）实验简介

　　Knique 是一个由毛线到毛衣的实验。过去，在制作每张毛衣订单时，会有很多优质的纱线剩下来，但是剩余的纱线又不足以完成下一张订单，造成不少浪费。不过，集团旗下毛衣部门——利洋从中发现了一个潜在的商机，就是尝试利用"升级再造"的概念，将剩余的纱线变成高质量时尚品，让设计师再次赋予这些纱线第二生命。

　　Knique 实验并不是采用传统供应链的方法，而是以速度、机动性和组织为重心，融入了不少新的概念，其中包括众包、快速打版、可持续发展以及数据分析等。通过这一实验，团队希望测试一个让消费者提前线上下单的途径，来达到不产生任何库存并减少纱线损耗的效果。团队只用了 8 个星期进行快速原型测试，通过了解消费者的反应及与不同团队合作，成功创立了一个可持续的时装品牌。

（二）Knique 实验的流程

　　在该实验项目中，7 个团队被邀请参与其中，包括利洋、企业传讯部、创新及设计部、资讯科技部、Workshop、全球交易服务团队和美容产品部门——利妍（见图 6-4）。它们一起研究 Knique 的销售策略，包括构思 Knique 的品牌故事，准备营销资料，设立快闪店，使用人脸识别技术来监测店内的人流等。这一系列活动收集了不少珍贵的数据以了解消费者的行为，而这些数据对最终的商业决策起了关键的作用。

图 6-4　参与 Knique 实验的七个团队

利洋负责创造品牌故事，并在真实的线上和线下消费体验中测试品牌，分析消费者实际购买数据，利用软件解决方案在数天内顺利建成一家 Knique 网店。

Workshop 设计了快闪店作为测试零售消费体验的一环，并进行了多次原型测试，以收集消费者的反馈意见。基于反馈意见，团队对原型进行了多轮修改、反复测试。在快闪店，消费者可以近距离触摸观看货品，感受材质和制作工艺，同时，团队可以进一步测试消费者对品牌系列的反应。

全球交易服务团队及其产品拍摄工作室负责产品照片拍摄，品牌专家给予艺术指导，利丰员工充当模特，为品牌活动、网店和快闪店的营销活动提供了一个富有凝聚力的视觉故事（见图 6-5）。

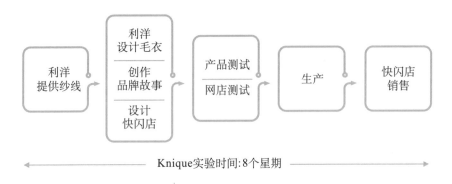

图 6-5　Knique 实验的流程

（三）成功因素

这次实验中，Knique 设计了 17 款可与其他雅致时髦服装搭配的女式针织品，包括日夜均适合的衣裙及裙裤。为期 10 天的网上销售卖了 500 多件衣服，销售额超过 26 000 美元。这个实验不仅成功了，而且超出预期。

1. 团队协作

Knique 实验成功的主要因素是团队之间的协作，也引证了利丰的创新文化的强大力量。在短短的 8 个星期内，7 个团队以共同的信念——速度、机动性、组织——围绕 Knique 品牌推出新的方案，取得成功。

2. 有效运用数据

收集消费者数据是决定产品和业务模型的重要一环。Knique 团队在香港开设的快闪店内，利用应用程序进行调查，收集消费者对产品样式的偏好与购买行为的相关性。

为了监测店内的消费者行为，利妍建议使用脸部识别软件来衡量消费者对产品的兴趣，并收集消费者特征数据。团队对消费行为有了深入的了解，据此对快闪店和网店的运营进行调整。

3. 实验精神

起初利洋在构思 Knique 品牌的时候曾有下列疑问：若要推动符合可持续发展原则的时装，"升级再造"是不是一个有效途径？奢侈服装品牌的持续再造是不是一个切实可行的商机？利洋用行动去验证，实验是一种很有效的深入了解消费行为的方法，它容许团队中途调整策略以解决困难。

4. 响应可持续发展的新概念

快餐时装文化产生大量浪费的问题备受关注，时装界的漂染等工序一直都是导致环境污染的第二大来源，可持续发展逐渐成为时装界的新概念。Knique 的针织品所采用的纱线来自剩余的库存，对时装界的可持续发展具有启示作用。

（四）展望

Knique 实验反映了利丰在速度以及创新方面的提升和发展，证明利丰的数据资源庞大，通过利用数据及分析，可以为其他部门甚至行业内其他公司提供创新供应链方案。

此外，Knique 实验结果证明可持续发展概念在市场上是可行的，作为 Knique 的延续，品牌 22 Factor 应运而生，其针织品系列也是朝可持续发展路线迈进。22 Factor 已于 2018 年末推出，产品类别会逐步扩展至与针织有关的家居、旅游及艺术品。

二、技术型创新

零售层面上，一件创意产品越受到消费者喜爱，表明其设计越成功。作为生产商及零售商的桥梁，利丰不断思考新一代消费者所需要的产品，通过积极投入科技研发及设计，力求创意产品真正符合市场需求。比如，利丰与冯氏学院合作创立 WearWare 团队，专注为客户提供智能产品研发方案。该团队重新思考及探索各种物料包括织物及塑料的可用范畴、传感器及连接性技术的应用，通过研究、采用快速原型等方法，迅速测试穿戴式产品概念，并与内部员工分享经验。

2016 年，利丰与知名无线射频识别系统及物联网伙伴合作，为高级滑雪成衣品牌 Spyder 打造首件融合了穿戴式科技的男式滑雪外套。此外套的 Spyder 商标结合了近距离无线通信技术，消费者只需用智能手机或平板电脑轻拍该商标，便可立刻查看实时动态内容，包括 Spyder 的社交媒体信息、宣传影片、滑雪赛事，导出或存取所在地区信息，例如降雪情况、滑雪场雪道图及区域活动，这些功能大大增加了消费者享受滑雪的乐趣（详细案例内容见第九章）。

另一例子是利丰与网上零售商 Betabrand 合作，共同实施了产品众包① 设计方案。例如鞋包产品，早在设计时便开始吸纳消费者的意见，包括产品的颜色、剪裁和其他细节等，利丰亦协助 Betabrand 进行 3D

---

① 众包是寻求创意的过程，原意指一家公司或机构把过去由员工执行的工作任务，以自由自愿的形式外包给非特定的大众网络的做法，让目标消费客户能够参与产品的创新、设计以及制造过程，亦是一种新型 C2B 商业模式。跨区域、跨组织、跨文化、跨专业的网络用户能够在众包平台充分发挥在各自领域的专业优势，共同研发新产品，大大降低大众参与创新的成本和门槛。

设计，迅速把消费者的建议转化成 3D 图像，图片的像真度极高，能帮助消费者即时作出购物决定（详细案例内容见第十二章）。

此外，利丰与一家美国初创企业（A 企业）达成战略合作协议，将采用 A 企业自主开发的全自动生产缝纫机机器人技术，加速打造数字供应链，与部分制造商共同创建第一个全数字化的服装供应链，利丰计划以 T 恤产品作为初步合作重点，未来拓展到其他产品类别。

延伸阅读

利丰与 A 企业的合作

不少产业正在应用新科技，其中包括劳动密集型的服装业，生产商、品牌商、学界及技术型创客都在研究采用数字化自动化生产线的可能性。同样，利丰亦积极探索采用颠覆性技术，邀请合作伙伴共同实现完全数字化的自动化工厂流程。利丰与美国研发缝纫切割新技术的初创企业 A 企业的合作就在此环境下展开。

利丰与 A 企业于 2018 年签署战略合作协议，该合作充满战略意义，因为双方拥有相同的目标：创建完全数字化的供应链，共同创造一条敏捷、迅速满足全球市场的多样化需求的供应链。

利丰在创造未来供应链的数字化进程中已取得稳健进展，加上与 A 企业的战略合作伙伴关系，将进一步为集团全程数字供应链提供坚实基础。通过此次合作，利丰将结合自身全球供应商网络及 A 企业的全自动缝纫生产线，打造针对服装及纺织品行业的全数字化生产供应链。

首个合作项目是一条端到端的全自动 T 恤生产线，双方以 T 恤供应链作为初步合作重点，整个生产流程只需 2.5 分钟，每 22 秒便能完成一件 T 恤。整条 T 恤生产线全程只需一名操作员，释放了九成的劳动力去从事其他带来更高附加值的任务。此外，该生产线还可以因应订单需求进行生产速度上的调整。

A 企业通过与利丰合作，将革命性机器人技术引入市场，真正接受订单生产，达到按需定制生产所需要的速度，亦可以处理大规模预订货量，使该技术的性能得以充分发挥。

三、培育团队的创新思维

企业要创新，必须对新思维、人才及知识持开放的态度。利丰相信每个人都能够成为创新者，优秀的想法无处不在，因此，利丰积极与具备能力、知识及技术的人才合作，利用其专业及多角度视野的优势。专注协作、分享意见及更高效的新工作模式正在兴起。利丰内部及合作伙伴正以多种不同方法推动这种新的工作模式。

（一）探讨颠覆式创新

利程坊是为冯氏集团及旗下公司而设的协作平台，通过利程坊举办的创新活动，集团跟锐意颠覆全球供应链的合作伙伴携手同行，带头塑造行业未来。目前，利程坊正在试验各种新商业模式及技术，积极共创更符合可持续发展原则的未来（详细介绍见第十七章）。

利丰与奇点大学（Singularity University）合作，为利丰高层团队提供培训，让它们学习如何通过识别颠覆性力量、了解指数型成长技术及实践创新工具和方法，加快实施创新变革。

（二）互动交流平台

利丰希望将创新融入企业文化的核心，让每个员工及团队都受到启发和支持，随时随地表达自己的创新意见。2017 年，利丰举办了多项创新活动，包括 The Kitchen 和 Guerrilla Sessions。

The Kitchen 是一个让员工互相交流、提出想法的平台，是利丰成立以来最大的开放式创新实验。The Kitchen 利用技术合作伙伴 Spigit

开发的创新管理软件平台，让全球所有员工集思广益、分享专业知识并运用到工作中。2017 年，有超过 2 500 位利丰员工就 600 个概念进行协作。随着平台渐趋成熟，概念和执行的质量也明显提高，很多构想顺利蜕变成为原型的构思，数量大幅增加了 178%。

Guerrilla Sessions 是一个开放式创新科技平台，通过虚拟模式合作，使日常难有接触机会的员工交流理念，此交流方式可产生无穷无尽、无边无际的想法。利丰还策划了 Guerrilla Sessions 嘉宾演讲活动。来自全球不同背景和行业的创新者、创业家、变革者和专家分享了他们在创新路上的失败与成功，话题涵盖电子商务初创、寻找目标及社会创新等。利丰明白创新不能无中生有，吸纳最佳实践案例和知识是孕育创新的强大推动力。

（三）互动型工作环境

2016 年，跨国建筑公司 Gensler 的一项调查发现，优秀的工作场所设计是推动组织创新的关键。重视个人及团队的工作空间有助于建立跨组织的创新生态系统。这不但会影响企业文化，更影响具有创意的员工对公司的看法。

2015 年，利丰建构了 LF Zero Base 的原型，这是一个从零开始创造的新工作空间，有别于传统的办公室，除了两个电话亭和两个会议室之外，5 000 平方英尺的空间完全开放，以促进员工、客户和供应商的互动。2016 年，利丰又推出了一项专注工作方式的全球计划 Ways of Working（WoW）[1]，以促进不同背景的员工之间交流。许多在 WoW 空间工作的员工表示，新的工作环境让他们以新的方式与团队和客户合作。员工汇聚一堂，带来多元的想法和技能支持，群策群力。

---

[1] Ways of Working（WoW）工作方式项目改造了利丰的工作场所，增加员工之间的协作，为三年业务发展计划的重点给予支持，所打造的工作环境加快工作流程与沟通的速度、推动决策，有利于想象与试验的空间也有助于激发创意。此项目还利用数字平台技术，把员工和客户联系起来。

（四）更快的内部沟通

新的移动应用程序和工具有助于打破障碍、促进合作社区、加快创新和反应速度，相反，未能赋权予员工及使其参与民主开放工作环境的组织将被淘汰。利丰开发了不同的学习模块应用程序，员工可按自己的时间表完成所需的线上培训。

OneTouch 是利丰的移动应用程序，由公司内部 UX 团队设计，全球员工都可以阅览集团信息和全球联络目录，即时完成申请休假、参与志愿服务和报销等操作。

另外，OneFamily 是利丰的内部沟通平台，鼓励员工在智能手机上轻松上传信息，以 LF Blog、LF.TV 及实时 LF Feed 分享文字、视频及图片。新冠肺炎疫情暴发后，OneFamily 平台有效发挥了其通信作用。疫情发生之初，利丰就成立了跨部门的全球危机管理小组，通过 OneFamily 平台不断更新集团有关在家办公 / 弹性工作的安排及指引，适时分享抗疫锦囊及健康信息。同时，利丰为员工提供远程会议和遥距技术支持等服务，一方面保障全球员工的生命安全，另一方面维持集团的运作灵活敏捷。

第四节　创新路径：利丰数字供应链的 3S 模式

创新往往能够带来改变，冯氏学院董事会主席、美国斯坦福大学商学院的李效良教授经过多年观察，把这些改变归纳成三大类：第一类是替代性改变（substitution change），第二类是规模性改变（scale change），第三类是结构性改变（structural change），并称之为 3S 模式。

以汽车的发明为例，由于汽车令出行更方便、快捷、舒适，加上机器的耐用性更长，汽车在短时间内替代马车成为主要的交通工具；之后，政府加快建设道路网，企业投入与汽车相关的生产及服务行业，汽车的用量以几何级上升，达到规模性改变；从前在马车盛行的年代，一般人只能参加附近市集的活动，汽车的创新颠覆了人类对距离的理解，大大增加了人类的流动性，带来新的生活方式及体验，成就了结构性改变。

今天，很多创新企业都依循李效良教授所提出的 3S 创新路径发展。以美国网络影片串流服务公司网飞（Netflix）为例，该公司在成立初期提供影碟寄送服务，替代了消费者亲自到门店租借影碟的方式；其后，网飞提供网络影片串流服务，世界各地的订购客户可以利用各种智能装置观看网飞平台上的影片，形成规模效应；近年，网飞通过分析订阅数据及订购客户的习惯，成立影片制作团队拍摄原创节目，经营模式由影片播放频道变为制片公司，影片创作由制片公司主导变为观众主导，改造了电影行业。

一、利丰的发展历史与 3S 概念

李效良教授认为利丰的商业模式发展也体现了 3S 概念。

（1）替代效应：在 1906 年成立之初，利丰凭借语言的优势，加上熟悉本地商品和拥有良好的社会关系，在经营中外贸易领域占据一席之地，打破了当时英美洋行垄断中国进出口贸易的局面。

（2）规模效应：经过多年发展，利丰经营的产品种类愈来愈丰富，服务的市场愈来愈广，形成由供应商网络、采购网络、物流网络及分销网络构建的跨国供应链体系。

（3）结构效应：利丰现已成为全球供应链解决方案管理者，协调全球 2 000 家零售商和 10 000 家跨国供应商，为它们提供增值服务，改变了起初单纯撮合买卖的贸易模式。

二、利丰供应链的数字化策略带来替代、规模和结构效应

利丰在2017—2019年的"三年计划"中，致力于打造一个全面整合的数字供应链平台，旨在连接供应商、客户和其他伙伴，提供全程可视的数字供应链管理服务。李效良教授认为，利丰未来供应链的创新设想也可用3S概念加以演绎。

（1）替代效应：运用创新科技替代旧有方式，提升供应链效益。利丰构建的数字供应链，利用先进数字科技和工具，替代传统效率欠佳的人工操作，大幅缩短产品开发及生产周期，提高整体供应链的透明度和效率。

（2）规模效应：数字平台集聚供应链伙伴，形成规模。利丰利用数字平台策略（详见第十二章），集聚和联系供应链上各成员。例如，利丰每年的布料采购额达几十亿美元，是世界最大的布料采购商之一。客户可通过利丰的数字平台，充分利用规模优势，得到更好的采购价格和条款。另外，数字平台将覆盖利丰供应链所有的合作伙伴，让供应链上各成员能够受惠于这个零售额超过2万亿美元的网络，形成庞大的规模效益。

（3）结构效应：产生新的运营模式，带来新的合作伙伴。随着数字平台的形成，利丰将会产生新的运营和盈利模式。除了提供一站式、端到端的全供应链解决方案外，所有客户都可根据自身需要，从平台选取合适的产品组合或服务。这些服务有可能增加利丰的盈利来源，而收入模式也可以有更多选择。此外，由于网络平台突破了资源、时间及地域限制，利丰的生态系统可以吸纳更多的合作伙伴，甚至可以扩展至初创企业、科技公司和金融机构等。

03

第三篇

冯氏全球供应链

第七章

冯氏集团：业务遍及全球，
涵盖供应链各环节

1906 年，利丰在广州成立，主要采购及外销中国货品，如陶瓷、玉器、藤器、烟花、爆竹、玉石、象牙等，是中国第一家由本地华商直接从事对外贸易的华资出口公司。1937 年，利丰把总部从广州移至香港，在香港正式注册成立利丰有限公司，1992 年改名为利丰（1937）有限公司，并于香港上市。2012 年母公司改名为冯氏集团（下称冯氏）。

除了采购贸易业务以外，冯氏不断向供应链中下游环节（经销和零售）拓展，发展至今，集团运营业务足迹遍及全球，核心业务涵盖全球消费品市场的整个供应链。冯氏以香港作为集团总部，在全球 50 多个市场设有 230 多个办事处，聘用员工超过 34 000 人。以下将逐一介绍冯氏的核心业务：贸易、物流、分销及零售（见图 7-1）。

图 7-1 冯氏集团架构

第一节 以供应链管理为手段的商贸集团：利丰

冯氏旗下的利丰专门为世界知名零售商和品牌商提供量身定制的一站式供应链解决方案，涵盖从产品设计、原材料采购、生产及品质控制、库存及物流管理到分销及零售管理。

由于全球贸易及经济环境带来不确定因素，利丰在第九个"三年计划"提出的数字化转型需要作出策略调整，相关成效需要较长时间才能完全实现，预计在离开资本市场后，利丰可以更有效地实施转型计划。2020 年 3 月，利丰公告将会与普洛斯集团（GLP）① 以

---

① 普洛斯是在物流、房地产、基建设施、融资及相关技术方面全球领先的营运商及投资者，在全球各地的房地产及私募股权基金中管理约 890 亿美元的资产。

协议安排方式私有化。私有化计划顺利实施，同年 5 月，利丰于香港联交所撤销股份上市地位生效。未来，利丰与普洛斯强强联手，将能够利用彼此的实力实现共同目标，大力打造未来的数字供应链。同年 7 月，利丰与京东宣布达成战略合作协议，此次战略合作将加速利丰供应链的数字化发展，同时，利丰亦会充分利用其全球供应链网络，与京东在自有品牌方面合作，进一步拓展国内业务。未来，基于冯氏与普洛斯的紧密伙伴关系及京东的加盟，利丰将继续发挥其规模优势及数字化能力，着力打造未来的数字供应链。

业务方面，利丰深谙不同市场的需求，并与国际品牌商和零售商建立长期伙伴关系。2019 年，美国、欧洲、亚洲和其他市场分别占利丰供应链解决方案业务营业额的 78%、14%、1% 和 7%（见图 7-2）。利丰以中国、越南及孟加拉国为三大采购国，同时在其他国家如印度、印度尼西亚、柬埔寨开展大规模采购业务。

图 7-2　利丰的主要市场

利丰最大的收入来自提供服装和消费品供应链解决方案业务，除去物流业务，服装及消费品分别占持续经营业务营业额的 73% 和 27%。根据利丰的采购经验，服装和消费品供应链呈现以下特点：

（1）客户需求日趋个性化、时尚化，加上服装有明显的季节性特点，服装产品的生命周期或流行周期越来越短。

（2）快时尚流行和个性化趋势，特别是服装产品拥有多维属性（款式、颜色、尺码、面料），呈现小批量、多批次的特点。

（3）为满足消费者五花八门的需要和对时尚的喜爱，品牌商及零售商，特别是线上零售商，要求供应链的速度越来越快，交货期越来越短。

（4）随着生活水平提升，消费者越来越关注产品品质及合规。

（5）新一代对可持续发展的重要性的认识加深，更愿意购买符合环保原则及社会公平要求的产品。

若要平衡及满足上述有关品质、时效、成本及环保的采购需求，品牌商及零售商需要一流的采购团队支持。不过由于自设买手部门成本高，而且寻找可信赖的采购商亦不容易，越来越多零售商采取混合采购策略，例如采用代理、进口/批发商、供应商或自建内部采购团队。如前所述，利丰服务全球约2 000个零售客户，包括品牌商、专卖店、百货公司、大型零售商、电子商务零售商、大卖场、折扣店和会员制商店，各种零售模式要求的采购服务都不一样。虽然如此，利丰的采购平台能够灵活配合客户的采购策略，为客户提供不同组合的增值服务。

利丰的采购业务有服务和产品两大团队。服务团队负责供应链解决方案和物流业务，供应链解决方案业务在利丰整体营业额中占比最大。供应链解决方案业务与物流业务协同，不但为客户提供供应链解决方案，也能促进业务部门之间的交叉销售。产品团队经营在岸批发业务（属买卖贸易业务），主要为自有品牌设计及发展产品系列，业务覆盖北美、欧洲和亚洲。

同时，利丰为上游供应商提供一系列服务，借此提升供应商的运营效率和合规水平，从而提升整体效益。2014年，利丰成立供应商支持服务部，启动原材料大批量采购和产品责任保险服务，为供应商拓展运营资金管理工具和服务，并开展多种供应商审核服务。到2016年年底，供应商支持服务部相关业务发展成熟，融入日常运营，为上下游客户提供更全面的服务。

　　此外，为应对迅速变化的环境，利丰在 2018 年启动了公司重组计划。过去，利丰每个部门主管以垂直的形式运营每个业务部门，在全球兼顾客户关系与生产流程，监督所有生产区域。久而久之，各业务部门间形成了隔膜，阻碍了各部门之间的沟通与运营。2018 年的重组旨在：（1）以客户为焦点的管理团队着重巩固与客户的关系；（2）采购及生产平台达到卓越运营；（3）加快实现数字化。

　　在新的架构下，利丰的团队以区域及国家为中心，聚焦更专门的领域以改善地区运营灵活性及运作效益。区域主管执行及管理与供应商之间的所有采购和生产活动，能够在当地更快、更准确地作出及落实决策。同时，利丰的客户管理团队可以充分利用各生产国的资源，形成更佳的采购方案，更快速地回应客户需求（见图 7-3）。

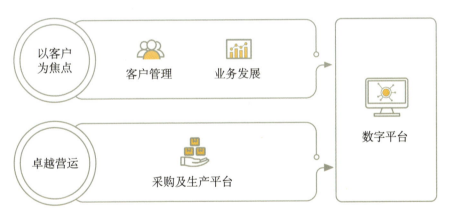

图 7-3　利丰的企业架构（2018 年）

第二节　物流环节：利丰物流

　　利丰物流的主要业务是国内合同物流和全球货运代理，提供物流处理方案的产品集中于鞋履与服装、食品与饮料以及保健产品。国内合同物流服务包括仓库和运输管理、电子商务物流、区域枢纽管理、逆向物流以及其他增值服务。全球货运代理提供货物集装和分装、货运代理和报关通关等服务。近年，利丰物流投资顶尖的资讯科技平台，以改善服务并提高生产力。

2019年年中，由新加坡政府持有的投资公司淡马锡向利丰物流注资3亿美元，购入利丰物流21.7%的股份。这次投资有助于利丰物流加快业务增长和发展步伐。利丰依然是利丰物流的控股公司。

截至2019年，利丰物流在全球17个地区管理超过220个仓储设施，占地约2 900万平方尺，为400多家世界知名企业每天配送1亿件消费品（见图7-4）。

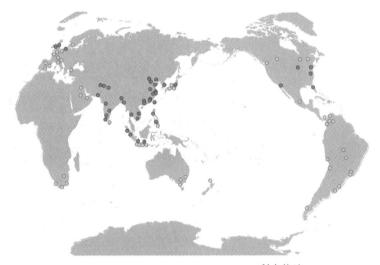

●利丰物流
○合作伙伴

图7-4　利丰物流的网络

目前，中国是利丰物流最大的市场，2019年中国的营业额占总营业额的58%，亚洲其他地区如新加坡、菲律宾、马来西亚、泰国、印度尼西亚、印度、日本及韩国占36%，其他市场则占6%。在内需带动下，中国市场继续保持强劲的增长势头。此外，新加坡为东南亚物流市场枢纽，利丰物流在当地建立了自动化配送中心，该中心是新加坡最大且有温控设备的保税物流中心。

利丰物流协助客户建立并运行枢纽和仓储基地，运用先进技术模型设计配送中心和运营流程，并针对全渠道零售客户推出电子商务物流解决方案，为传统零售客户及电子商务客户管理库存。

冯氏于 2015 年收购 Fireswirl Technologies（Shenzhen）的电子商务团队和技术，更名为冯氏全渠道（Fung Omni Services，FOM）。冯氏全渠道与利丰物流携手为品牌商和零售商提供中国顶尖 B2C 电子商务代运营服务，包括开设网店及实体店、管理网店、全渠道库存管理、订单管理、仓储提取和包装、多平台整合营销、策略创意和流量拓展、最后一公里配送、退货管理、销售数据分析等，把国际品牌商引入中国市场，为中国的网购消费群体带来优质进口产品。

第三节　专营家具、美容、毛衣三大产品业务：利弘投资

为按照"三年计划"加快发展，2017 年利丰把三个产品业务部门策略性出售给母公司冯氏集团及冯氏投资、联想控股成员企业弘毅投资。完成交易后，冯氏集团及冯氏投资共持有三大业务股权 55%，余下 45% 则由弘毅投资持有，并成立合资公司利弘投资（LH Pegasus）共同管理。这三个业务包括家具、毛衣和美容，分别由不同的管理团队经营，享有自主性和灵活性以实施其产品策略。三个产品业务简介如下。

一、家具业务：利家

利家主要为欧美家具和家居饰品品牌商及零售商提供产品研发、设计、生产管理、物流和销售等服务。它利用创新的方法缩短组装家具的时间和流程，并致力于开发智能办公家具，以智能科技为客户提供符合

人体工程学的高品质产品。

二、美容业务：利妍

利妍为欧美知名美容品牌商及零售商提供一站式解决方案，包括市场营销、产品设计、工程设计、配方研发、灌装、包装、生产、品质控制、专业化妆品展示台等。近年，中国成为全球最具潜力及发展最快的美容市场，是利妍重点发展的市场之一。利妍已建立了创意实验室（Idea Lab），来构思创意产品、开发创新策略和进行快速原型实验。

三、毛衣业务：利洋针织

利洋针织是全球规模最大的针织品供应商之一，为欧美、日本及亚洲其他市场的品牌商及零售商提供多功能和创新的针织品。利洋针织以速度和创新为核心业务策略，通过最新的数字科技和工作流程不断重塑针织行业。

第四节 经销环节：利标品牌

利标品牌有限公司（香港联交所股票代码：00787，下称利标）定位为现代时尚生活公司，专营设计、开发、推广及销售一系列自有品牌、授权品牌及多元化产品种类，其客户主要为来自欧美及亚洲地区的零售商，包括百货公司、专卖零售商及电子商务客户。经营的产品主要包括男女时装及鞋履，经销渠道包括百货公司、超市／会员制商店、折扣店、独立连锁店、专卖店及线上商店等。利标的全球业务遍布30个国家／地区，共设有50个办公室。

2016年7月，利标和 Creative Artists Agency 的品牌管理部门创建了合资企业 CAA-GBG Global Brand Management Group（下称 CAA-

GBG），成为全球最大的品牌管理公司。CAA-GBG与品牌所有者、零售商和供应商伙伴合作，将品牌扩展到新的市场，增加产品类别来吸引新的消费者。主要业务范围包括为客户的各类消费产品开发创意灵感、目标市场，进行特许许可证管理、产品开发、市场推广及产品发布等。

第五节　零售环节：冯氏零售集团

冯氏集团旗下的零售业务由冯氏零售集团管理，冯氏零售拥有多家上市公司及独立零售公司，业务涵盖多个领域，包括高级男装、时尚女装、童装、玩具、便利店、饼屋及快时尚眼镜店。截至2018年年底，冯氏零售在全球12个经济体拥有约3 000家直营门店，是亚洲领先的零售集团之一。

一、利亚零售

利亚零售（香港联交所股票代码：00831）在香港、澳门及珠江三角洲一带经营500多家OK便利店（Circle K）及圣安娜饼屋（Saint Honour Cake Shop），以及Zoff眼镜店。

在智能时代，全渠道零售是行业趋势及长远成功的关键，利亚零售将开发移动应用程序"OK齐齐印"及"圣安娜蛋糕在线"客户关系管理平台作为全渠道零售策略的重心。

Zoff眼镜店是日本著名快时尚眼镜连锁店，备受年轻消费者欢迎，利亚零售于2017年取得特许经营权，并于香港开设门店。

二、利时控股

利时控股专攻中档时尚休闲服装及配饰，包括韩国快时尚品牌H：CONNECT，著名休闲服品牌Hang Ten、Roots、Arnold Palmer以及时尚男装品牌LEO等，在中国、韩国、东盟及其他地区共经营逾1 000

家自营店及特许经营店。

三、利童

利童专注 0～14 岁儿童高品质服装、鞋类和饰品零售，在亚洲经营全渠道零售，主要品牌包括法国童装品牌小帆船（Petit Bateau）和美国童鞋品牌喜健步（Stride Rite）。

四、玩具反斗城亚洲

玩具反斗城亚洲成立于 1986 年，是亚洲玩具、教育和婴幼儿产品零售商，截至 2018 年年底，在日本、中国和东南亚共经营逾 500 家店铺和网店。

玩具反斗城亚洲独立于美国玩具反斗城，是一个法律上完全独立、财务上独立的公司。2018 年 11 月，玩具反斗城亚洲业务中约 79% 的权益由多家具有丰富的投资及经营国际业务和零售企业经验的投资基金及金融机构共同持有，而冯氏零售的权益约 21%，成为玩具反斗城亚洲的单一最大股东。

五、Suhyang Networks

Suhyang Networks 是韩国首屈一指的儿童服装零售商，在韩国各大百货公司内经营超过 200 家店铺，旗下知名品牌包括 Bluedog、Bluedog Baby、Minkmui、R. Robot、Denim in the Box、Lulabee、talescoop、b. bear 及 pony pompom。

六、DX Quality Outlet

DX Quality Outlet（下称 DX）是冯氏集团的创新实验室利程坊成功孵化的项目之一，主要经营模式是国际中高档品牌衣履和配饰折扣店。DX 与国际品牌以合作协议方式销售库存商品，在保障品牌声誉和知识产权的同时，协助品牌解决中国市场库存问题及改善现金流。DX 拥有全国零售网络，已开设 13 家零售店和 38 家快闪店，同时经营微信线上销售网络。

七、Asia Retail Company

随着中国市场崛起，不少国际品牌希望借助冯氏集团进入。同样，不少中国企业希望走出去，寻求海外买家。作为全球供应链管理者，冯氏旗下的 Asia Retail Company（下称 ARC）致力于为中外企业提供一站式国际商贸服务：将国际品牌引进中国市场，将中国品牌引荐到国际市场，帮助线上平台、传统零售商及供应链成员建立伙伴关系并加速全渠道业务。ARC 提供一站式服务帮助品牌制定整体战略，降低进入市场的成本，实现增长和差异化，拓展合作伙伴网络，提高效率和协同。同时，ARC 吸纳冯氏集团内部不同业务团队精英，共同构建面向中国零售市场的方案，为国际品牌在中国的可持续发展及增长做好准备。ARC 的业务涵盖服装、鞋类、配饰、家居及家纺用品等多种产品，并开拓自有品牌服务。

八、利邦

利邦控股有限公司（香港联交所股票代码：00891，下称利邦）主要在中国及欧洲市场从事高级男装零售业务，并在全球以特许方式经营主要品牌。利邦旗下经营 4 个高级国际男士服装品牌，即 Gieves & Hawkes、Kent & Curwen、Cerruti 1881 及 D'URBAN，前三个为利邦自有品牌，利邦拥有 D'URBAN 在中国的特许经营权。2018 年 4 月，山东如意集团加盟成为利邦的控股股东，冯氏零售集团仍是利邦的主要股东。

第八章
中外商家的区别

自 20 世纪 80 年代以来，利丰在中国内地发展采购贸易业务，至 2017 年，中国内地已成为利丰最大的采购市场。过去几十年间，利丰见证了内地经济腾飞。中国是世界重要的生产和采购基地，随着经济发展，生产成本和居民购买力上升，中国内地逐步由生产基地转变为出口和内销市场并重的经济体系，中外供应链正逐渐发生改变，生产和消费模式亦发生改变。

第一节　中国供应链管理服务发展的四个阶段

中国内地对供应链管理日益重视，近年颇具规模的供应链管理企业相继涌现，这与国内经济发展和市场需求有一定关系，以下分四个主要阶段简略回顾改革开放以来中国市场对供应链服务需求的演变。

阶段一：企业纵向一体化发展

改革开放初期，中国大部分企业采取"大而全、小而全"，即"纵向一体化"的经营组织方式，企业把产品的采购、生产、仓储、运输、营销等各个供应链活动都集中在内部完成，以控制产品质量和成本。这一阶段，很多企业为寻求突破，集中扩充厂房和生产设备，中国建立起庞大的加工体系。然而，由于改革开放初期资源匮乏，市场基本上是求大于供，企业主要奉行"推式"供应链系统，消费者的需求并非企业的主要考虑，企业在产品开发和市场营销方面的能力较弱。

阶段二：非核心业务外包，专注核心竞争力

随着中国内地市场日渐开放、经济发展步伐加快、居民人均可支配收入愈来愈高，不少企业开始意识到，企业的竞争关键在于增加与产品相关的增值服务，这是增值服务的竞争而非商品的竞争。许多企业发现维持一个"大而全、小而全"的经营体系未必符合经济效益，遂把自身不具有竞争优势的环节或工序外包给专业公司，将有限的资源和精力专注于核心业务，变得更有竞争优势。在此阶段，不少生产企业把物流业务及出口贸易业务外包，第三方物流管理应运而生，以物流及进出口贸易业务为核心基础的供应链管理公司开始萌芽发展。

阶段三：供应链管理服务方兴未艾

自 2001 年中国加入世界贸易组织后，国际零售企业纷纷进入内地市场，加剧内地零售市场的竞争。在此阶段，不少零售企业为寻求优质货源，把局部甚至全部采购业务外包，因此，一些贸易批发或分销企业转型升级，发展为以贸易业务为核心基础的供应链管理公司。同时，部分零售企业亦开始利用现代信息技术，寻求提升与上游各环节的协作能

力，改善对市场和客户的快速应变能力。

阶段四：供应链金融迈向智能化

供应链上下游各环节之间所有交易都涉及资金，但是资金压力往往是供应链合作中的一个阻力，因此企业产生融资的需求。起初，银行是主要的资金提供方。不过，国内供应链上中下游企业以中小企业为主，在不动产不足以抵押的情况下，银行贷款意愿低。一些供应链参与者看到商机，以货物及其他动产作为质押，贷款给予上下游企业，盘活资金流，成为以融资业务为核心基础的供应链管理公司。之后平台的构建者以互联网技术介入，以供应链数据质押，供应链金融走向智能化及去中心化。进入新工业革命时代，预期大数据、人工智能及区块链等技术会令供应链金融服务更多元化，进一步提升融资效率及风险管理能力。

整体而言，中国的供应链管理服务行业市场仍相当分散，行业渗透率不高，而且竞争仍集中在物流运输或分销层面。目前，中国90%以上供应链管理公司的总部聚集于珠江三角洲和长江三角洲地区，有些专注服务供应链某几个环节，有些专注服务某个行业领域，有些主要提供融资服务，也有些向全覆盖和多平台发展，其中也有为数不少的所谓供应链企业仍处于初级物流企业阶段。根据《中国供应链发展报告》（2017年）[①]，综合对广东省数千家供应链服务企业的分析，主要有四种经营模式。

1. 产业链资源高度整合的集成服务模式

以客户需求为导向，围绕供应链各环节，以产业链组织者的角色，提供原材料采购、物流、金融、信息、商务、技术、销售等集成服务，帮助客户降低采购及生产成本，回应配送及销售需求，提升整体供应链的价值。

---

① 中国物流与采购联合会.中国供应链发展报告.北京：中国财富出版社，2017：34.

2. 电商型供应链服务模式

利用先进的互联网及信息科技平台，搭建全球运输、仓储和配销网络，为客户提供面向 B2B 及 B2C 的线上线下供应链管理服务，实现从订单管理、货源开发、代理采购、库存管理、交易、产品推广、通关、退税、国际货运到物流配送的一站式服务。

3. 协同采购与分销型服务模式

协同采购型服务模式是根据客户的采购委托，围绕采购管理从接单、采购、物流到质检的整个过程，提供市场调研、需求预测、供应商选择及评估、谈判执行及供应契约签订、货款垫付、进出口通关、物流、供应商管理、结算、信息、融资等一体化服务，以优化采购流程及库存管理为目标推动资源的优化配置。

协同分销型服务模式则是按照客户的营销目的和分销体系要求，提供分销体系设计、销售渠道整合与管理、预付货款、保税集货仓储 / 仓储调配、零售服务、商业服务、物流服务、媒体宣传、市场营销等服务。

4. 供应链金融服务模式

供应链服务企业与金融机构开展合作，借助互联网、大数据技术集成对接供应链四流，依托各方参与者的数据共享形成的风险控制及信用体系，为供应链上各类中小企业提供涵盖线上授信、保理、担保、结算、理财等综合金融财务服务，帮助客户降低供应链融资成本，提高供应链金融服务效率。

第二节　中外供应链服务需求的异同

自 20 世纪 90 年代开始，加工贸易一直占据中国对外贸易的半壁江山，直到 2008 年受到金融危机的影响，加上国家鼓励加工贸易企业转型升级，加工贸易占整体出口的比例逐年下降。一些外贸企业从外国品牌商和零售商处接单，同时确保内地的生产合规、商品质量达到要求，并提供货物清关、物流运输等供应链增值服务。随着中国内销市场不断扩大，传统的外贸企业开始意识到，必须兼顾发展内外贸市场，加快开拓产品进口、全球采购和营销等业务，以回应内地潜力巨大的消费需求。

不过，内外贸市场对供应链管理的要求并不相同。欧美等较成熟的零售市场往往由颇具规模的全国性甚至全球著名的品牌商及零售商主导，中国内地的零售企业则主要是众多分散的地区性企业。在供应链服务需求方面，中外零售商的采购习惯、对产品质量及规格的要求、交货方式都各有不同，因此相应的供应链方案设计也有差别（见表8-1）。

表 8-1　中外供应链服务需求的差异

		欧美市场	中国内地市场
市场环境		颇具规模的全国性甚至全球著名的品牌商及零售商主导	由众多分散的地区性企业组成
品牌定位		品牌定位清晰，掌握市场趋势，部分品牌商已发展为国际企业	品牌管理理念较模糊，小部分国产品牌逐渐走出国门
供应链服务需求	需求重点	重视产品设计开发、生产合规、品牌的可持续发展，借助全球采购、全球生产提升供应链效益	受到电子商贸的影响，讲求更快的供货速度，重视采购商品的性价比，开始重视自有品牌系列的开发
	采购规则	企业多订立清晰的内部采购规则，明确退货和账期等细节	不同区域的采购规则或习惯不同，退货和账期等细节较模糊
	采购批量	批次愈来愈多，批量愈来愈少，款式日趋复杂，对物流要求高	批次多，批量少，款式多，对物流要求高
	采买方式	多采用买断方式	寄售方式相对普遍

以下从供应链四流的角度阐释中国供应链的特征。

（一）工作流程

相对欧美市场而言，中国零售商的经营规模较小，分布相对分散，形成全国规模的企业不多。有些中国零售商未制定具体的内部采购规则，加上交货要求、订单有效期，甚至各省各地方的做法和营商习惯都不一样，有时候已签订合约，备妥生产材料，客户却反映未通过内部审批，需要临时取消订单；有时候则突然要求缩短生产期和出货期，或未经授权退货，这类情况时有发生，严重影响供应链的操作。

此外，中国产品检测和品质监管标准与国际标准不同，国家相关标准也有推荐性和强制性之分。有时候符合海外标准的产品未必符合中国的标准，即使符合中国的产品标准，各地方的执行方法又有不同，令许多海外企业无所适从。加上海外零售商多采用买断模式，中国则习惯以寄卖形式销售商品，退货程序也不同，这样会增加渠道上库存积压的风险。

另外，中国的商品分销体系臃肿庞大，供应链中游存在多层分销商，各分销商对应的商品品类及销售渠道分散，大大增加了下游的进货成本，推高了商品价格，却降低了商品的竞争力。

（二）资金流程

中国的信用体系仍有待完善，客户突然改变付款安排及拖延付款等现象时有发生，催收应收账款非常耗时，因此如何妥善处理中国企业应收账款一直是众多进入中国的海外企业面临的课题。

法国的国际信用保险及信用管理服务机构科法斯集团发布的《2018中国企业贸易信用调查报告》指出，中国平均信用期限从 2016 年的 68 天上升至 2017 年的 76 天。在调查的 1 003 家主营中国业务的企业中，遭遇超过 120 天逾期付款的受访企业占比从 2016 年的 19% 增至 2017 年的 26%，而遭遇超长期逾期付款（超过 180 天）且超过其年营业额

2% 的受访企业占比从 2016 年的 35% 增至 2017 年的 47%，遭遇超长期逾期付款金额占年营业额 10% 以上的受访企业比例从 2016 年的 11% 增至 2017 年的 21%。而根据科法斯以往的经验，约 80% 的超长期逾期付款根本无法收回。

不过，中国的供应链金融亦因此取得长足发展。不少金融机构在确保贸易真实的前提下，根据企业的业务运作需求和情况作出评估，通过应收账款、存货质押等手段，以较低的风险向供应链上的企业提供金融服务，旨在解决中小企业流动资金不足的融资困境。

（三）信息流程

尽管中国的零售市场高度数字化，但供应链中上游企业的信息化技术水平和技术应用能力存在差异，各企业采用不同的软硬件、定义标准、编程语言等，导致出现信息不协调、处理方式不一致等现象。企业内部各部门间存在信息共享隔阂、合作关系复杂等问题，影响供应链各环节信息共享的内容与质量，信息传递被延误或扭曲。另外，供应链企业伙伴间无法及时准确地获得有关库存、销售、需求等实时信息，因而不能及时快速地回应市场变化和安排生产计划，同样增加渠道上库存积压的风险。

（四）实物流程

中国沿海地区的交通运输设施相对完善，加上大规模采用信息化设备，最后一公里配送已达到相当高的效率，物流的发展促进了经济发展。这种效应正在向内陆地区辐射，中国的物流行业快速发展。

然而，与其他发达国家相比，中国整体物流成本占本地生产总值的比例仍很高。由于物流标准的制定涉及许多利益相关者，它们往往根据自身情况制定准则，阻碍了统一物流标准体系的形成，使包装、运输和装卸等物流环节都缺少必要的行业标准和行业规范，影响了整体物流效率，增加了总体物流运营成本。

第三节 供应链创新提升到国家战略层面

国务院办公厅于 2017 年 10 月发布《关于积极推进供应链创新与应用的指导意见》(下称《指导意见》),首次将供应链的创新与应用提升到国家战略层面。《指导意见》指出,随着信息技术的发展,传统供应链已发展到与互联网、物联网深度融合的智慧供应链新阶段。为加快供应链创新与应用,促进产业组织方式、商业模式和政府治理方式创新,推进供给侧结构性改革,《指导意见》提出了发展目标:到 2020 年,在企业层面,要培育 100 家左右的全球供应链领先企业;在产业层面,重点产业的供应链竞争力进入世界前列;在国家层面,把中国建设为全球供应链创新与应用的重要中心。

加入世界贸易组织以来,中国在不同程度上参与全球供应链布局,在此过程中积累了资金、技术和管理经验。近年,中国已成为全球第二大经济体、全球第二大消费国和全球第二大制造国,逐步摆脱低成本供应商的"传统角色"。[1]

不过在全球供应链体系下,主导权仍由发达国家的跨国企业掌握,大多数中国企业尤其是中小企业仍在提供低附加值服务,或通过资源输出参与全球供应链,因此,中国亟须开发与市场规模相匹配的供应链新技术和新模式,培育一批全球供应链领先企业,以在全球供应链市场上竞争。

事实上,近年中国在落实多项国家战略,比如"互联网+""中国制造 2025""智能制造发展规划(2016—2020 年)"等,在供给侧结构性改革深化推进的过程中,需要提高供应链管理水平,促进供应链运营

---

[1] 人民日报.英国权威机构报告:中国成为全球供应链中心.(2017-02-10).http://www.gov.cn/xinwen/2017-02/10/content_5166962.htm.

和发展模式的创新。

今天，许多中国本土企业积极响应国家发展战略，寻求转变经营模式，开始注重自主研发和品牌管理，在产品设计、品牌定位和管理水平方面不断改进，推进自有品牌国际化策略。然而，内地商家以往主要着眼于国内市场，对全球市场趋势、国际潮流、品牌管理、产品推广和产品开发的认识相对不足。

利丰一直运筹全球供应链管理，熟悉中国内地市场，可为内地零售商和品牌商提供全方位供应链服务，包括全新设计商品和包装，针对不同的消费群和品牌文化定位，引进海外优质、高性价比的商品。同时，利丰也可协调全球品牌进入中国市场，确保品牌顺利对接中国零售商，在中国市场落地、成长并保持竞争力。

延伸阅读

与中石化广东分公司的合作

中国石油化工股份有限公司（下称中石化）是中国著名能源化工企业，除了提供油产品及相关服务，中石化利用遍布全国的最大加油站网络体系，开拓非油品业务，在加油站旁边开设 24 小时便利店，消费者加油之后，亦可在便利店购买食品、饮料、烟酒和日用品。

其中，中石化广东分公司拥有超过 2 500 家实体店（中石化加油站／易捷便利店），共 600 万会员。除了加油站外，中石化广东分公司亦有微信和网店等新型销售渠道，已实现线上线下一体化，具备开展新零售业务的基础。近年，中石化广东分公司希望拥有自有品牌，推出较独特的产品，吸引中产及新一代驾驶人士。因此，中石化广东分公司和利丰展开合作。

利丰旗下的采购团队 Li Fung Asia Direct（下称 LFAD）与中石化广

东分公司一同探索新定位、新品类、新定价。经过多番讨论，LFAD 向中石化广东分公司推荐的货品包括汽车的周边产品、旅行用品、电子产品和季节性礼品。LFAD 选定了充满朝气活力的 MUUV 品牌为中石化广东分公司独家使用，并为 MUUV 产品设计了精美包装。LFAD 更为中石化广东分公司制作了宣传短片，介绍 MUUV 品牌故事，进行产品推介。经过多次合作，LFAD 为中石化广东分公司挑选的商品越来越受市场欢迎。

延伸阅读

与名创优品的合作

LFAD 有一个完善的电子数据库，载入了种类繁多的潮流产品目录，产品系列之多超出客户的想象，可让客户无拘无束选购商品。

2018 年起，LFAD 与名创优品（Miniso）合作，提供以优质生活为主题的时尚产品。名创优品在 LFAD 的电子数据库中挑选合意的商品及款式后，LFAD 就根据客户的意见提供 3D 定制式样及专属的色彩系列，制作最终的产前样板，待名创优品审批后，LFAD 便可以进行批量生产。

除了设计及生产货品，LFAD 的虚拟设计服务还包括店面的展示摆设，让名创优品对所采买的服务与产品有一个精准的理解，方便进行整体零售规划。整个过程可在几个星期内完成，满足符合质量要求的快速供货需求。

延伸阅读 ∞∞∞∞∞∞∞∞∞∞∞∞∞∞∞∞∞∞∞∞∞∞∞∞∞∞∞∞∞∞

中国有关贸易发展、供应链创新与应用的主要政策文件

1. 文件名：《推动共建丝绸之路经济带和 21 世纪海上丝绸之路的愿景与行动》

发布部门：经国务院授权，国家发展和改革委员会、外交部、商务部联合发布

发布时间：2015 年 3 月

主要内容：

● 优化产业链分工布局，推动上下游产业链和关联产业协同发展，鼓励建立研发、生产和营销体系，提升区域产业配套能力和综合竞争力。

资料来源：中国国家发展和改革委员会官网，https://www.ndrc.gov.cn/xwdt/xwfb/201503/t20150328_956036.html.

2. 文件名：《中国制造 2025》

发布部门：国务院

发布时间：2015 年 5 月

主要内容：

● 通过"三步走"实现制造强国的战略目标。

第一步：力争用十年时间，迈入制造强国行列。到 2020 年，基本实现工业化，制造业大国地位进一步巩固，制造业信息化水平大幅提升。掌握一批重点领域关键核心技术，优势领域竞争力进一步增强，产品质量有较大提高。制造业数字化、网络化、智能化取得明显进展。重点行业单位工业增加值能耗、物耗及污染物排放明显下降。

到 2025 年，制造业整体素质大幅提升，创新能力显著增强，全员劳动生产率明显提高，两化（工业化和信息化）融合迈上新台阶。重

点行业单位工业增加值能耗、物耗及污染物排放达到世界先进水平。形成一批具有较强国际竞争力的跨国公司和产业集群，在全球产业分工和价值链中的地位明显提升。

第二步：到 2035 年，我国制造业整体达到世界制造强国阵营中等水平。创新能力大幅提升，重点领域发展取得重大突破，整体竞争力明显增强，优势行业形成全球创新引领能力，全面实现工业化。

第三步：新中国成立一百年时，制造业大国地位更加巩固，综合实力进入世界制造强国前列。制造业主要领域具有创新引领能力和明显竞争优势，建成全球领先的技术体系和产业体系。

- 九大任务：

（1）提高国家制造业创新能力；

（2）推进信息化和工业化深度融合；

（3）强化工业基础能力；

（4）加强质量品牌建设；

（5）全面推行绿色制造；

（6）大力推动重点领域突破发展；

（7）深入推进制造业结构调整；

（8）积极发展服务型制造和生产性服务业；

（9）提高制造业国际化发展水平。

资料来源：中国中央人民政府官网，http://www.gov.cn/zhengce/content/2015-05/19/content_9784.htm。

3. 文件名：《国务院关于积极推进"互联网+"行动的指导意见》

发布部门：国务院

发布时间：2015 年 7 月

主要内容：

- 互联网＋是把互联网的创新成果与经济社会各领域深度融合，推动技术进步、效率提升和组织变革，提升实体经济创新力和生产力，形成更广泛的以互联网为基础设施和创新要素的经济社会发展新形态。

● 推进互联网＋，促进创业创新、协同制造、现代农业、智慧能源、普惠金融、益民服务、高效物流、电子商务、便捷交通、绿色生态、人工智能等若干能形成新产业模式的重点领域的发展目标任务，并确定了相关支持措施。

● 到 2025 年，网络化、智能化、服务化、协同化的互联网＋产业生态体系基本完善，互联网＋新经济形态初步形成。

资料来源：中国中央人民政府，http://www.gov.cn/zhengce/content/2015-07/04/content_10002.htm.

4. 文件名：《国内贸易流通"十三五"发展规划》

发布部门：商务部等 10 部门联合发布

发布时间：2016 年 11 月

主要内容：

● 鼓励流通企业应用射频识别、传感器、卫星导航、智能投递等现代技术，建立智慧化仓储管理系统，发展自动化物流仓储中心；推动物流园区、仓储中心、配送中心建立智慧化物流分拨调配系统，加强人员、货源、车源和物流服务信息有效匹配，促进智慧物流发展。推进实体店铺数字化改造，增强店面场景化、立体化、智能化展示功能。支持城市商圈智能化改造，促进商圈内不同经营模式和业态优势互补、信息互联互通，构建线上线下融合发展的体验式智慧商圈。

资料来源：商务部官网，http://www.mofcom.gov.cn/article/guihua/201611/20161101779114.shtml.

5. 文件名：《智能制造发展规划（2016—2020 年）》

发布部门：工业和信息化部、财政部联合发布

发布时间：2016 年 12 月

主要内容：

- 发展目标：2025 年前，推进智能制造发展实施"两步走"战略。

  第一步，到 2020 年，智能制造发展基础和支撑能力明显增强，传统制造业重点领域基本实现数字化制造，有条件、有基础的重点产业智能转型取得明显进展。

  第二步，到 2025 年，智能制造支撑体系基本建立，重点产业初步实现智能转型。

- 加快智能制造装备发展，加强关键共性技术创新，建设智能制造标准体系，构筑工业互联网基础，加大智能制造试点示范推广力度，推动重点领域智能转型，促进中小企业智能化改造，培育智能制造生态体系，推进区域智能制造协同发展，打造智能制造人才队伍。

资料来源：中国工业和信息化部，http://www.miit.gov.cn/n1146295/n1652858/n1652930/n3757018/c5406111/content.html.

6. 文件名：《关于开展供应链体系建设工作的通知》

发布部门：商务部办公厅、财政部办公厅联合发布

发布时间：2017 年 8 月

主要内容：

- 推广物流标准化，促进供应链上下游相衔接；建设和完善各类供应链平台，提高供应链协同效率；建设重要产品追溯体系，提高供应链产品质量保障能力。

资料来源：中国商务部，http://www.mofcom.gov.cn/article/h/redht/201708/20170802627302.shtml.

7. 文件名：《国务院办公厅关于积极推进供应链创新与应用的指导意见》

发布部门：国务院办公厅

发布时间：2017 年 10 月

主要内容：

- 推进供应链协同制造。推动制造企业应用精益供应链等管理技术，完善从研发设计、生产制造到售后服务的全链条供应链体系。推动供应链上下游企业实现协同采购、协同制造、协同物流，促进大中小企业专业化分工协作，快速回应客户需求，缩短生产周期和新品上市时间，降低生产经营和交易成本。

- 促进制造供应链可视化和智能化。推动感知技术在制造供应链关键节点的应用，促进全链条信息共享，实现供应链可视化。推进机械、航空、船舶、汽车、轻工、纺织、食品、电子等行业供应链体系的智能化，加快人机智慧交互、工业机器人、智能工厂、智慧物流等技术和装备的应用，提高敏捷制造能力。

资料来源：中国国务院办公厅，http://www.gov.cn/zhengce/content/2017-10/13/content_5231524.htm.

8. 文件名：《国务院关于深化"互联网＋先进制造业"发展工业互联网的指导意见》

发布部门：国务院

发布时间：2017 年 11 月

主要内容：

- 到 2025 年，基本形成具备国际竞争力的基础设施和产业体系。覆盖各地区、各行业的工业互联网网络基础设施基本建成。

- 到 2035 年，建成国际领先的工业互联网网络基础设施和平台，形成国际先进的技术与产业体系，工业互联网全面深度应用并在优势行业形成创新引领能力，安全保障能力全面提升，重点领域实现国际领先。

资料来源：中国中央人民政府，http://www.gov.cn/zhengce/content/2017-11/27/content_5242582.htm.

第九章
在平的世界：
利丰全球供应链网络

　　全球制造业不断演变，20 世纪 50 年代的生产模式是垂直集成型，即大型的独立加工厂负责整个加工流程。后来，出现了一种"底特律"模式，一家企业不会包揽供应链上的所有工序，只专注发挥独有优势及能力，然后联合聚集于同一个生产基地的零部件生产商及其他上下游企业一同生产。不过，上述两个模式的生产基地往往局限于单一产业，企业无法随着外部环境变化而灵活调配。

　　在平的世界中，生产制造超越疆界，供应链上各业务都不可能局限于一个国家，甚至几个国家或地区，企业要放眼全球，选择最合适的伙伴，寻找最佳方案，从而有效控制成本，增加利润，提升竞争力。数字科技、全球化和其他各种力量汇聚在一起，改变了各行各业的工作方式。地理位置不再是障碍，世界变得扁平，企业可以把设计、制造、客户服务等工作伸延至世界各地进行。

未来不仅是本地企业之争，更是全球供应链网络之争。不同地区的法律环境、商业环境、社会制度、自然环境、生产技术等存在差异，如何在复杂多变的环境中管控潜在的政治、经济和运营风险，是企业亟须解决的问题。

第一节　全球网络协调及分散生产

《在平的世界中竞争》（2009）[①] 一书中提到 21 世纪的供应链管理者要有能力指挥及协调不同的网络。以往只要能顺利把来自世界各地的不同原材料及零部件组合起来，成为一件最终产品，便算是成功的供应链管理者。但是步入全球一体化的时代，跨国消费者对商品的要求越来越高，零售品牌要求商品的生产效率不断提升，现在要协调的是不同的生产工序。

利丰的供应链网络遍及全球，作为全球网络协调员，利丰掌握丰富的采购市场信息，奉行全球分散生产，从而降低全球供应链风险，同时协助制定行业标准和守则，确保产品质量。就像乐队指挥把一群才华横溢的乐手团结在一起，根据乐章及每位乐手的专长分配任务，网络协调员将不同能力的供应商聚集在一起，管理及分配工作，指挥若定，运筹帷幄。

网络协调员有三项任务：第一，设计流程及供应链的最佳路径，这部分讲求创造性；第二，分解完成订单所需的步骤，挑选合适的供应商，这部分讲求对全球市场和生产力的了解；第三，确保供应链流程的每一个环节都顺利开展，这部分讲求与供应链伙伴的默契和互相信任。

利丰采用分散生产模式，把不同的生产工序分配给世界各地最合适的供应商。这种生产方式需要精准设计整个供应链及管理各环节，通过网络协作提升供应链的整体价值。利丰在不少采购地已立足 20~30 年，

---

① 冯国经，冯国纶，耶尔曼·杰瑞·温德. 在平的世界中竞争. 宋华，译. 北京：中国人民大学出版社，2009.

与当地政府、供应商和商业领袖关系良好。

凭借对全球采购市场信息的掌握，即使突发危机或自然灾害，利丰也可灵活地将订单从一个国家调配至另一个国家生产，从而消弭产能上的限制及满足客户的需求。即使不可控的外来冲击巨大，利丰也可重新布局，利用全球多元网络和专业知识，控制因市场情况变化带来的负面影响。例如在应对新冠肺炎疫情时，利丰深知各地疫情形势严峻，零售业停摆极有可能触发制造业一连串破产及倒闭的危机，因此利丰配合国际商会①提出具体可行的建议，谋求各国政府关注并采取行动，联手支援各地中小微企业及其员工，努力降低疫情对全球供应链乃至全球经济的冲击。

第二节　制定行业守则，确保产品质量

由于利丰的业务涉及数以千计的客户、供应商、各种产品类别及不同地区，在日常经营中，不同客户对供应链管理有不同要求，部分客户亦会要求利丰引导它们厘定相关标准及惯例，因此，利丰已制定一系列措施管理风险及提高供应商合规水平（详细内容见第十九章）。

利丰制定《供应商行为准则》，列明对现有的或希望成为利丰的供应商的要求。比如，不合规的工厂必须在指定期限内整改，利丰亦会协助工厂改良生产技术、提升运营的可持续发展能力，以全程透明化的方式经营业务。此外，为保证产品质量，利丰的质量保证及控制团队会定期访问供应商，并与工厂管理层合作，跟进改进措施，为工厂及供应商提供实地支持。

为满足客户对可持续采购物料及产品的需求，利丰采取以下方法：

---

① 　国际商会（International Chamber of Commerce，ICC）是全球重要的民间经济组织，是联合国经社理事会的一级咨询机构。于 1919 年在美国发起，1920 年正式成立，其总部设在法国巴黎，作为 100 多个国家超过 4 500 万家公司的机构代表。

（1）选购符合环保或有机标准，可再生或符合可持续采购标准的服饰面料；（2）选购的美容产品具有生物可降解性，不经动物测试，不含硅胶、硫酸盐、对羟基苯甲酸酯和着色剂，及/或包含经有机认证、社区贸易认证、HALAL 或 RSPO 标准认证的成分；（3）家居产品、家具及包装均采用天然物料及纤维，或在适用情况下，采用符合监管要求并获森林管理委员会（FSC™）或森林认证体系认可计划（PEFC）认证的再生物料；（4）包装采用获森林管理委员会认证的物料或再生物料。

随着利丰逐步实践供应链数字化，平台汇集更多供应商及第三方数据，这将有助于利丰在选厂、监控及跟进流程方面掌握更先进的预测性分析，帮助供应商及客户积极主动应对潜在风险，提升可持续发展绩效。

第三节　案例：Spyder 的全球供应链管理综合方案

1978 年，加拿大滑雪队教练戴维·雅各布斯（David Jacobs）及美国滑雪队教练鲍勃·贝蒂（Bob Beattie）共同创立 Spyder 专业滑雪运动品牌。Spyder 致力于提升滑雪体验，品牌的专业形象深深植根于滑雪社群。Spyder 被美国滑雪消费客群视为超级品牌，提供成人及儿童的专业滑雪用品、健身及生活时尚服饰及配饰，包括夹克、裤子、手套和滑雪服等。Spyder 还销售休闲"山地生活"服装及鞋类箱包。品牌在全球40 多个国家有销售点，产品亦通过全球网站 spyder.com 销售。自 1989年起，Spyder 赞助美国滑雪队，为精英运动员和消费者打造先进的滑雪装备。创新和技术是品牌的基因，因为品牌期望每位穿上 Spyder 滑雪装备的人都能尽情发挥个人潜力。

2013 年，Spyder 被纽约的 Authentic Brands Group, LLC（下称ABG）收购，成为 ABG 旗下众多品牌中第一个户外和冬季运动品牌。

ABG 是一家品牌开发、品牌特许授权及娱乐公司，其使命是通过与一流品牌的专利授权商及零售商合作，进一步提升品牌价值。

一、Spyder 与利丰 / 利标的关系

Spyder 的品牌经营理念是速度、发展和经验，品牌以大胆的设计、高性能物料和精良加工而闻名。Spyder 一直与世界级金牌运动员和技术伙伴合作，努力保持产品的创新性。为了贯彻其经营理念，Spyder 对产品的科技研发有一定的需求，在这方面 Spyder 与利丰供应链的想法不谋而合。

ABG 早于 2013 年跟利丰达成合作关系，双方签订了 50 年的长期特许授权协议，因此，利丰是 Spyder 在北美、南美、中美、欧洲、中东和非洲的独家授权商业合作伙伴，并在 3 个国家生产 Spyder 产品。此外，利丰作为主要代理商，亦为 Spyder 拓展亚太市场。

2014 年，利丰业务重组，新成立的利标承接了 ABG 以及 Spyder 的长期特许授权业务。因此，Spyder 成为利标旗下一个主要的拥控品牌成员。为推进和精简当前的业务，利丰继续生产 Spyder 的产品，利标则为 Spyder 进行市场销售拓展，把 Spyder 的影响力延伸至其他产品领域，并向具有潜力的新市场进军。

二、具体供应链管理方案

（一）创新技术的采购及生产

2016 年，利丰与世界领先的射频识别标签制造商及物联网公司合作，为 Spyder 设计了结合创新科技的服装产品。美国男子滑雪队的外套系列成为 Spyder 第一款穿戴式科技产品（见图 9-1）。该款滑雪外套的 Spyder 商标中嵌入近距离无线通信技术，有效提升消费者的山地冒险体验。消费者穿着此外套时，只需轻点智能手机或平板电脑，便可以立即读取实时的动态内容，包括 Spyder 的社交媒体内容、精选视频、滑雪活

图 9-1　Spyder 的穿戴式科技产品

动日期或基于所在位置的信息，如雪地条件、航迹图和地区活动等。

该服装体验解决方案是全球第一个把近距离无线通信技术应用于社交媒体平台，并将用户与互动内容联系起来的服装设计方案。此后，利丰继续与各界供应商合作，为 Spyder 的其他产品类别引入体验解决方案，以及帮助 Spyder 将实体产品转换为数字体验，彻底改变消费者行为和产品生命周期。

（二）产品及市场拓展方案

虽然欧美的冬季运动者十分熟识 Spyder，但是亚洲市场仍有待开拓。因此，2015 年，利标率先把 Spyder 引入韩国市场，作为进入亚洲市场的起点。

韩国的潮流音乐及电视剧在亚洲乃至全球盛行，韩流明星带来巨大影响力，带动韩国整体经济，消费者喜欢模仿韩流明星的打扮，韩国已成为全球最具时尚前瞻性的市场之一，引领潮流趋势。若能得到韩国消费者的青睐，Spyder 产品在亚洲其他市场也会如鱼得水。

Spyder 以售卖高性能滑雪服饰为主，针对韩国的市场需求，利标为 Spyder 产品系列增加时尚元素并扩大服装的运动功能类别。2015

年 9 月，Spyder 在韩国推出全新的产品系列，产品设计在保留 Spyder
品牌精髓的同时融入时尚元素，以迎合韩国消费者追求时尚的品位。
此外，Spyder 在韩国售卖体育类的男女运动服装产品，涉及单车、柔
术、跑步、水上运动和棒球等运动。Spyder 亦售卖适合相关运动的配
套饰品，如帽子、头带、手套、护腕和袜子等。

Spyder 的产品系列分别在韩国的官方网站（spyder.co.kr）和实体零
售店有售。为了加快零售业务的扩张，2015 年，利标为 Spyder 订立了
在全韩国开设 25 家专门店的目标。截至 2017 年年底，Spyder 在韩国的
销售点已有 85 个，年销售额超过 880 亿韩元，Spyder 已成为韩国知名
运动品牌。

为了与不同层面的消费客群有更全面的接触，利标亦为 Spyder 产
品进行了全方位的宣传和推广，举办或参与体育比赛，推广渠道则包括
当地报刊、户外广告、网络媒体、社交媒体及电视节目等。

利标投放了不少资源开发商家与消费者直接互动的零售模式。例
如，在 Facebook、YouTube 和 Instagram（@spyder_korea）开设官方账
号，通过社交媒体进行产品推广，以增加 Spyder 在韩国运动服装市场
的份额（见图 9-2）。

为了提高品牌曝光率，Spyder 亦会举办一些体育比赛或提供服装
赞助，例如：

（1）2017 年举行的 Spyder 终极挑战（Spyder Ultimate Challenge，
一项体能挑战赛事）和 2018 年举行的 Spyder 巴西柔术邀请赛（Spyder
Invitational Brazilian Jiu-Jitsu Championship）。

（2）利标向韩国综艺电视节目提供服装赞助，这类节目深受韩国本
土和国外观众欢迎。

（3）2018 年第 23 届冬季奥林匹克运动会在韩国平昌举行，这项体
育盛事正是 Spyder 推销冬季服装和运动装备产品的好时机。

通过在不同活动中曝光，Spyder 的品牌形象潜移默化地在受众心中确立，为日后开拓亚洲市场做准备。

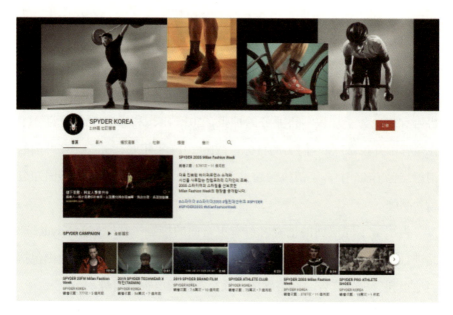

图 9-2　Spyder Korea 在 YouTube 的官方频道

第十章
冯氏在中国内地

　　20 世纪 80 年代中国改革开放之初，冯氏重返内地发展并开展庞大的采购贸易业务，运用其设计和生产管理、物流仓储管理、品牌营销管理以及批发零售管理等专业知识，将全球供应链管理经验带回内地。目前，冯氏在中国内地的业务涉及采购贸易、品牌分销、零售及物流等供应链管理的各个环节。

　　冯氏见证了中国内地经济发展。2001 年，中国加入世界贸易组织，集团旗下企业于 2002 年在广州与内地企业合资开设首家 OK 便利店，在 2006 年于上海开设内地第一家玩具反斗城；除了零售业务以外，2003 年，中国政府与香港特别行政区政府签订《内地与香港关于建立更紧密经贸关系的安排》，内地对香港开放服务业，当时的利和经销旗下的南京利丰英和商贸有限公司获得在中国内地独资经营分销业务的牌照（号码为 001 号），成为首家获得经营批文的服务公司。之后在 2008 年，利和经销旗下的另一家公司——利丰医药（上海）有限公司——获商务部批准从事医药及医疗用品的批发及分销业务，成为全国第一家独资的境外医药商贸企业。

过去，中国着重把技术、企业、资金等"引进来"。随着经济发展，生产成本和居民购买力上升，中国内地经济逐步由以生产为重心，转变为生产和零售市场的双重体系，"引进来"和"走出去"双轨并重。配合中国提升全球供应链竞争力的发展方向，冯氏正探索各种与内地企业走出去的形式，合作布局全球供应链，为中国零售品牌提供全球生产、全球采购等各种供应链增值服务。同时，国际品牌也可借助冯氏作为进入内地的平台，把全球优质商品引进来，满足中国市场不断提升的消费需求。

 延伸阅读

冯氏集团中国区总裁冯裕津先生谈冯氏集团在中国

过去几十年来，全球消费品贸易一直呈单向流动，商品从亚洲的工厂出口至西方。现在，反向的商流已经出现。今天，亚洲的零售增长率比世界其他地区高出一倍，中国已成为亚洲最大的消费市场。中国消费者作为新的市场力量，对高质量产品及服务的需求越来越大，这股新兴的购买力可以为世界市场带来新动力。

冯氏集团是全球消费品供应链管理者，历经逾百年的变革，积极推行全球化业务布局，将品牌商、零售商和供应商紧密地连接在一起，提供一站式供应链解决方案。我们为国内外采购商打造以智慧供应链为核心的创新生态，展示集团在贸易、物流、分销及零售业务的供应链资源整合优势，以此加速供应链创新，推动智慧供应链的优化改革，创造新型零售与智慧供应链融合的新模式、新产品和新技术。在帮助全球及本土品牌成功打进中国市场及快速成长的同时，我们亦为中国消费者策选专属产品或产品组合。

　　数字化变革是未来供应链的最大特征，将渗透产品开发、材料成本、设计、打样、生产和交付等重要环节，企业致力于建设数字化的全球供应链，来缩短供应链的回应周期。随着中国消费市场的转型，中产阶层快速崛起，中国市场逐渐从生产大国蜕变成消费大国。扩大内需、鼓励进口已成为国家推动高质量发展国策的一部分，企业将更依赖科技和大数据来推算及把握消费者的行为模式。冯氏集团在这方面早着先机，例如积极与国内领先企业建立战略合作关系，彼此融合线上线下的优势；此外，集团亦在上海设立了首个全球智慧供应链系统展示服务平台利程坊（详细介绍见第十七章），旨在实现科技与创新模式的无缝对接，孕育更多开创性发展机遇。

　　另外，在全球贸易环境不断变化的当下，冯氏集团将积极配合国家发展战略和国内零售商的需要，依托自身的全球供应链网络，实现采购基地多元化，同时规避对单一国家过度采购所带来的风险。集团致力于帮助企业将供应链中附加值较低的业务向营运成本更低的"一带一路"沿线国家转移，这样既可以协助这些发展中国家进行工业化，又可将高附加值的业务留在中国，以此促进中国产业的转型升级，实现由"中国制造"到"中国管理"的转变。

　　2019年，冯氏集团在上海正式设立中国总裁办公室，促进国内外市场业务部门之间的互动，优化及整合资源，开拓及推进业务。目前，冯氏集团的营运网点由长三角、珠三角、京津冀等地区扩展至全国更多区域。

　　自1906年在广州成立后，冯氏集团不断扩展，业务遍布全球。不过，中国市场始终是集团重要的发展基地，对集团长远发展极具战略价值。作为一家百年企业，祖辈与父辈的耕耘奠定了集团的根基，集团积累的行业资源与对中国市场的深刻理解是我们最大的优势。作为冯氏的第四代成员，我们将为集团注入新活力，在中国市场现有的基础上继续增长，拥抱改变，并把握随之而来的新概念和机遇，不断茁壮发展。

第一节 为中国市场量身定制的供应链管理服务

第八章曾比较中外供应链服务需求的区别，国内订单相对批量少、批次多、交货期短、货值较低。如何平衡批量、时间、成本三方条件，仍保持产品质量呢？冯氏通过灵活调配国际资源可以满足中国市场需求及提供性价比高的商品。冯氏的产品设计团队掌握流行风向，即使零售商只提出模糊的产品概念，冯氏亦能从无到有为零售商设计商品。加上背靠利丰强大的数字供应链，可采用虚拟设计技术，精简设计审批流程，大大压缩生产周期，真正提供以客户为中心的供应链管理服务。

一、开拓专属品牌系列，提供优质设计和商品

中国内地实体零售业商品同质化严重，许多百货店都充当着"二房东"的角色，出现"千店一面"的局面。对追求生活品质的中产阶层及寻求凸显个性产品的新一代消费者来说，传统百货店吸引力不足。因此，对于中国百货业而言，打造具有特色的自有品牌是未来的一条出路。部分中国内地零售商期望将门店升级，通过推出自有品牌或设计师品牌打造特色产品系列，吸引进店人流，提高销售毛利。

冯氏的业务团队 Create Curate 针对不同的消费群和品牌文化定位，以策选（curate）为理念，为中国零售客户提供自有品牌产品系列，甚至全套自采购至营销一站式供应链管理方案（详细案例见本章第二节）。

二、协调全球品牌进入中国和亚洲市场

多年来，冯氏与全球知名品牌商和零售商建立起深厚的合作关系，冯氏是它们进入亚洲零售市场的桥梁，为它们提供轻资产全渠道零售管理方案，辅以针对当地市场及消费者的精辟知识和服务，让品牌得以"推出、成长及壮大"。冯氏已率先在中国内地发展此类业务，把全球最

优质的国际品牌引入中国，继而把业务扩展到亚洲其他国家和市场（详细案例见本章第三节）。

三、物流网络覆盖全球，提供全渠道物流解决方案

电子商务的蓬勃发展改变了整个供应链管理模式，同时为物流业带来重大机遇。中国不仅是利丰的最大采购基地，也是利丰旗下的利丰物流最大的物流市场。2019年，中国市场占利丰物流总营业额的58%。目前，利丰物流是中国最大的第三方服装物流服务商。

利丰物流的网络覆盖全球，可为中国客户提供国际全渠道物流解决方案，管理区域物流枢纽中心和分拨中心，以及境内和全球的电子商贸物流服务，如货运枢纽及转运、电子商务数据分析、订单管理、全渠道零售物流等。

利丰物流采取积极策略，除了主力提供合同物流服务，近年亦大力发展电子商务物流，同一仓库可以同时管理品牌商的仓存、处理门店及网购订单。2019年"双十一"购物狂欢节，利丰物流为约40个品牌商一共处理约700万张订单，完成超过1 000万件商品的配送，订单量及货品总量均实现双位数增长（详细案例见第十四章）。

第二节　案例："打造·策选"

2018年，冯氏为国内零售客户提供名为"打造·策选"的服务。什么是策选？策选是冯氏在现有的丰富产品及采购经验的基础上，从世界各地挑选出最适合中国市场的产品，然后根据中国消费者的生活习惯、需求和喜好，定制设计专属中国市场的优质产品系列。提供"打造·策选"服务的业务团队Create Curate致力于扶助零售客户建立新型零售模式，量身打造自有品牌，涵盖的产品类别包括服装、鞋类、配饰、家居及家纺用品等。

一、打造·策选服务

国内传统百货店的货品千篇一律，对新一代消费者吸引力不足，因此百货店期望通过打造富有独特风格的自有品牌挽回消费者。不过，它们对市场及潮流缺乏充分的了解，加上市场上具备丰富经验的买手短缺，即使拥有创新品牌也不一定可以扭转乾坤。Create Curate 团队致力为百货业及零售商解决痛点，提供一站式品牌及供应链增值服务，服务范围涵盖市场分析及商品策划、产品打造及采购、店面设计、产品陈列、市场营销及品牌推广等（见图 10-1）。

图 10-1　Create Curate 的全方位方案

二、自有品牌

Create Curate 团队为客户提供采购增值服务的同时，与供应商建立了深厚的合作关系；团队对国际时尚产品及潮流有深刻认识，又了解各供应商的实力，加上团队拥有专业产品设计开发人才，能够打造自有品牌系列和产品，让客户可以随意选购其产品。

此外，Create Curate 团队深谙现代消费者对美好生活的向往，创建的自有品牌系列都围绕个人和家庭在人生不同阶段的高品质生活所需的相关用品，产品类别主要集中于家居产品及服装（品牌：Inspired Living）、婴儿产品（品牌：Tiny Toes）、孕妇产品（品牌：L'Apricot）和功能性产品（品牌：Trubody、fntl）等。产品的选材亦是以优质、天然或有机物料为主，在生产过程中尽量减少纺织废料及污染。

现代消费者的生活方式不断改变，对功能性产品的需求也在增加。Create Curate 团队意识到这一点，它们在产品中融入科技元素，所选用的功能性面料防风、防雨、防晒，甚至还有护肤功能，满足了新型消费者多元化的要求。

Create Curate 团队的产品系列背后都有精彩的品牌故事、完整的产品组合、品牌网页、微博账号及微信小程序全渠道销售方案，让客户可以现买现卖。

项目一：自有品牌 Inspired Living

Create Curate 团队自有品牌 Inspired Living（下称 IL）致力于为中国消费者带来国际化的美好生活方式。Create Curate 团队借助利丰供应链优势，从可靠合规的供应商处直接采购，凭借团队的专业知识，精心策选，提供世界不同角落、独特且工艺精湛的产品。

IL 在 2018 年 11 月参加首届在上海举行的中国国际进口博览会（见图 10-2），并在 2019 年 3 月首次亮相中国国际服装服饰博览会（下称 CHIC），CHIC 是亚洲地区最具规模与影响力的服装服饰专业品牌博览会（见图 10-3）。此外，2019 年 4 月，IL 及其旗下品牌在位于上海淮海中路新天地商圈的 K11 艺术购物中心成功举办以"品位与艺术共融"为主题的快闪活动，与消费者进行面对面互动（见图 10-4）。

图 10-2　IL 在中国国际进口博览会参展

图 10-3　IL 在中国国际服装服饰博览会参展

图 10-4　IL 在上海开设快闪店

项目二：为王府井百货策选优质商品，打造品牌及门店

王府井百货（集团）股份有限公司是中国百货零售业巨头，多年来一直为消费者提供优质产品。为迎合消费者对高质量产品的追求，2018年 12 月，王府井百货与 Create Curate 团队共同打造的首家自有品牌生活方式集合店在历史悠久的北京市百货大楼开业。

起初，王府井百货希望发展时尚品位营销，经过多次讨论，最终 Create Curate 团队为王府井百货提供全套策选方案，双方携手制定品牌及产品研发、采购、陈列、推广与店铺设计等策略。Create Curate 团队还大力参与集合店的零售策略，包括：品牌标志的设计、品牌的命名、货品包装设计及店面的装修设计等，为王府井百货提供由海外采购至国内零售的一站式服务。

第三节　案例：全渠道零售管理服务

近年，越来越多国际品牌商希望进入中国市场，在中国尝试开设网店，却不知道具体应如何操作，于是寻求全球供应链管理专家利丰的意见。为了更全面更有效地服务国际客户，2015 年利丰收购了 Fireswirl Technologies（Shenzhen）的电子商务团队，之后，此团队更名为冯氏全渠道。

Fireswirl 原是一家网店代运营公司，2007 年在深圳起家，专为国际品牌在天猫平台上开设旗舰店或提供网店管理服务，客户包括玩具反斗城、Hugo Boss、戴森、宝马等。并入利丰之后，这家提供网店代运营服务的公司为越来越多国际品牌客户认识，为更多知名国际品牌客户服务，其中包括梅西百货（Macy's）、Kroger 超市、婴童服装卡特（Carter's）、女性内衣维多利亚的秘密（Victoria's Secret）、Footlocker 运动鞋服、Parfois 时尚配饰等。

冯氏全渠道的运营团队由中国电子商务专家组成，他们曾在多个电商平台上创建及运营不同品类的网店，拥有非常丰富的电子商务实战经验。冯氏全渠道在上海、深圳、台湾和香港均设有办公室，为品牌客户提供网店管理、产品管理、电子商务市场营销和客户服务等，帮助品牌客户优化和扩大销售业绩。

在冯氏集团的架构下，冯氏全渠道隶属于集团下的利丰物流。在这个系统内，冯氏全渠道能有效地分享利丰物流的资源和人脉，共同为品牌客户向消费者提供准确快捷的服务。

一、服务内容

冯氏全渠道为每个品牌客户组建专属的服务团队，提供量身定制的服务方案，并根据业务范围和发展情况及时调整团队组合和规模。冯氏全渠道为品牌客户提供的多项服务大致可分为两大类：网店运营及管理和支持服务。

（一）网店运营及管理

冯氏全渠道是品牌客户与电商平台的桥梁。品牌客户可以在冯氏全渠道的协助下建立官网，并在天猫、京东、Lazada 和微信网店等平台开展中国境内及跨境网购服务，冯氏全渠道会为品牌客户的电商平台提供网店管理以及销售规划服务。

冯氏全渠道负责计划及执行网店的具体运营工作，例如产品资料上传和平面设计。冯氏全渠道会把品牌客户提供的产品详细资料和图片进行归纳和分类。产品资料会输入冯氏全渠道的内容管理系统，再上传至品牌客户在不同电商平台上的网店。冯氏全渠道会根据品牌客户的目标市场和策略需要，通过不同的营销工具进行产品推销，例如进行登录页面的布置、宣传横幅的设计等。

不同的电商平台对品牌提供的产品资料有不同的要求。以天猫为例，产品资料的格式和内容需要配合天猫特定的产品分类和属性系统，上传的产品尺码和颜色也有数量限制。为了提升产品竞争力，在产品的详细页面上，图片数量和像素都要充足，能帮助消费者了解产品特点。由于上传资料细致繁多，冯氏全渠道为此开发了一套能与天猫对接的产品自动上传系统。以往，一款产品的详细资料页面上传需 45 分钟，现在，通过该系统，数千件产品的资料创建、上传只需短短几分钟，效率迅速提升。此外，冯氏全渠道亦可提供产品拍摄服务令图片格式标准化，有效加快资料上传至页面的速度（见图 10-5）。

冯氏全渠道还会为品牌客户制定营销活动计划和部署策略。以天猫为例，每个月天猫都有大小不同的营销活动，除了最广为人知的"双

通过图片组合和后台设置模板数据，自动生成各种产品详情页

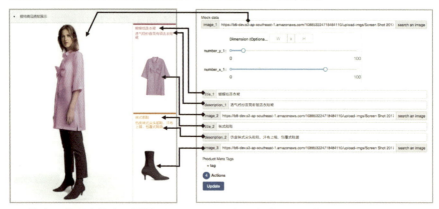

符合天猫要求的产品详情页　　　　　产品自动上传系统后台设置模板

图 10-5　产品自动上传系统

十一"外，还有众多促销活动，例如年货节、女王节、年中大促、"双十二"等，商家都会通过参与这些活动提升店铺流量和销量。冯氏全渠道会与品牌客户共同商议，根据天猫全年营销活动时间表和品牌客户的个别要求，为品牌客户量身定制最有效的营销日程规划。冯氏全渠道还会负责管理营销活动期间的产品价格调整，并管理产品生命周期，从而令产品流量价值最大化。

冯氏全渠道会与品牌客户保持紧密沟通，确保网店运营符合品牌客户的要求。冯氏全渠道会根据该品牌的销售活动和营销日程表，与品牌客户确定年度销售额和预测销售高峰期，据此安排销售高峰期所需的客户服务人手。

（二）支持服务

冯氏全渠道为品牌客户提供网店后台管理。除了客户服务和物流外，还会提供销售数据分析，以及其他支持网上商店的服务。

1. 客户服务

冯氏全渠道的客户服务团队为消费者提供产品售前和售后的客户服

务（见图 10-6）。除了通过天猫的阿里旺旺、即时通信或电子邮件等渠道，消费者还可以绑定不同电商平台的微信账户，向冯氏全渠道的客户服务人员咨询。

图 10-6　客户服务

冯氏全渠道为品牌客户建立微信商店，旨在通过微信拉近商家与消费者的距离，向消费者提供更即时的消费体验。消费者在微信商店无须登录他们的购买账户，即可通过语音或文字信息快捷查询订单状态。消费者更可以在收货时扫描盒中的二维码获得下一次消费的电子印花，冯氏全渠道还会根据消费者之前的网购行为推送定制的产品信息，吸引消费者持续关注品牌，让商家与消费者的联系延续至下一次消费。

冯氏全渠道服务的客户在店铺动态评分中的得分都较同业高出 33%；售后服务方面，同业的退款时间为 3.5 天，冯氏全渠道只需 2.1 天，而且没有退款纠纷；自动退货的完成率亦接近 100%。运营方面，即使在大型销售活动期间，冯氏全渠道客户服务的聊天回应率也很高，初始回应消费者查询十分迅速。

（1）客户服务人员培训计划。网购过程中，消费者最直接接触的是代表网商的客户服务人员，冯氏全渠道致力提升客户服务人员的素质，积极培训客户服务人员，代表品牌客户为消费者带来优质的购物体验（见图 10-7）。

图 10-7　人才培训

（2）科技运用。利用人工智能及机器学习软件来分析消费者的需求。冯氏全渠道存储所有代运营店铺的聊天记录，从中分析不同的模式以及消费者的满意度，每天自动生成报告，例如分析某件商品缺货的数据、消费者的投诉反馈。根据报告，客户可以快速反应是否能够补充或者介绍类似的商品给消费者。

（3）高峰期的处理方案。冯氏全渠道拥有多支客户服务团队，为不同品牌的产品提供服务。假如遇上某支团队在服务高峰期需要增加人手，冯氏全渠道会根据情况，从负责另一种产品的客服团队调派客服人员进行支持。在大型促销活动期间，冯氏全渠道还会额外聘用合规且训练有素的临时客户服务人员，以应对高峰期的客户服务需求。

2. 物流

消费者可以在不同渠道下单，包括网店和手机应用程序、流动亭和员工订购系统等。收到订单后，冯氏全渠道的订单系统会把资料传送到利丰物流的仓库管理系统，利丰物流团队进行分拣和发货，最后将货物送到消费者手上，完成整个网购流程。

3. 销售数据分析

冯氏全渠道会为品牌客户提供每周销售分析报告，亦会按照品牌客户的要求提供定制的分析报告。除了定期分析报告，冯氏全渠道还会提供特定营销活动数据分析报告，以多项指标为品牌客户分析当前的潜在商机和未来发展方向。

4.其他支持服务

冯氏全渠道的其他支持服务包括网络流量生成、被动搜索引擎优化和假冒监控等。

二、冯氏全渠道的客户案例：Parfois

Parfois 是由创始人曼努埃拉·梅代罗斯（Manuela Medeiros）于1994 年建立的葡萄牙女性快时尚配饰品牌，产品主要包括手袋、珠宝、钱包、太阳镜、皮带、围巾、手表、发饰和鞋履等。Parfois 致力于为女士提供高品质和富有魅力的时尚饰品，以高性价比和亮丽的产品外观著称，深受消费者喜爱。每季，Parfois 设计和开发的产品达 3 500 款，每星期推出全新风格的产品。

成立以来，Parfois 每年平均增长达 26%。如今 Parfois 的实体店遍布全球，接近 1 000 家，位于奥地利、巴西、哥斯达黎加、埃及、法国、意大利、墨西哥、菲律宾和阿联酋等地。

2012 年，Parfois 亦开设了全球官网及网店。Parfois 的关注人数持续上升，在社交媒体 Facebook 和 Instagram 已拥有超过 200 万关注者。为进军中国市场，Parfois 邀请冯氏全渠道为其出谋献策，包括为Parfois 草拟中国市场品牌定位、运营 Parfois 天猫国际旗舰店、进行天猫之外的营销活动、开设快闪店以及举办宣传活动等。

Parfois 与冯氏全渠道携手合作开设概念店，试水线下导流线上的电商零售模式。2018 年 3 月，Parfois 在中国首家快闪概念店于上海兴业太古汇开业（见图 10-8）。兴业太古汇的消费群体以崇尚潮流的年轻人为主，与 Parfois 的理想客群高度重合。

概念店模式有助于中国消费者认识 Parfois 这个欧洲品牌，而快闪模式亦能够让消费者对品牌保持新鲜感，同时降低快时尚品牌在探索新市场时面对长期租赁店铺的压力。概念店的设计和商品陈列凸显 Parfois

图 10-8　Parfois 的概念店活动

简洁时尚的视觉风格，在试营业当天就吸引了不少消费者浏览参观。在概念店中，消费者可以扫描商品样板，并可以选择现场购买或线上下单。概念店内装有摄像头，会关注消费者在店内的动态，采集消费者数据。冯氏全渠道会进行数据挖掘分析，如线下交易量的来源，消费者是先在网上浏览产品后于线下购买，还是纯粹经过概念店而产生购买欲。

三、展望

全渠道销售是全球零售新模式，不论在成熟的消费市场，抑或是新兴地区，跨国品牌商及零售商都在探索如何更有效地融入新的消费群体，需要有实战经验的当地团队为它们引路。在中国，冯氏全渠道在传统的天猫及京东电商平台上有丰富的运营经验，亦正积极地开拓拼多多和网易考拉等其他类型（社交）电商平台。同时，冯氏全渠道努力开拓亚洲网购市场，寻求与当地知名的电商平台合作。未来，冯氏全渠道的代运营服务将会越来越全面，涉猎的市场会越来越广，配合利丰物流的专业第三方物流管理服务，冯氏全渠道会成为跨国品牌商及零售商可信赖的电子商务解决方案服务专家。

冯氏的全方位
供应链管理方案

第十一章
数字供应链
重塑微笑曲线

1992 年，台湾宏碁集团创办人施振荣深入分析全球个人电脑产业格局和发展历程，在《再造宏碁：开创、成长与挑战》一书中提出了微笑曲线。①

微笑曲线又称附加值曲线，主要描述劳动密集型的大众消费品产业链带来的价值创造。图形的横轴是供应链环节的活动，纵轴是附加值，曲线显示供应链各个环节附加值的高低。微笑曲线的两端是产品开发和零售营销环节，这两个环节的附加值较多，中间环节是组装制造等，附加值相对较低，由于曲线两端朝上呈嘴形，因而得名微笑曲线（见图 11-1）。

微笑曲线也可用于解释国际产业链的分工，曲线的两个上翘的"嘴角"代表竞争力强的企业：左端是以知识产权为主导的研发创新企业，右端是以品牌和服务为主导的营销企业，中间深陷的弧底部分则汇集了大量制造企业，依靠劳动力、价格等比较优势从事国际品牌的代工生

---

① 施振荣著，林文玲采访整理. 再造宏碁：开创、成长与挑战. 北京：中信出版社，2005.

产、加工贸易或低端产品的生产。

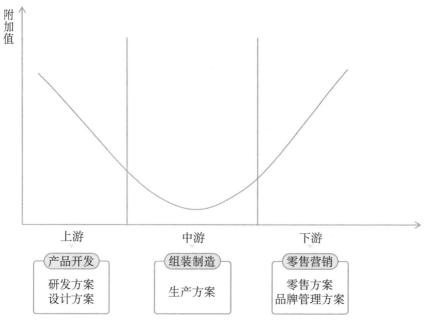

图 11-1 "微笑曲线"价值创造模式

自首次提出微笑曲线理念到 20 多年后的今天，科技发展一日千里，供应链的上中下游经过不同程度的智能化及数字化技术的洗礼，微笑曲线的面貌已逐步改变。数字供应链提高产业整体效率、降低成本和提升产品质量，令微笑曲线的上游、中游以及下游的各环节附加值均有所增加。

美国斯坦福大学商学院的李效良教授认为数字化技术将价值链上各流程融合起来，让设计、制造及需求三大环节都能获取更大的利润空间，就像提升微笑曲线一样，使企业既能保持成本效益，又能快速测试市场。一定程度上，这与硅谷的成功秘诀非常相似，硅谷的环境使企业家能够以低廉的方式快速测试大量的商业创意。这就是所谓的低成本快速试错，使企业能够快速迭代成为最终的胜利者。

通过采用数字样板，企业可以在短时间内以低成本设计及制造样板原型，数字设计的文本亦可以迅捷传送到生产线，工厂采用自动化设备及智能机器人可以轻松进行小批量生产。通过使用数字平台和渠道，企业可以快速与客户群互动，共同探索新设计并进行快速测试，不成熟的产品设计会迅速被筛出来，企业更容易识别具有潜力的设计并进行大量生产。

　　创新的设计技术大大缩短了产品的研发期，提升了效率；生产环节的自动化令过去劳动密集、附加值较低的制造环节发生根本变化；营销数据分析有助于企业精准决策，为消费者带来合适的商品。凡此种种，都影响着微笑曲线所显示的附加值，而微笑曲线的改变幅度与供应链数字化的程度挂钩。众多的数字化创新始于高附加值的环节，特别是下游的零售业务以及部分上游研发设计业务，其附加值增幅比中游的增长更快更高。不过，随着全球逐渐进入人工智能及 5G 万物互联时代，中游产业的爆炸性增长指日可待（见图 11-2）。

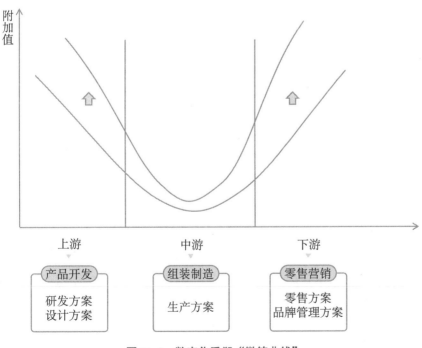

图 11-2　数字化重塑"微笑曲线"

一、上游的设计研发

创新的产品设计及开发技术大大缩短了产品的研发期，并节省了开发产品时投入的资源。例如，3D 数字设计和打样、仿真产品开发生产过程，为产品的设计、研发到生产制造所有流程提供 3D 可视化场景，可以提高供应链的效率，降低产品开发及生产制造成本，从而提升整体供应链的附加值。

以专注家具供应链管理的利家为例，由于金属/木制家具的生产时间较长，从供应链管理角度而言，降低成本、缩短产品交付周期十分重要。为优化供应链，利家采用了 3D 数字设计和虚拟打样技术。客户在数字平台看过产品样板后，可即时反映意见，提出修改细节。相较制作实体样板，使用数字样板节省了大量时间、物料及成本，整个生产周期至少缩短 6~12 个星期（详细案例见第十二章）。

二、中游的生产采购

在劳动密集型的大众消费品产业，特别是技术含量较低的生产，处于微笑曲线中游的制造组装部分，附加值一般较低。不过，随着越来越多品牌商采用自动化生产，加上数字平台的协助，制造环节的附加值亦有所提升。

自动化机台不断累积数据，帮助管理者精确计算每个流程所需的运行时间。因此，对于工厂的交货时间及能力，管理者都了如指掌。技术含量低、劳动密集的传统制造业已发生改变，自动化令生产更灵活、更高效。

过去，由于生产信息分散，生产追踪和质量管理牵涉大量人手，故需要较高的成本投入。数字生产平台使供应链管理者可灵活调配产能，减少生产管理环节的多层级多向度沟通，提高生产效率和质量。另外，企业可通过数据分析制定生产计划和调配资源，可以减少闲置资源、库存量和生产成本，同时减少资源和能源消耗。

三、下游的零售营销

在潮流不断变化的年代，今天热卖的商品未必是明天的宠儿，品牌商必须了解消费者的喜好，掌握用户数据并进行分析，不断更新产品设计和日常营销流程，有效提升附加值。

例如，店内安装传感器可帮助店家掌握消费者的偏好，根据收集的逛店路径追踪数据分析趋势，不断完善门店设计，增加销量。此外，为增进与消费者的互动，众包众筹平台亦大行其道，企业借助平台获取消费者意见，通过个性化精准营销提升消费者对品牌的忠诚度。

以专注美容产品供应链的利妍为例，利妍通过人脸识别技术，可以分析智能陈列架前的消费者的年龄和性别，从而提供相关的产品信息。智能陈列架连接后台系统，收集消费者的偏好，以分析潜在客户数量，甚至通过人脸识别系统分析消费者的情绪，以判断产生购物欲望的可能性。以往品牌商只能依赖售货员的经验及主观印象预判订货量，现在可以配合科学化数据准确调整营销策略（详细案例见第十二章）。

此外，消费者已相当习惯通过线上渠道及智能手机应用程序搜寻产品、服务及促销信息，因此，今天的零售商必须制定一套切实可行的数字营销策略。以 OK 便利店为例，它推出了智能手机应用程序"OK 齐齐印"，消费者在店内购物之后，可以通过手机应用程序接收最新产品信息、电子优惠券和电子现金券，参与抽奖游戏等，之后再回到实体店购物，这就使线上线下的客流可以不断流转，从而增加销量（详细案例见第十五章）。

四、连接上中下游的物流仓储

如前所述，图 11-1 及图 11-2 的微笑曲线主要描述劳动密集型的大众消费品产业链上，上中下游的活动所带来的价值。虽然曲线上并没有具体量化物流带来的附加值，不过全产业链的运作中不可能欠缺物流一环，反过来说，物流实际上扮演着连接上中下游各产业活动的不可或缺的角色。数字技术的提升优化了物流服务，实现可视化、自动化、信息化的物流服务对产业整体发展越来越重要。

随着电子商务和跨境贸易盛行，更多零售品牌商需要全渠道物流解决方案，并要求在短时间内准确处理分散、多批次的货量，因此，应用新型物流科技有助于提升效率和流程可视化程度，使供应链上各伙伴能实时跟踪货物概况、库存及配送的位置。

例如仓库操作，包括入库管理、库存管理、出库管理等工序，可采用自动化的信息系统，配合使用条形码技术、无线射频识别技术，减少人工操作，提高整个工作的速度及准确度；仓储自动化设备如托盘穿梭系统、无人机等能有效提高拣货检货作业效率，大大增加仓储存量、提高操作准确性及节省人力与成本；数字物流信息平台如数据控制台及智能应用程序有效协助规划物流和库存配套、调配商品、优化产品的仓储模式和运输路线（详细案例见第十四章）。

第十二章
讲求速度和创新的
数字供应链

综观近二三十年，中国乃至全球商贸数字化的程度越来越高，特别是在供应链的下游零售领域，消费市场已高度数字化，但中上游供应链的数字化程度却相对滞后。今天，市场已普遍认为数据是这个时代的新能源，供应链全面数字化是必然道路（见表 12-1）。

表 12-1　传统供应链和数字供应链的比较

传统供应链的现状 / 挑战	数字供应链的优势
供应推动需求	需求带动供应
设计、审批、修订过程繁复，耗时长	数字平台容许即时反馈、即时修订
每个步骤、每个款式需以实物样板验证	数字设计像真度高，减少对实物样板的依赖
可展示的设计选项有限	能提供更多虚拟设计选项
分散和分割的生产管理	平台促进整合协作，决策更有效
生产过程缺乏透明度	利用生产追踪系统和质量监控等工具增强生产流程的透明度
信息不透明，采购成本高	掌握市场信息，有效控制成本

续表

传统供应链的现状 / 挑战	数字供应链的优势
难以分享、追踪和监控改动	全程可控，更准确、更透明
各成员要各自输入资料及数据，易出错	减少人工重复操作，过程标准化
难以利用过去的数据资料	资料汇集，易于比较和分析历史数据

第一节　建构数字平台

作为全球供应链管理企业，利丰每天掌握的供应链数据量非常庞大，要如何运用海量的能源储备？在 2017—2019 年的"三年计划"中，利丰提出建构数字平台，目的是把供应链上各参与者凝聚在一起，并利用数据进行进阶分析，借此对产品设计和研发、物料采购、产品质量管理、物流仓储等方面作出更精准的决策，满足各类订单需求及周期要求，回应消费者快速变化的需求。数字平台使供应链各种流程畅通无阻，除了让信息互联互通及全程可视以外，更有助于大大精简烦琐重复的工序，为实现精益供应链管理[①]和敏捷供应链管理[②]提供重要支撑。

> 速度是新的衡量标准。仅仅为了降低成本而优化供应链已不再足够。我们的目标是以前所未有的方式加快运营速度，帮助我们的客户缩短生产交货时间，提升产品打进市场的速度，以满足日渐增加的消费者期望。我们相信，动作快以及能够迅速应对环境变化的企业将会是市场上的胜利者。
>
> ——利丰集团行政总裁冯裕钧

此外，时刻监控网络安全、降低信息管理风险，是利丰的数字化

[①] 精益供应链管理意指减少和消除浪费，按消费者需求拉动整条供应链，供应链各环节的活动要以最少的资源投入达到最大的效益。

[②] 敏捷供应链管理意指供应链企业通过掌握市场知识、经验及高度的组织协调能力，可在一个多变的市场中灵活应变，从而获得更多商机。

转型之旅的战略重点之一。利丰努力建立能够即时洞察及消除任何网络安全威胁的能力，借助顶级安全专家提供的托管安全服务，成立了专业的信息安全监控中心，以最先进的技术全天候监控可疑活动。为了减少潜在网络攻击的侵害，利丰制定了完善的程序来处理不同类型的网络攻击。随着信息安全越来越受到重视，利丰将继续采用系统化的风险控制方法来管理信息资产的安全性，其中包括客户资料、财务信息、知识产权、员工资料以及第三方委托给公司的信息资产等。

2017—2019 年的"三年计划"的目标是建立一个全面整合的数字平台，把供应链的每一个步骤数字化，掌握整条供应链的数据，提供由数据主导的分析，并具备全程可视功能。利丰的数字平台是供应商和客户之间的桥梁，两端建有供应商门户网站和客户门户网站，可连接利丰的供应商和客户，是利丰服务组合的核心（见图 12-1）。未来，利丰团队会根据需求而不断扩充 / 调整平台工具。

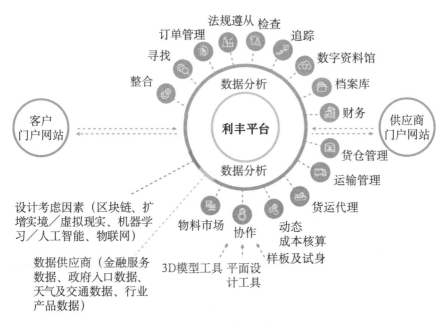

图 12-1　利丰贸易的数字供应链平台

针对速度加以优化的供应链不但可以帮助利丰的客户节省时间和金钱，亦令作出采购决定的时间更接近产品推向市场的时间，让客户可快速应对潮流趋势、加强库存控制以及减少降价促销的情况，从而增加利润。利丰能够为客户提供具备竞争优势、及时又切合所需的解决方案，采用更具资源效益及更适时的供应链管理服务。

具体来说，提升客户供应链的第一步就是对设计、样板制作及试身等流程进行数字化。2017年，利丰创建了卓越数字中心，充分利用利丰的规模缔造了行业中最大且拥有最顶级专才的专业中心，发展至今，卓越数字中心已成为端到端3D虚拟设计的市场领导者。

凭借先进的数字设计及渲染技能，卓越数字中心让利丰团队可以实时与客户共同创新及协作，作出更好的产品决策，把样板制作流程的时间由数星期大大减少至数天，甚至数小时。利丰的数据显示，相较打造实体设计样板，采用数字设计平均节省30%的生产时间（见图12-2至图12-5）。

不少客户已经采纳利丰新的数字供应链方案：速度和数字化供应链模式，显著提高了销售率，降低了销售折扣率，改善了库存管理。随着一些先行者的成功案例在业界流传，客户对利丰的数字化解决方案愈来愈感兴趣。这一趋势将继续推动现有客户增长及吸引新客户。

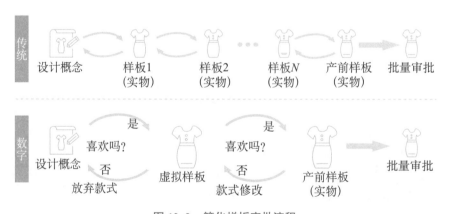

图12-2　简化样板审批流程

图 12-3 虚拟设计（服装）

图 12-4 虚拟设计（家纺）

图 12-5 虚拟门店

除此以外，利丰亦开发了一系列数字应用程序，如数字样本、潮流引擎等平台。各平台分别取得理想的市场反应，共同为客户提供了一个独特的服务方案，开启了更多前所未有的新业务发展机会。

在第九个"三年计划"完成之际，新冠肺炎暴发，应对这场突发的全球危机，利丰的数字化方案更凸显前瞻性，虚拟设计平台更显得重要，利丰可以为全球客户适时制定及执行紧急应变方案，客户足不出户便可掌握及审批更新的设计方案。

互联互通的数字供应链在性质上具有更高的透明度，可提升上游供应链伙伴的可视性，同时可以在人权、职场安全及环保等方面跟进这些伙伴的表现。贸易壁垒及前缘市场采购活动导致供应链变得更为复杂，随着上游可视性提升及可供存取的数据量增加，供应链亦有所深化，要有效管理大型供应链运营，准确投入科技资源极为重要。

下面以五个具体业务案例展示在新时代下集团如何为不同客户提供量身定制的供应链管理方案。

第二节　案例一：颠覆时装界的 C2B 设计方案

今天，大家买的新衣服极有可能是某位品牌设计师一年前的概念成品。"新产品"不一定真的是"新概念"。事实上，"新产品"往往是商家根据历史销售数据作出的一个经过计算又相对保守的商业决定。然而，这种做法显然与今天的社交媒体世界脱节，因为在这个新世界里，发生的事情分分钟都在改变，爆品亦可以随时随地诞生。

——节选自 Betabrand 创始人
克里斯·林德兰德（Chris Lindland）发表在
《广告周刊》（*Adweek*）上的文章

全球互联网发展迅速，电子商务进一步加快消费者与零售商的互动。为了应对海量消费者的需求，线上零售商要求上游供应商提供又快又有效的生产方案，倒逼产业供应链加速转型升级。

一直以来，时装制作一般都由设计开始，经过打板、模特试穿、修改图稿、调整物料、客户审批等步骤，这个产品开发流程往往耗用好几个星期，甚至好几个月，未必能轻松应对今天消费者的需求。随着科技的进步，上面提及的传统流程都有机会通过数字化得到改善，创新模式可以节省一半甚至更多的时间，例如利丰采用的虚拟样板技术。由于对虚拟设计技术有同样的理念，Betabrand 选择与利丰合作，成功推行符合消费者口味的新商业模式，给时尚行业带来不小冲击。

Betabrand 是一家来自美国旧金山的线上时尚零售商（见图 12-6），主要经营服装及鞋包销售业务。在客户个性化需求越来越强烈的大环境下，Betabrand 希望成为节奏最快的国际时尚标签，因此，它一开始就主动邀请消费者参与服装设计过程，实践众包设计模式，使所有消费者可以购买属于自己的服饰，而不再只是跟着品牌走。

图 12-6　Betabrand 商标

最早期，Betabrand 的 C2B 商业模式主要是跟消费者合作，共同设计产品，再由 Betabrand 进行推广。从设计到生产，Betabrand 为消费者提供一站式服务，让消费者购买按自己喜好定制的产品。

Betabrand 的设计团队准备 2D 平面设计初稿后，把设计图上传至网站发布，接受 Betabrand 的爱好者（粉丝）的反馈意见和建议。粉丝亦可以上传自己的设计图，评论别人设计的产品。这种互动使 Betabrand、消费者及粉丝们形成一个线上社区，彼此可以在虚拟世界中沟通和交流。

不过，一般 2D 平面设计图难以让普通消费者对产品有一种形象化的理解，更遑论转化成交易。因此，Betabrand 在 2017 年夏天采纳了利丰的虚拟设计技术，这令其与消费者的互动如虎添翼。利丰在虚拟平台上把 2D 设计图生成为 3D 效果图像，让消费者能够全面了解该产品的具体设计及视觉效果。之后，Betabrand 在其网站上邀请广大消费者对该设计进行投票，表达喜好、意愿并进行选购。当该设计产品的需求量达到指定水平后，便会立即投入生产（见图 12-7）。

图 12-7　Betabrand 的设计流程图

利丰与 Betabrand 的合作项目显示，利丰的供应链数字化方案已经初见成效，切合客户追求小额订单、缩短订单周期的要求。利丰设计团队熟悉北美市场潮流趋势，掌握全方位数字技术及专业生产知识，在北美鞋包供应链市场上具有不可动摇的优势。

第三节　案例二：电商供应链管理服务

基于电子商务的独特性，相应的供应链一般要符合三个基本要求：

（1）厂商愿意接受起订量少的订单（企业需要接受客户的个性定制化要求）。

（2）厂商有能力承办交货及补货时间极短的订单（线上平台要快速回应潮流的变化及消费者多样的需求）。

（3）销售团队有快速扩展单品库存量的能力（针对业务空白点，拓展产品宽度）。

综观上述电子商务面对的供应链特性，与传统供应链的要求有较大差异，不过，利丰旗下的专业团队可以提供这种小单快返供应链管理服务。以下展示了利丰与电商平台的一个合作项目。

G 平台成立于 2008 年，是欧洲领先的时尚电商平台。它销售的产品以鞋服、运动用品与日常配饰为主，共经营十多个国家和地区市场约 2 000 个品牌。

利丰旗下有一个专业团队为 G 平台提供小单快返供应链管理服务，主打自有品牌产品。每次收到 G 平台的小批量订单，利丰便即时进行合规采样和精益生产。

在产品开发的初期，双方会商议设计方向，由客户预先审查核准。利丰设计师按不同的系列风格为 G 平台设计，平均每两个星期提供多款设计图。G 平台可以直接在数字程序中采纳设计或否决建议。

由于利丰和 G 平台早已就前期工作达成共识，G 平台不需要厂商制造开发前期或生产前的实物样板。利丰会负责认证及质量保证的控制和执行，在生产结束时，货物便可以直接快递给消费者，整个供应链流程一般需时约 3 个星期（见图 12-8）。

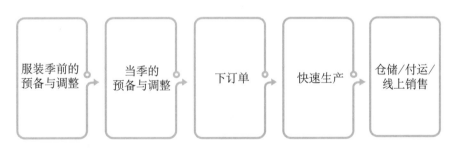

图 12-8　电商供应链

利丰与 G 平台的合作无间，主要是双方存在互信，并且都接受数字供应链的管理理念和操作模式。在利丰的业务不断迈向全面数字化的时候，G 平台自然而然成为利丰产品组合的优质客户。随着数据不断累积，利丰开发新产品的功能亦日益强大，能够从容处理多款多批次的电商订单。此外，

G平台作为欧洲电子商务的领头羊，比一般传统客户更接受在网上审批样板，这种对数字技术的开放及信任，亦是供应链数字化成功的重要因素。

第四节　案例三：利洋的虚拟设计及自动化生产方案

利弘旗下的毛衣部门——利洋一直在探索如何把虚拟设计技术应用在服装供应链上，经过多年的实践，利洋已成为所在行业利用虚拟技术的先锋。

起初，利洋遇到一个生产上的难题，那就是工厂的订单准时完成率很低，只有70%左右，皆因客户对工厂提供的产前样衣的审批率极低，一般不足10%。核心原因是2D设计图与样衣展现的线条、质感及松紧度等效果相差很大，样衣经过多次修正之后才能得到客户确认。这样，大量时间浪费在反复的等候当中，货物完成日期因而比预计的晚。

为解决此问题，利洋引入了3D设计技术（见图12-9）。厂商和客户都能看到清晰的3D效果图，进行充分的沟通，因此，当工厂提供产前样衣时，客户一般都十分满意。样衣审批率由从前的10%大幅提升至80%~90%。样衣准确度提升，审批时间缩短，各方面都能实际获益。

收到设计师草图　　　3D虚拟设计　　　实物样板

图12-9　利洋的虚拟设计

为进一步促进数字化管理，利洋和一家创新伙伴在香港共同设立了CS创新实验室。CS创新实验室设有一个设计中心以及一个先进创新中心，能够提升利洋在虚拟设计方面的能力，改进供应链中设计至生产流程的效率。在CS创新实验室中有多台织机，除了具备精良的针织功能，还可通过远程系统遥距安排生产计划、排单、派单、监控，从生产现场取得实时生产数据。配合数据分析及处理平台，利洋拥有一个创新的实时供应链生产管理模式，具备高效能生产、高透明度数据、有效质量保证、保护产品产权等优势，并且大幅缩短常规生产周期，提升跨地域生产调度的灵活性。

第五节　案例四：利家的时尚家具供应链

利家是利弘旗下的家具业务部门，目标市场主要集中在美洲的大卖场、超市、百货公司、家庭装饰品及建材零售商、电子商贸客户等。利家也为客户的电商平台提供量身定制的产品，包括沃尔玛（Walmart）、开市客（Costco）等。如果货品在线上的销售理想，客户便会在实体店售卖同样的产品。利家同时提供库存监控服务，协助客户随时补货。此外，利家亦设计自有品牌货品供零售客户订购，例如亚马逊、Wayfair等。

在欧洲市场，利家的主要客户是服装及家用家具零售商，利家为它们的门店提供陈列用的沙发、桌椅等，家具风格配合整体品牌概念。而在亚洲市场，客户大多是欧洲品牌在亚洲的分公司或者与利家有合作关系的公司，包括大型百货公司和服装品牌。

2013—2014年，利家收购了多个家具品牌，包括：

（1）惠伦家私（Whalen）。这是美国家居用品品牌，提供传统家庭娱乐、饭厅和办公室家具组合柜产品及车库储物设备。

（2）True Innovations。该品牌集中高质量设计和制造的家庭和办公室产品，包括沙发及办公室座椅，并为零售客户提供创意营销计划方案。

（3）Kenas Home Furniture。该品牌主要设计和制造高品质、时尚的家具和配件。

由于利家提供的家具品类繁多，客户往往以订购一款产品为始，结果却以采买多个系列各类货品为终。

相比其他类型的产品，大件家具的生产周期更长，物流成本更高，因此，要判断家具供应链的管理水平，一般有三大准则：（1）成本高低；（2）产品交付周期长短；（3）库存周转速度。为此，不少大件家具企业都致力将低效甚至无效的传统环节删除，以节省成本及提高效率。同样，利家亦积极应用创新、数字化的技术优化其供应链。

利家的家具供应链是按照零售客户要求的风格进行设计和生产的，每款家具都具有个性化设计。利家使用虚拟设计技术让客户在线上查看产品样板，即时反馈意见，提出修改细节。之后，利家会提供实体样板，让客户最终审批及落实订单。跟以往要生产及修订多轮实物样板相比较，利家套用虚拟样板加一次产前实物样板的方案，减少4～5轮的程序，生产周期至少缩短6～12个星期，大大节省物料、时间及人力成本。

（1）运筹全球资源。利家提供的家具一般在中国、东南亚、印度和少数欧洲国家生产。利家的优势在于合作的供应商和生产商遍布全球多个国家和地区，按照客户订单需求进行多方面的厂家对比，为客户选择最合适、最优化的品质及成本方案。

（2）设计考量。利家在设计家具产品时会进行许多实务研究，例如，利家会把"家具如何在小空间内发挥最大功能"列入产品设计考量之中。主要原因是现在的新消费群体集中在千禧一代，为适应城市快速简约的生活方式，他们希望拥有外形小巧、多功能且价格实惠的家具。此外，利家还使用虚拟现实、扩增实境及3D展览室来协助营销。

（3）智能办公家具。智能办公家具用品以及室内装潢设计亦是利家着重研究的方向。利家有一款家具就糅合了智能科技，符合人体工程学且容易操作。另外，利家旗下单位亦开发了一系列智能家具，采用先进技术帮助医疗专业人员远程监测慢性病患者，更有效地检测健康状况。

（4）品质保证。利家拥有独特的原材料层压技术，可以使用新型木板材料制造家具，在产品的细节得到提升之余，亦能提高产品的质量，令家具更持久耐用。另外，在不同地区的生产过程都需要获取各种认证，利家会为客户取得两种认证：（1）质量保证（quality assurance，QA），产品需要某些外部认证，尤其在中国需要民营认证，并在符合利家内部所制定的测试条件下才会送检；（2）质量控制（quality control，QC），利家负责制成品的品质监督。

延伸阅读

Serta 品牌

利家是办公家具及装潢专家，拥有多个授权品牌，负责品牌的产品开发、生产、质量控制、品质保证和物流，利家甚至拥有部分品牌的销售权。其中 Serta 是知名床褥产品品牌。通过品牌授权，利家为 Serta 进行产品研发，把 Serta 居家产品拓展至办公室用具，开发办公室座椅产品系列及座椅装潢服务。利家掌握核心技术及创新元素，座椅由利家长期合作的中国及东南亚厂商生产，成品主要出口美国。如今，Serta 已成为著名的办公室座椅品牌。

中国幅员辽阔，不同省市和地区的气候环境及民俗文化各不相同，消费者对产品功能、外观、大小和材料的需求各异，因此海外家具企业必须充分了解中国不同的细分市场，仔细研究市场信息，分析潜在的合作伙伴及竞争者，进行微观营销及品牌管理。随着联想控股旗下的弘毅集团入股利家，将有助利家加速开发中国内地家具市场。目前，利家正致力成为欧美家具客户进军中国市场的桥梁，继续提供优质的一站式家具供应链管理方案。

第六节　案例五：一站式美妆方案

一、以客户为中心

随着女性的社会地位及经济能力提升，她们追求优质生活，愿意为自己的健康、仪容及穿着投资，消费需求旺盛。因此，越来越多商家从女性的角度研发产品，美妆品牌商是其中的佼佼者。另外，时代变化，男士亦开始注重护肤保养，有研究指出男性美妆市场也在扩张，年轻一辈比如 90 后已成为男性美妆消费的新力军。根据欧睿信息咨询有限公司的数据，2016—2019 年，中国内地整体护肤品及化妆品市场的零售额年均增长 12.8%，远高于全球 6% 的增长率。

美妆市场发展潜力巨大，不过市场竞争激烈，国际知名品牌不断推出新系列，众多新兴美妆品牌如雨后春笋般出现，消费者对品牌的忠诚度渐渐下降。一方面，品牌商要解决市场营销及维护的问题，如何在众多竞争对手当中突围而出，吸引新用户，又能把现有客户转化为忠实粉丝成为其头号难题；另一方面，品牌商更要思考如何有效管理产品及包装设计、配方研发、质量管理等。

利弘旗下的利妍作为一直支撑整个美妆行业的美妆解决方案专家，专门为知名美妆品牌商提供一站式方案，包括市场营销、产品设计、配方研发、灌装、包装、生产、品质控制等服务。

2018 年，利妍宣布建立全新品牌，称为 MEIYUME（发音为 mayyou-may）。新品牌由两部分组成，分别是 MEI（即中文的"美"）及 YUME（即日文的"梦"）。新品牌的定位是基于利妍发挥的催化剂的作用，把握行业机遇，致力实践品牌愿景。

利妍的业务策略焦点在于强化美妆方案。除了为成熟品牌提供合适的产品和解决方案，利妍亦致力与新品牌合作，帮助新品牌展现其独特性及发展成为著名品牌。目前，利妍的业务架构分为三个：产品解决方案、新零售解决方案以及品牌战略（见图 12-10）。

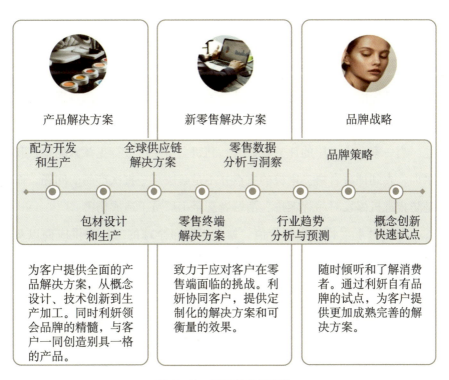

图 12-10　利妍的业务架构

二、产品解决方案

与一般美妆贸易公司不同，利妍在全球拥有超过 300 家供应商和合作伙伴，工程师、化学专家和生产经理网络遍布各地。此外，利妍管理五家独立的生产工厂，亦设有独立的品质控制和供应商评估团队。这五家工厂分别位于美国、英国、泰国和中国等地，每家工厂都结合了当地资源及专业技术，可生产彩妆及个人护理等产品。

先进的厂房设施能够满足各式各样的包装要求，从体积50千克的小型包装到高达20 000千克的大型包装，从容量小至3.0毫升到高达1 500升的包装，均能满足客户所需。另外，利妍在中国内地拥有300多家美妆工厂合作伙伴，不仅囊括了各品类料体生产商，还包括包装物料厂商，甚至包括专为美妆品牌生产赠品的箱包厂和美容仪器厂。

利妍内部有一个100多人的团队，专门负责对合作工厂的定期审核、辅导和培训。审核标准不仅包括生产质量管理规范，还要符合整体工厂管理标准、可持续发展以及社会责任要求。例如，生产过程中每个环节的记录是否可追溯，工厂是否存在工人超时工作和雇用童工等问题。当一家合作工厂的评分较低时，利妍会对工厂进行更频繁的审核和培训，直到评分合格。审核的重点并不是解决某一批次产品的问题，而是防止危机爆发对品牌客户、消费者甚至工厂员工造成伤害。

利妍对于美妆客户的价值，就在于遍布全球的工厂和供应商以及利妍的创新团队。无论是内部制造还是外包，利妍都提供广泛的产品类别，为全球的美容品牌和零售商提供全方位支持（见图12-11）。

（一）配方产品

利妍的专家团队由世界各地的化学专家和技术人员组成，凭借超过40年的美妆经验，利妍团队不仅能够提供专业意见，帮助商家创建美妆品牌或延伸产品系列，还可以提供全球灌装生产网络，监督生产及控制品质。此外，利妍拥有自主的配方研发中心，品牌客户可以按目标市场的需求，从利妍的数据库选择合适的配方，让客户在成本、产品灌装和配方等方面拥有多元化的选择和弹性。

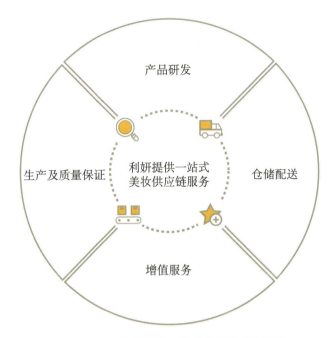

图 12-11 利妍提供的一站式美妆供应链服务

利妍提供的配方解决方案可应用于美妆及护理的各个品类，包括：沐浴和水疗用品、彩妆、香水、头发护理、家居香水、口腔护理、非处方产品、皮肤护理及化妆品。

（二）包装方案

利妍内部的包装团队包括平面设计师、包装工程师和品牌专家，会仔细研究品牌客户的定位及形象，根据个别项目及产品的独特性，为品牌客户提供量身定制的包装方案。

著名法国美妆品牌 F 公司是利妍的长期客户，双方合作十分紧密。F 品牌是个百年品牌，历史悠久，以香水、护肤和彩妆产品著称。其中，粉底及口红系列是 F 品牌最具标志性的产品，用料上乘，深受女士喜爱。不过，正是由于这两款产品太经典，部分年轻消费者认为产品外形不能凸显个性，选购时陷在优质保证与传统包装风格的两难中间。为解决这个痛点，利妍为 F 品牌这两款产品重新设计包装，既保留了 F 品牌的独特性，又加入了年轻元素，让 F 品牌重新入驻年轻女士的心中。

1. 粉盒项目

F 品牌的粉盒设计优雅，是美妆界的一个传统时尚标志，不过，粉盒外壳的色彩不够鲜艳。利妍的创意团队在金属粉盒系列以外，增加了一个硅胶设计的粉盒系列，提供多种明亮色彩的外壳，让消费者可以自由组合粉底和粉盒，带来一种新的购物乐趣与时尚感。新系列推出后，销售额与新外壳色彩一样变得更亮丽。

2. 口红项目

F 品牌的口红管设计散发着奢华气息，多年来深受女士喜爱，只是年轻消费者需要多一点新鲜感。利妍团队又一次接受 F 品牌的邀请，无惧打破传统和界限，为这一豪华产品系列注入年轻元素。这次口红设计改造项目历时 10 个月，利妍突破传统口红管用料设计的藩篱，采用 10 款不同物料，拼合 14 款部件，并引入数字生产技术，进行了超过 25 项复杂测试，最终推出了 30 款口红颜色及 15 款口红管，可以让消费者自由组合，这次由内至外的华丽改造令这款经典口红再次让人眼前一亮、怦然心动。

 延伸阅读

美妆以外的包装服务

利妍拥有强大的包装设计能力，除了用于美妆产品外，还用于开发其他高价值的商品包装服务。其中一个成功的例子是利妍为一家全球顶级香槟品牌香槟 X 开发了一项新型包装技术——电子标签。

香槟给人一种优雅及欢庆的形象，一般人们会在生日、婚宴、节庆或是特别的纪念日饮用香槟，香槟是高级酒店及各大航空公司招待贵宾的首选，亦是夜店的主要收入来源之一。

2010 年，香槟 X 希望通过提升酒樽的外观设计来刺激销售，邀请利妍开发新包装。由于香槟 X 原先的外观已相当醒目，在一般场合极易辨认，因此新包装主要是针对如何在漆黑的夜店中让人想起来一瓶带来欢乐的香槟 X。经过多方探索，利妍为香槟 X 开发了发光标签。标签是防水设计，可以存放在低温的冰桶里。

在夜店里，当一位客人开了第一瓶会发光的香槟，黑暗中就会出现一点光，自然会成为全场焦点及话题。而这点光会渐渐遍布整家夜店，光点此起彼落，皆大欢喜。该设计项目非常成功，香槟 X 的销量直线上升，利妍继续为香槟 X 研发第二代标签。

2016 年，利妍在香港举办了一个工作坊，邀请设计师、生产商、品牌客户的发展和营销团队、夜店代表及消费者，五方同场为设计第二代标签交换意见及提出新想法。最终，利妍采用 LED 技术令标签更闪亮，新标签可以充电，可以变颜色。标签更连接了蓝牙，由夜店内的工作人员配合场地背景音乐，利用遥控器控制酒瓶的灯光效果。另外，标签还可以记录香槟的饮用时间及客人喜好等资料。

这一发光电子标签已在香港及巴黎进行试验，并在中国、欧洲、美国、日本等地申请专利。根据消费习惯及潮流，香槟 X 已选定在欧洲、美国和日本三大市场出售这款耀眼的香槟。

（三）装饰配件

美妆品牌商为了提升品牌关注度或销量，会经常向消费者发放赠品或推销特色产品。同样，利妍的全球创新和设计团队会根据客户的需求及消费趋势，提供全面的时尚配饰产品组合方案。利妍团队由品牌故事出发，设计量身定制的产品，并管理交货期和控制成本，帮助品牌商把品牌形象植根于消费者心中。

（四）美容仪器

利妍在电子美妆行业处于领先地位，对先进护肤品和家用水疗方案的市场及技术都了如指掌。得益于超声波、紫外线和离子等先进技术，利妍亦提供新一代电子美妆设备的供应链管理服务。

三、新零售解决方案

除了为品牌商解决供应链上游的问题，利妍亦提供战略零售营销解决方案。

利妍利用最新研发的数字化专柜，能够收集消费场景的实时资料。以往品牌商只能依靠售货员的主观印象判断谁是潜在消费者，从而提供进一步的产品推介。现在品牌商可以通过数字化专柜采集的数据及分析，让美妆顾问进行精准营销、灵活应变。品牌商亦可以通过交互式显示与消费者交流。

（一）U 品牌专柜方案——消费者习惯

以彩妆品牌 U 公司的专柜项目为例，U 品牌有多款彩妆系列，底妆、眼妆和唇妆产品都放在一个专柜上。U 品牌希望了解消费者浏览产品的动线，按照消费者习惯摆放产品，以刺激销售。为此，利妍为 U 品牌设计了一款数字化专柜，以追踪消费者浏览产品的情况，直接在后台形成趋势图表，帮助 U 品牌优化商品的摆放位置。

另外，利妍的工程人员会为数字化专柜进行维护及提供支持服务，令品牌客户可放心使用这些科技产品。同时亦有专责团队定期整理及收集专柜数据，经分析后交给客户作为制定销售策略的依据。

（二）F 品牌专柜方案——消费者互动

前文提及利妍为 F 品牌重新设计经典口红系列的包装，为了进一步为 F 品牌打造一个充满活力的形象，利妍亦为这款口红系列设计了专属的智能陈列架，架上备有智能美妆镜。当消费者走到美妆镜前把口红拿在手上，口红的颜色就会出现在智能镜中消费者嘴唇的影像上，消费者可以即时测试不同唇色与自己的肤色及整体妆容的搭配，镜中影像亦可以打印成相片，相片还可对外发送，让消费者与朋友分享自己的新形象。目前，这款智能陈列架已经在香港、伦敦、曼谷等多个市场投放使用。

此外，智能美妆镜连接了后台系统，F品牌能即时获悉智能陈列架前的活动情况，分析经过美妆镜前停下来、把玩口红、发送相片的消费者的特征和动态，不再像以往要花3个月甚至更长时间才能收集消费者的反馈，F品牌可以更有针对性地调整营销、推广及备货策略。

作为一个传统美妆品牌，F品牌能够突破传统框架为消费者提供高度个性化的产品，是这个项目成功的一个重要因素。此外，F品牌对利妍的信任、勇于接受利妍的新思维亦十分重要。当初，这项口红改造工程是在利妍香港总部的创意实验室进行的，F品牌的市场营销、业务发展及采购团队，以及利妍的香港、内地及巴黎团队齐聚创意实验室进行了多次头脑风暴及快速原型测试，F品牌从中感受到利妍不仅拥有生产口红的技术及资源，更有全方位的包装设计能力及一站式智能零售方案的执行力，因此造就了各种交叉销售的机会，最终取得有口皆碑的成果。

 延伸阅读

利妍的创意实验室

为了培育创新文化和推动快速原型测试，利妍建立了创意实验室。

在创意实验室中，利妍团队、客户团队及供应商聚在一起，利妍提供跨产品类别的关键市场情报，包括营销和品牌、产品开发、法规事务和合规守则、消费者需求和市场趋势，所有成员集思广益，获得创意灵感，甚至品牌定位的新方向和策略。

实验室当中亦设立样板生产空间，让利妍能够在短时间内把创意理念转变为实物样板，帮助客户具体理解新产品的可行性及可塑性。

四、品牌战略

多年来，利妍掌握美妆供应链的各个环节，与全球供应商、渠道商及零售商建立了千丝万缕的紧密合作关系。为了更深入地了解美妆行业趋势，利妍在零售市场推出多个自有品牌，以亲身经验归纳最终消费者对美妆产品的需要及喜好，从而帮助品牌客户更有效地验证各式各样美妆消费产品的发展潜力。

利妍拥有多个欧美品牌，产品类别众多，包括护肤、彩妆、面膜、护发等产品。通过不同品类，利妍可以进行创新概念的快速测试，把握消费者的时尚脉搏。以彩妆为例，利妍发现不少消费者在选购美妆产品时，往往因为怕错配个人肤色与产品颜色而犹豫不决，因此，利妍通过旗下的英国彩妆品牌 Collection（见图 12-12）为消费者推出多款轻量装产品。轻量装产品比传统包装产品的售价更低、分量更少，消费者不会因为怕试错及浪费而却步。例如，Collection 推出了一款轻量装调色液，消费者可以根据个人喜好将调色液加入底妆产品，调出合适的底妆，该款调色液大受消费者欢迎。

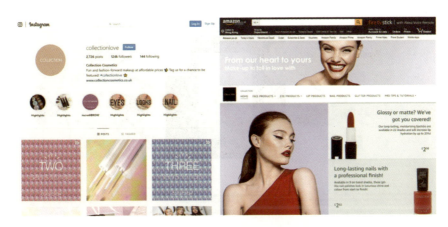

图 12-12 Collection 品牌的社交网站及线上平台

Lornamead 是利妍旗下一家个人护理品牌营销商，产品主要在英国、德国、美国和加拿大等市场的大型超市、零售店和药妆店出售。德国面膜品牌 The Beauty Mask Company 受到亚洲美妆市场启发开发了四款创新面膜，使用符合可持续发展理念和纯素原认证的竹纤维（100%可生物降解）面膜纸，能够提供立竿见影的美容效果，在德国大型药妆店独家发售（见图 12-13）。

五、利妍的中国市场展望

中国消费者勇于尝试不同的新事物，尤其是千禧一代，总是在寻找个性化的创意产品，亦希望市场能针对他们的需求提供合适的服务，带来有活力的互动消费体验。由于市场对品牌商的要求越来越高，国际品牌商进入一个新市场或打造新品牌是不可能单打独斗的。

利妍作为美妆解决方案专家，多年来服务国际美妆品牌取得丰富经验，同时又了解中国消费者的需求，能够有效地帮助国外美妆品牌进入中国市场。2018 年，利妍在上海利丰广场举办"创意日"活动，吸引

图 12-13　利妍产品网页（The Beauty Mask Company）

了国内外美妆品牌客户参加，并让中国的客户对利妍的强大能力有一个全面的认识。通过面对面的交流，利妍感受到中国本土品牌对于最新又可靠的配方、互动技术和创新包装的需求似乎比国际品牌更甚，可预期中国美妆市场发展潜力惊人。

　　总之，作为一个美妆召集人，利妍致力于将品牌商、零售商和相关行业参与者聚在一起，共同创造创新一站式解决方案，为美妆品牌打造美丽的未来。

 延伸阅读

"创意日"活动

　　以往，利妍一直是通过参与大型的展览会来吸引品牌客户，但成效参差，于是决定自己举办概念推广活动——"创意日"（Creative Days）。利妍设立"创意日"不单是为了增加销售量，更是为了向客户全面介绍部门的创新思维及能力，提供从产品原材料、产品设计方案、

配方生产、销售专柜设计方案、零售互动科技等一站式解决方案。

首次"创意日"活动于 2015 年在法国巴黎举办，得到参与者高度评价。2016 年，利妍把"创意日"引入中国，选址上海举办，同样，"创意日"令客户对利妍的全方位服务能力印象深刻。2017 年，"创意日"再次落户巴黎。

2018 年，利妍在上海利丰广场举办了第二次"创意日"活动，为品牌客户展示最新的智能设备、符合市场趋势的防蓝光化妆品等最新研发成果。凭借全球资源和专业知识网络，利妍展示了其创造创新产品和解决方案的能力。这次"创意日"活动邀请了近 30 个美妆品牌，除了国际顶级品牌，还有不少国内美妆公司。

第十三章
品牌管理方案

一个商家找到好货源，顺利把货品卖出，门店客似云来，并不代表商家能高枕无忧。这是因为消费者对商家没有必然的忠诚度，当其他商家亦找到类似的好货源，以更便宜的价格卖给消费者时，消费者的注意力便会转移。最极端的情况是当一众商家给予大量补贴令运营成本大增，牺牲货品质量时，消费者不再光顾，最终出现各方皆输的局面。可见，价格战并不是一种令生意可持续的方法。

那么，要长久留住消费者，最核心的工作是要把货品的定位、形象、功能深深印在消费者心中，让货品在芸芸同质供应中突围而出。以碳酸饮料为例，当消费者需要一杯有气泡的饮料时，总会想起可口可乐的冰凉、解渴、提神，从而产生购买欲望，这要归功于可口可乐突出的品牌形象和策略，成功让消费者与商品产生关联性。可见，打造品牌是产品销售的关键成功因素，品牌成为企业的无形资产以及核心竞争力。

不过，由于种种因素限制，品牌在一个市场成功，不一定在全球市场都成功。以即时通信应用程序为例，Whatsapp 在不少地区都十分流行，但中国市场基本上是微信的天下，LINE 是日本的主流，韩国人最爱用 KakaoTalk。因此，要发展全球化品牌，有效维护及巩固品牌形象，往往需要寻求专业团队的帮助。

第一节　全球化品牌管理服务

利标是全球最具影响力的品牌管理及授权代理商。通过品牌授权，利标为品牌客户开拓新市场，设计、开发、推广、批发和销售各种自有品牌及授权品牌的产品系列。为进一步增强全球影响力，2016 年 7 月，利标和 Creative Artists Agency 的品牌管理部门创建了合资企业 CAA-GBG 全球品牌管理集团，成为全球最大的品牌管理公司。

利标致力于帮助品牌商与消费者牵手，由灵感到概念再到执行，为品牌商提供全面的品牌管理方案（见图 13-1）。利标以提升品牌的价值为依归，糅合品牌客户的文化，提供有创意、可信赖的创新型品牌管理服务，积极提升品牌客户各品类的渗透率和全球影响力。

利标的品牌类别包括：

（1）名人品牌：大卫·贝克汉姆（David Beckham）、德鲁·巴里摩尔（Drew Barrymore）、伊娃·朗格利亚（Eva Longoria）、詹妮弗·洛佩兹（Jennifer Lopez）、吉米·法伦（Jimmy Fallon）、凯特·哈德森（Kate Hudson）、凯蒂·佩里（Katy Perry）、保罗·霍利伍德（Paul Hollywood）、莎拉·杰西卡·帕克（Sarah Jessica Parker）、赞达亚（Zendaya）等。

（2）时尚及生活品牌：Bob Marley、Christian Lacroix、James Bond、Lee Cooper、网飞、Playboy、Sean John 等。

（3）企业品牌：ABI、可口可乐、Crayola、芝乐坊餐厅（The Cheesecake Factory）、Jelly Belly、梅赛德斯-奔驰、其他北美零售品牌等。

（4）角色人物品牌：20th Century Fox、Cartoon Network、Discovery

Networks、LINE Friends、米菲（Miffy）、Peanuts、Sanrio、Smurfs 等。

（5）运动及娱乐品牌：Formula 1、Starter、Cristiano Ronaldo、Greg Norman、TED 等。

（6）其他品牌：Calvin Klein、Juicy Couture、FRYE、Kenneth Cole、Spyder（详细案例可参考第九章）等。

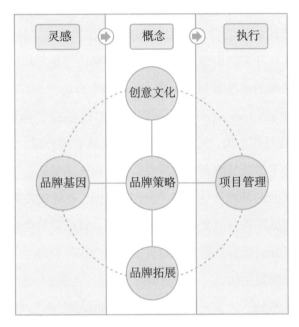

图 13-1　利标的品牌管理模型

第二节　案例一：芝乐坊餐厅

一、品牌基因

1978 年，第一家芝乐坊餐厅于美国加利福尼亚州贝弗利山开业，主营各式芝士蛋糕和甜品。时至今日，全球已有超过 200 家芝乐坊餐厅，惠顾过的消费者都对餐厅的食品印象深刻。不过，在美国本土，其品牌知名度只有不到20%。利标认为芝乐坊餐厅的食物品质好，具有市场发展潜力，因而产生了一个灵感：可以把食物从餐厅场景拓展到日常家庭生活中。

二、发展概念

一般的餐厅拓展策略是开店及外卖，不过，利标考虑到消费者越来越讲求优质生活，注重食品的新鲜度，加上芝乐坊餐厅的核心优势在于产品及品牌亲和力，所以，利标为芝乐坊餐厅打造了一个高端产品系列——芝乐坊餐厅到家品牌（The Cheesecake Factory At Home）。

三、项目执行

这个新品牌在2017年年中推出，产品包括烘焙材料、甜品、咖啡奶精及新鲜面包（见图13-2）。其中，芝乐坊餐厅与5家授权代理合

图 13-2　芝乐坊餐厅产品

作，推出 30 种产品。最终，该项目得到国际授权业协会（International Licensing Industry Merchandisers' Association）的顶级食品 / 饮料授权项目提名，芝乐坊餐厅的知名度亦有所提升。

第三节　案例二：可口可乐

一、品牌基因

可口可乐是一个家喻户晓的品牌，自 1886 年以来专注于研发饮料产品，一直保持着冰箱必备饮料的品牌形象。作为可口可乐的专业许可证管理商，利标进一步巩固可口可乐品牌的中高端时尚形象。

二、发展概念

90 后已成为中国的主要消费群体，可口可乐是陪伴他们成长的饮料，对于可口可乐的周边产品，他们亦毫不陌生，甚至视为潮流玩意儿。因此，利标为可口可乐开发了一些跨界合作项目，更深地切入中高端年轻消费者市场。

三、项目执行

不少年轻消费者喜爱轻奢品、时尚潮牌及快时尚，将之视为时尚标志。可口可乐通过品牌授权的方法与一些知名国际时装品牌联动，出售印有可口可乐商标的服饰，例如 Marc Jacobs、Joyrich、Ashish 等。

此外，中国年轻消费者亦崇尚潮物及明星款产品，关注意见领袖及网红的推荐。2018 年，利标联手国内著名服装品牌太平鸟参加纽约时装周，由模特儿穿上印有可口可乐商标的服饰，同时通过快闪店及艺术展进行推广，在天猫上同步发售。时尚媒体及意见领袖争相报道这一系列跨界品牌联动活动，媒体曝光量接近 1 亿，成功巩固可口可乐在中国年轻消费者心中的时尚潮流地位，亦让太平鸟在国际时装界舞台大放异彩，该项目获得 2018 年中国授权业大奖（年度企业品牌及时尚、生活方式授权 IP），多方共赢（见图 13-3 ）。

图 13-3 可口可乐与太平鸟项目获得
2018 年中国授权业大奖

第四节 案例三：大卫·贝克汉姆

一、品牌基因

大卫·贝克汉姆是英格兰足球运动员、前英格兰足球队队长，是世界足坛最佳英格兰巨星之一。根据英国《每日邮报》的统计，退役两年后，他的 Facebook 账号累计有 5 200 万粉丝。

球场以外，贝克汉姆也有着强大的社会影响力。他的商业足迹遍布时尚、食品、饮品、影视等多个领域，曾长期担任阿迪达斯的代言人，并为多个国际品牌代言。

2014 年，利标与 DB Ventures Limited（贝克汉姆及伙伴西蒙·福勒（Simon Fuller）的合资企业）成立了合资企业 Seven Global LLP。Seven Global LLP 主要为贝克汉姆开发个人品牌的消费产品，包括运动服装、内衣，以及童装、电子产品、食品等。图 13-4 展示了这家合资企业如何融合了贝克汉姆、西蒙·福勒和利标三方的优势。

图 13-4 三方合作优势图

二、发展概念

2015 年 9 月，Seven Global LLP 与冯氏旗下的利邦集团订立授权协议，据此，Seven Global LLP 同意利邦在推广、设计、制造及销售旗下自主经营的男士服装品牌 Kent & Curwen 若干产品系列时使用贝克汉姆的个人品牌授权。

Kent & Curwen 于 1926 年由领带制造商埃里克·肯特（Eric Kent）先生和裁缝多萝西·柯温（Dorothy Curwen）女士创立。他们最初是大学服装供应商，专门为体育俱乐部、私立学校和顶级大学提供服务。时至今天，Kent & Curwen 在全球拥有 100 多家店铺。Kent & Curwen 作为著名的高端男士服装品牌，一直以永恒不朽的英伦风格、考究的布料选材及剪裁细节见长，堪称英式男装的典范。Kent & Curwen 创意总监丹尼尔·卡恩斯（Daniel Kearns）秉承 Kent & Curwen 的传统并从品牌传奇故事中取材，为男士打造新派时尚魅力。

丹尼尔·卡恩斯和贝克汉姆合力塑造 Kent & Curwen 的全新形象。二人参考品牌过去的设计及概念，将英国传统元素重新构思，赋予现代时尚品位。贝克汉姆亦全面参与 Kent & Curwen 的业务发展，包括产品开发设计、市场拓展、营销等，甚至是店面选址和整体装潢设计等工作。产品从贝克汉姆独有的时尚视野中汲取设计灵感，令时尚气息与历史传统完美糅合，建构品牌的时尚风格。

三、项目执行

丹尼尔·卡恩斯和贝克汉姆第一次联手设计的品牌产品系列在 2016 年秋冬季推出，包括饰品、眼镜和男士服装。设计团队重新演绎昔日英国体坛的经典元素，如在 T 恤下摆和石磨卫衣的前襟绣上英格兰国花玫瑰图案、品牌的经典三狮标志，以表示品牌与英伦的深厚渊源。

在与 Seven Global LLP 合作的过程中，利标与利邦共同扩展了贝克汉姆个人品牌的男装产品系列，产品深受贝克汉姆众多粉丝和 Kent & Curwen 忠实消费者的喜爱。

继 Kent & Curwen 之后，利标又与高档男性护肤品牌 Biotherm Homme 达成合作协议，把贝克汉姆个人品牌扩展到男士修饰类产品领域。未来，利标会继续致力于打造贝克汉姆的个人品牌，开发更多业务合作模式及产品。

第十四章
物流管理方案

在新型消费模式带动下，无论消费者从线上或线下渠道购物，都预期得到顺畅高效的购物和物流体验，不过，消费者能接触的物流服务只是冰山一角。物流不应纯粹以传统仓储、运输功能来理解，或仅作为企业的后勤支持角色来看待。事实上，物流是一套非常复杂、规划严谨、程序管控严格的流程，贯穿供应链的所有环节，是整个商贸世界背后的一个重要支撑。

利丰物流为利丰旗下的物流公司（中国内地中文注册名称为利丰供应链（中国）有限公司）。利丰物流与全球 400 多个品牌商和零售商紧密合作，提供量身定制的第三方及第四方物流的仓储和运输管理解决方案，涉及的行业包括鞋履与服装、快速消费品、食品与饮料以及保健产品。目前，利丰物流的主要客户包括联合利华（Unilever）、Inditex、耐克（Nike）、强生（Johnson & Johnson）、罗技（Logitech）等国际知名品牌。此外，随着中国电子商务和跨境贸易的崛起，利丰物流提供全面的全渠道供应链管理方案，并运营主要的区域中心和配送中心，以优化库存流动并确保运输准确性。

利丰物流的服务区域集中于亚洲，主要业务分为：

（1）国内合同物流，包括第三方物流、第四方物流、供应链分析和增值服务；

（2）全球货运管理。

图 14-1 介绍了利丰物流的综合服务。

国内合同物流	全球货运管理
仓储管理	货运网络设计
运输管理	订单管理
供应链方案	货运代理(海、空)
电子商务方案	清关服务
增值服务	增值服务

图 14-1　利丰物流的综合服务

第一节　国内合同物流

一、第三方物流

利丰物流是专业第三方物流管理服务商，设立客户管理团队，专门针对每家客户提供所需的物流服务，使客户可以专注于产品的生产和销售。经过多年的发展，利丰物流已深度掌握不少支持业务的软硬件，包括先进的物流中心及运输设备、物流科技、可信赖的伙伴关系网络和管理人才，形成了在中国及亚太地区从事物流服务的核心竞争力。

利丰物流每个配送中心都经过精心设计，有效地为客户提供量身定制的仓库服务，包括针对快速消费品、鞋类和服装、食品和饮料、电商或全渠道零售的物流服务。截至 2019 年，利丰物流在全球管理超过

220 个仓储设施，包括中国、巴基斯坦、印度尼西亚、新加坡、泰国、马来西亚、菲律宾、英国和美国等地约 2 900 万平方尺的仓库空间。

此外，利丰物流亦提供多功能增值服务，例如更换货物标签、质量检测、节假日销售组合包装等。利丰物流为客户把这些工作集中在物流中心统一完成，然后再把产品配送到零售点，帮助客户延后组装工序，顺应市场需要。

利丰物流还积极引入最新物流科技，探索数字化、智能化、自动化的物流管理方案。例如通过自动化系统，配合使用条形码技术、无线射频识别技术、"货到人"机器人，可减少仓库内的人工物流作业（入库管理、库存管理、出库管理、分拣配货、检货等工序），提高整个流程的速度及准确度。此外，配备无人机及智能感知设备，能快速盘点仓库及实时监控仓库内部的情况，随时作出调整。利丰物流亦通过仓库管理系统、货品追踪系统采集运营数据，同时设立数字控制室，使管理层、员工及相关伙伴能即时了解货品仓储、运输配送、人力运用等情况，运筹帷幄。

二、第四方物流

随着消费市场快速发展，下游客户的需求越来越多、越来越复杂，它们需要统筹各地多家服务商，寻求订单跟踪管理、供应链方案设计及虚拟库存管理等全方位服务，可是一般传统第三方物流服务商缺乏这些综合技能、专业策划技能及全球拓展能力。为此，在第一方、第二方、第三方物流之上，第四方物流服务应运而生。

根据 1998 年美国埃森哲咨询公司率先提出的概念，第四方物流专门为第一方、第二方和第三方提供物流规划、咨询、物流信息系统、供应链管理等活动方案。第四方物流服务商一般不会实际承担具体的物流操作活动。

利丰物流是一家兼具第四方物流服务能力的综合物流服务供应商，

除了为客户执行实际的第三方物流操作外，还可以担当专业第四方物流顾问的角色。利丰物流提供供应链设计、评估、调整等咨询方案服务，为客户带来更具策略性的深远价值。

三、供应链分析及卓越运营服务

利丰物流设立了两个专业团队，分别负责供应链分析和卓越运营，通过设计和开发创新的高效物流设施和物料搬运解决方案，持续改进流程计划，不断寻求及提升有效运营的空间，为利丰物流及其客户创造可持续的竞争优势。

（一）供应链分析

利丰物流的供应链分析服务团队根据客户提供的资料和数据，例如，国际货运代理的成本和价格变化、目标市场的数量和位置，为客户选择最合适的运输模式或仓库选址。利丰物流以数据为基础，通过描述性分析、预测性分析和建议分析等分析方法，构建全面和实际的解决方案，以促进更佳的商业决策。图 14-2 详细列出了各范畴的各类分析和成效。

图 14-2　利丰物流的供应链分析服务

（二）卓越运营

利丰物流的卓越运营团队提供仓库内部以及仓库布局的优化服务，探索创新物流设备或软件，协助仓库管理部门提升利润，节约成本及时间，持续提高工作效率。具体工作内容包括：

1. 仓库管理方案设计

仓库是储存及保管货物的重要场所，是物流中心和配送中心的核心要素，也是构成整个供应链和物流网络的重要节点，在现代城市和企业物流体系中发挥着非常重要的作用。若仓库布局不合理，不仅会增加仓库的管理成本，影响仓储物流的效率，更会形成整个供应链和物流网络的瓶颈，增加总物流成本，同时削弱企业的竞争力。所以建设仓库之前，企业必须对其布局进行合理规划。

延伸阅读

仓库设计

利丰物流为一家国际知名的医药保健品及个人卫生产品客户设计位于泰国曼谷的仓库，这是首个 Build-to-suit（BTS）仓库项目，利丰物流迎难而上，完全按客户的需求建成了具有最佳物流效益的仓库。

兴建仓库期间，利丰物流面对两大困难：（1）客户仓库的选址是沼泽地质；（2）泰国每年七成时间下大雨。克服重重困难，利丰物流团队进行地质勘探，提出精细建筑方案圆满解决问题，高峰期有接近400位建筑工人在场工作，最终工程在270天内顺利完成。

新仓库面积38万平方米，部分屋顶使用天然采光设计以节约能源。仓库内置超过23 000个托盘货架，配以自动化系统，平均每日能处理60 000张订单，高峰期每日可处理75 000张出库订单。

此客户业务持续扩张，需要进行第二期扩建，再次邀请利丰物流为第二期 BTS 出谋献策，最终工程项目在 300 天内顺利完成。

2. 持续改进

物流的流程非常复杂，事前需要严谨规划及严格管控，实际操作时可能会受制于市场需求的变化、客户企业策略的调整、员工实际的执行力等因素，流程中的一些工序仍然有改善的空间。因此，利丰物流会经常检视整个物流项目的流程，务求优化成本及提升整体物流效率。

例如台湾的一个配送中心，在 2018 年初改用自动温度控制系统，通过温度传感器自动跟踪及记录仓库温度，温度数据亦会即时在数字屏幕上显示。之前未安装温度传感器时，仓库员工需要每天多次使用温度测量设备人工测量温度，即使立即记下测量信息并传给相关主管，仍会有时间差。使用温度传感器和数字屏幕后，管理层及员工可以轻松监控仓库的实时温度水平，平均每天用于人工追踪温度记录的工作时间缩减超过 6 小时。

另一个例子是中国内地的一个配送中心，主要为时尚品牌 B 处理网购货品。该配送中心有四个区域存放品牌 B 的货物，每个区域分布在三个楼层。原先的拣货流程设计是每个区域由一个拣货员负责，但是在实际操作时发现，拣货员要完成一张货单往往要走遍所有楼层，耗时长，效率低。改进的方法是重新编排不同楼层不同区域的用途，形成 12 个区域，每个区域由不同拣货员负责，大大缩短了步行距离，平均生产力提高了 10.5%。

总体而言，物流企业要提供一站式灵活的物流方案，需要深入了解客户的需求，科学精准地设计流程，配备最合适的设备、技术及人才，持续与客户交流及快速应变，严格监控服务水平并及时调整，只有这样才能提供优质服务并提升服务的竞争力，这亦是利丰物流的一贯宗旨。

以下个案将更具体地展现利丰物流的专业精神。

第二节　案例一：全球知名运动品牌
——与时并进的仓配策略

全球知名运动品牌耐克与利丰物流的合作始于 1991 年，从起初只有中国香港的一个工作据点，发展至现在共有 8 个亚洲市场。

随着耐克在亚洲市场的业务扩张，利丰物流为耐克在 2001 年和 2003 年分别于泰国和中国台湾建立仓库。2003 年及 2004 年，利丰物流分别设立并正式启用广州番禺的仓库及上海宝山的仓库。后来，耐克与利丰物流的合作关系扩展至马来西亚、菲律宾、新加坡及韩国等地。

（一）耐克的中国物流业务模式

1. 由区域仓储模式转为中央仓储模式

起初，耐克在中国内地的仓库位于广州番禺及上海宝山，两个仓库独立运作，只处理本区的门店订单。随着订单越来越多，耐克希望提升中国市场的配送能力，于是利丰物流的供应链分析团队着手进行研究。

2010 年，耐克决定把番禺和宝山仓库的运力合并，选址江苏太仓兴建新仓库，占地 30 万平方米，这是当时耐克全球第二大物流中心。迁仓选址于太仓有两大主要考量：首先，为了保证应对耐克在中国市场的长期需求增长，特别是来自主要大城市包括北京、上海和广州的订单，太仓处于理想的交汇位置；其次，太仓的仓库不仅处理耐克在中国生产的产品，同时能够整合印度、印度尼西亚、泰国和越南等产地的货物。迁入太仓后，利丰物流采用科技和高度整合的操作流程运营仓库，产品可经由上海的港口进口，送到太仓的中央仓存放，收到订单后，经分拣及包装，便可于上海发货至北京、广州或其他二线城市，耗时耗费相对低。这表明利丰物流的迁仓及运营方案切合耐克的发展需要。

太仓的仓库负责耐克所有从中国内地进出口的服装和鞋类的物流运作。仓库设计采用创新型绿色科技，包括太阳能地热系统、雨水收集系统以及节能环保的分拣系统，与传统的分拣技术相比，绿色科技大大降低能耗，同时减少分拣系统占用的空间。该仓库拥有十万以上的托盘，年吞吐能力超过 2.4 亿件次，同时可满足 79 个集装箱货车装卸货，更重要的是耐克借此缩短交货时间，降幅达双位数，门店从下单到收货只要数小时。

2. 由中央仓储模式延伸至卫星仓储模式

经过几年时间，耐克在中国的业务蒸蒸日上，新设门店越来越多，销售业绩接近翻倍，加上大量网购者从全国各地下单，货物由一个中央仓配送全国，前置时间太长，影响消费体验。因此，耐克希望在收到订单的当日发货。于是，利丰物流为耐克在北京设立了第一个卫星仓库，在 2017 年开始运作，可以处理华北的订单，北京市内实现当日发货，天津门店则是第二天发货。此外，南方的广州也有大量耐克的门店、出口店和批发商，因此，利丰物流亦在广州设立华南卫星仓库，于 2018 年启用，应对广东省当日发货的需求，福建门店则是第二天发货（见图 14-3）。

耐克的运动鞋及服装是季节性很强的产品，如果没有良好的物流配套服务，就不能保持送货的时效性和竞争优势。因此，耐克非常注重其物流系统的建设。加上随着中国运动用品市场不断扩张，中国消费者对耐克产品的追求有增无减，订单的上升意味着处理物流的灵活性及运力要更加强大，预期耐克在中国的物流模式会随着商机而不断创新。作为耐克在中国的物流服务供应商之一，利丰物流亦步亦趋，随着客户的发展提出并执行适时的方案，以便为耐克提供一个更具前瞻性、更高效的货物配送系统。

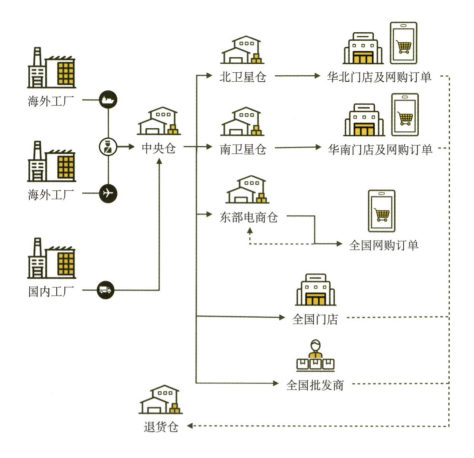

一般物流

- - - - - ▶ 逆向物流

图 14-3　利丰物流与耐克的中国物流路径图

（二）耐克的东南亚物流业务模式

耐克在东南亚市场的发展与在中国市场的发展态势可以说如出一辙，利丰物流要随机应变，为耐克的业务扩张做足准备。起初，耐克在新加坡设立区域仓库，同时处理本地及马来西亚的物流订单。到了2012年，耐克的马来西亚市场增长越来越快，同时，新加坡的物流成本不断上升，于是利丰物流把耐克的区域仓改设于马来西亚，马来西亚仓库负责马来西亚和新加坡的市场订单，原新加坡仓库则重新定位，纯粹提供越库[①]功能。

后来，耐克在东南亚市场的网购订单量持续攀升。为此，2016年，耐克在新加坡正式启用名为"耐克亚洲枢纽中心"的电子商务仓库，主要服务东南亚、中国香港、中国台湾、澳大利亚和新西兰的网购市场（见图14-4）。

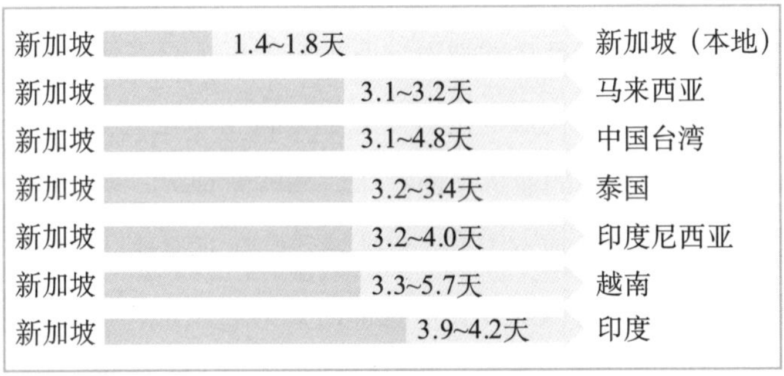

新加坡	1.4~1.8天	新加坡（本地）
新加坡	3.1~3.2天	马来西亚
新加坡	3.1~4.8天	中国台湾
新加坡	3.2~3.4天	泰国
新加坡	3.2~4.0天	印度尼西亚
新加坡	3.3~5.7天	越南
新加坡	3.9~4.2天	印度

图 14-4 由耐克亚洲枢纽中心发货到部分市场的时间

在新加坡设立电子商务仓库有以下优势：

（1）付运时间短，通过电子数据交换方式，清关时间只需30分钟，从港口到仓库的时间只需1天。

（2）新加坡仓库的处理能力强，运力不断提升，自动化设施每天处理10 000多件货品。

耐克是结合潮流与运动的流行品牌，坚守持续改进的精神，根据市场的变化调整运营，甚至为消费者提供定制化服务及其他增值服务，因此一直保持年轻的驱动力，深受各年龄层消费者喜爱；利丰物流作为耐克的合作伙伴，以同样精益求精的态度与耐克紧密协作，可以说是"强强联手"。

---

① 越库作业是指在越库设施接收来自各家供应商的整车货件后，立即依据客户的需求及交货点加以拆解、分类、堆放，进而装上准备好的出货运具，送往各客户的交货点。

第三节　案例二：快时尚品牌
——版图拓展，从欧洲到亚洲市场

S企业是一个欧洲服装品牌及零售商，其服装供应链管理模式发展成熟，是行业典范，其品牌本身亦是全球快时尚服装行业的一张亮丽名片。

早年，S企业的货品在欧洲设计及生产，再由自营的物流团队管理仓储并配送至欧洲各地门店。随着S企业推行全球化战略，门店遍布世界各地。另外，S企业的业务不断扩张，采购量惊人，欧洲的生产线无法满足所有需求，加上成本上升，S品牌开始在亚洲地区生产。

由于S企业的生产线及零售市场都向亚洲延伸，其物流动线亦由过去集中在欧洲生产—欧洲销售，变成欧洲生产—亚洲销售，甚至是亚洲生产—亚洲销售。S企业意识到把亚洲市场的物流业务外包的重要性，在2012年邀请利丰物流成为其亚洲第三方物流服务商。

与利丰物流合作初期，S企业把旗下一个品牌的中国仓储业务交由利丰物流管理。利丰物流提供的专业第三方物流服务令S企业印象深刻，S企业认定利丰物流是一家可靠及可信赖的物流服务商，有能力随S企业开拓亚洲市场。随着双方合作的项目越来越多，工作越来越有默契，S企业逐渐把旗下多个品牌的仓储业务交给利丰物流。之后，S企业拓展亚洲其他市场，亦邀请利丰物流一同开发当地的物流业务。

自2012年合作至今，利丰物流为S企业管理的仓库面积由起初的2 400平方米增至30万平方米，出库货量亦由起初的不到10万件增至超过8 000万件（不含印度）。目前，利丰物流为S企业提供服务的市场包括中国、韩国、日本、泰国、越南、印度尼西亚及印度。

（一）中国市场

众多亚洲市场当中，中国是 S 企业最大的销售市场，特别是网购盛行之后，S 企业的业务出现爆炸性增长。因此，S 企业首先在中国试行亚洲生产—亚洲销售的模式，货物由亚洲及中国的工厂运送到利丰物流位于昆山的中央仓，再送到北京、广州、上海等地的仓库，之后配送给各地门店或网购者，以及亚洲其他的门店或仓库（见图 14-5）。

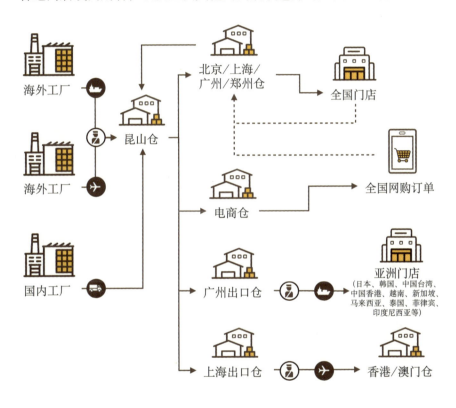

图 14-5　知名快时尚服装客户的物流路径图

利丰物流之所以得到 S 企业的垂青，主要有四大因素：

（1）利丰物流是中国最大的第三方服装物流服务商，拥有丰富的服装物流管理经验与专业知识及人才，信誉良好，是国内物流行业的佼佼者，是服装仓储管理专家。

（2）S企业与利丰物流的企业文化相近，都是全球化供应链管理者，有国际视野，注重物流科技的投入、可持续发展理念和人才的培训。

（3）一般第三方物流服务商往往有既定的物流系统及操作，难以为每位客户量身定制一套全新的物流体系，更遑论嵌入客户的供应链。S企业是全球知名的服装供应链专家，在各地市场已有一套标准化物流流程和规格。而利丰物流以灵活见长，能根据S企业的需求提供定制化服务。

（4）利丰物流拥有强大的服装物流处理能力，能应对S企业庞大的销售量。每年多个促销活动是S企业及利丰物流的年度大考，包括三八妇女节、"6·18"大促、"双十一"、"双十二"以及国际上的黑色星期五，加上S企业的年中及年终全球大促。促销期间，利丰物流不停地处理线上线下的订单、入库、分拣、包装、出库的工作量惊人，利丰物流在最高峰时期甚至需要招募及管理超过3 000位临时工人，并要在仓库现场提供即时培训，以保持专业水平及物流操作顺畅，妥善处理订单。在2016年S企业的年度全球大促中，利丰物流完成的出货量超过S企业在欧洲自营的中央配送中心完成的出货量，打破了该配送中心出货量的最高纪录。

📖 **延伸阅读**

利丰物流保障疫情期间运营

2019年底出现新冠肺炎疫情后，为降低社区疫情蔓延的风险，中国政府采取果断措施，延长2020年春节假期，节后延迟复工，多地实施限行管制。正是由于人流物流管理得宜，人民的生命安全得到保障。面对随之而来的缺人缺货问题，利丰物流积极与政府有关部门沟通，在确保员工健康的前提下，向政府提交完善的复工及防疫计划，在获得批准后留守员工维持运营。到 2020 年 2 月底，利丰物流复工人员基本达到 65%，运力陆续回到正轨。

为庆祝三八妇女节，S 企业每年都会在 3 月 8 日开展促销活动，促销期间的入库出库量比平日倍增。为保障疫情期间的促销活动顺利进行，利丰物流在不同仓库实行弹性的人力资源管理，把原先预留处理到店货物的人力改为处理网购订单，有效调配资源。

此外，由于利丰物流多年来与 S 企业合作无间，在此次疫情期间，双方保持密切沟通，采用共享员工模式，成功化解劳动力不足的问题。由于疫情，S 企业部分门店暂停营业，S 企业每天挑选上百名优秀的门店员工参与利丰物流的仓库工作。利丰根据多年运营经验，为 S 企业员工提供两小时快速上架及安全培训，他们在短短 8 天内完成九成入库工作，并执行分拣包装等工序。2020 年三八妇女节，利丰物流为 S 企业处理的货量有增无减，客户非常满意。

总的来说，多年来，利丰物流与政府及客户都建立了深厚的信任关系，加上敏捷的行动力及快速回应市场的能力，即使面对危机，利丰物流与客户也可以安然应对。

（二）亚洲市场

由于中国市场的物流业务发展顺利，当 S 企业开发亚洲其他市场时，亦希望继续与这支卓越的物流团队并肩作战。

2014 年及 2015 年，S 企业分别在韩国及日本设立线上销售渠道，但是利丰物流当时还未在这两个市场提供境内物流业务。基于客户的信任及热烈邀请，利丰物流派出精英团队前往当地，把管理昆山仓的经验成功复制到韩国及日本，提供标准化专业服务，包括网络设计、操作培训、项目管理和客户管理等。

2017 年，S 企业再次邀请利丰物流共同开发新市场，这次是印度。虽然利丰已为 S 企业在印度市场提供采购服务，但是利丰物流从未在印度运营境内物流业务。因此，利丰物流派出中国及韩国的团队前往印度，在当地兴建仓库，培训本地物流团队。自收到 S 企业的邀请到项目上线，利丰物流只用了两个月的时间便使印度物流中心成功运营。

S 企业的供应链以速度闻名，其新市场开拓计划往往要求 2～3 个月内完成，在一个全新市场，物流配套要在如此短的时间内预备到位谈何容易。而利丰物流团队能够与 S 企业的速度匹配，前述开拓韩国、日本及印度等市场的例子证明，利丰物流不仅能够设立新仓库及整套硬件，更重要的是精英团队能够把物流知识及经验无私传递给当地团队，把成功模式复制到 S 企业的其他市场。

在过去的 10 年间，S 企业全球销售收入累计增幅超过 180%，亚洲市场增幅更达到 660% 以上。不论在中国还是亚洲其他市场，S 企业都有利丰物流保驾护航。利丰物流在 2016 年获得 S 企业颁发的供应商卓越奖，其努力及成绩得到充分肯定，利丰物流的高度灵活性、标准化管理和专业精神深受 S 企业认可，因此能与 S 企业在亚洲共同取得辉煌的成果。

第四节　案例三：电子产品——第四方物流模式

罗技是一家注重创新和品质的公司，以设计及生产创新的电脑周边设备著称。罗技 1981 年在瑞士洛桑成立，迅速发展至硅谷。

设计是罗技的核心，它竭力为消费者提供真正独特且有意义的产品使用体验，带来生活的便利及舒适。一直以来，罗技不断提高产品设计的专业水平,大力拓展全球市场,让各款产品成为连接用户与数字世界的利器,增强用户与数字世界的联动。其出色的产品包括红外无线鼠标、拇指操作轨迹球以及激光鼠标等。

今天,罗技已发展成为一家多品牌公司,提供诸多品类的优秀产品,通过音乐、游戏、视频和电脑把全球不同用户连接起来。罗技旗下品牌包括 Logitech、Ultimate Ears、Jaybird、Blue Microphones、ASTRO Gaming 和 Logitech G。

2016 年,罗技开始企业升级的旅程,定下双倍增长的战略目标,努力实现"建立可扩展的供应链基础,改善服务,降低公司成本"的愿景,其中,重组全球供应链是一个重要方向。

当时,罗技向多家物流企业发出投标邀请书。在同年的 12 月,利丰物流中标,不仅为罗技提供专业第三方物流服务,更成为罗技的第四方物流服务商,提供全方位服务(见图 14-6)。

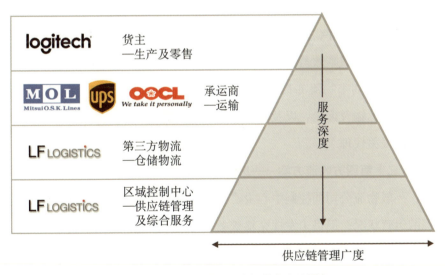

图 14-6 利丰物流为罗技提供全方位服务

利丰物流一贯擅长处理服装物流,而非电子产品物流,这次能够获得罗技的认同,主要有以下因素:

（1）利丰物流拥有保税物流的丰富经验。投标期间，罗技曾考察利丰物流位于上海外高桥的保税仓库，在工作坊中，利丰物流向罗技的物流、采购、税务和供应链考察团队完美解答有关保税物流的操作细节并分享了具体案例经验。

（2）利丰物流不仅仅掌握第三方物流的操作及全面市场信息，在提出第四方物流的理念时，既达到战略层面的高度，亦能全面覆盖罗技在全球供应链各方面需求的广度与深度。在投标过程中，利丰物流充分展现出应对客户需求的能力。

（一）第三方物流方案——保税及非保税物流服务

利丰物流主要为罗技提供亚太区市场的物流服务，具体的仓储和运输业务由利丰物流的中国和新加坡团队共同执行。

利丰物流为罗技管理亚洲物流枢纽中心，有效提升服务水平，优化成本、库存及回应市场的能力。罗技除了享有自由贸易协议带来的零关税优惠外，货品预先集中存放在枢纽中心亦可带来规模效应，减少重复的物流及清关工序，缩短本地及东南亚的交付时间。利丰物流的方案明显带来时间及成本效益。

此外，利丰物流亦提供多种运输服务，例如原产地入库及出库运输、本地运输及配送，以及其他增值服务，例如退货、清关（通过罗技指定的报关代理）等。

（二）第四方物流方案——区域协调中心

一般物流公司的控制中心主要提供订单管理服务，监测订单在全流程的运营状况，但仍未发挥完整意义上的监控功能，而利丰物流为罗技设立的区域协调中心展示了完整的第四方物流模式。

利丰物流管理的区域协调中心（见图14-7）发挥中央协调及计划功能，一方面为所有利益相关者提供标准化管理流程，另一方面亦尊重各市场的需求差异灵活管理。此外，区域协调中心最大的一个功能是提升供应链的可视化程度,让罗技可以轻松掌握货物由原产地入库至目的地出库的全过程,以及利丰物流监督和协调该端到端的供应链(见图14-8)。

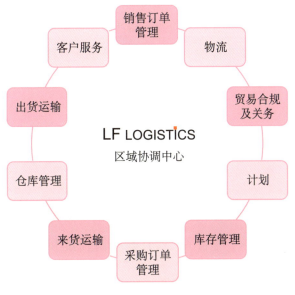

图 14-7　区域协调中心

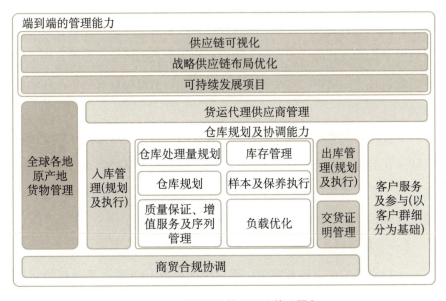

图 14-8　利丰物流的端到端管理服务

虽然利丰物流是罗技的第三方及第四方物流服务商，但是负责区域协调中心的团队保持中立，它们代表罗技面向各利益相关者，以俯瞰的目光监控全供应链各流程，评价各利益相关者的表现，并与罗技建立应急通报机制，主动提供完备的应急及持续改进的解决方案。同时，由于区域协调中心掌握全供应链上各种数据，能够向罗技提供具有前瞻性的策略及开发新项目，让罗技能够专注发展核心业务，朝着长远战略目标前进，没有后顾之忧。

第五节　案例四：著名婴童品牌——产销直送策略

卡特（Carter's）是一个深受家长认可的美国婴幼童大型服装品牌商。成立 150 多年来，卡特一直致力于为儿童创造以质量、创意、艺术和色彩著称的产品。

在美国出生的每一个孩子，都拥有 10 件以上卡特的产品。卡特产品种类多样，包括：新生儿和婴儿服装、睡衣、鞋、外套（包括雨衣）、帽衫和慢跑裤、泳装和短裤。服装设计方便家长为婴幼儿穿着，同时考虑到婴幼儿活动的幅度和安全，为他们提供舒适的体验。另外，为了迎合消费者对产品用料的高要求，卡特还售卖以有机棉制成的婴儿和幼童服装。

卡特为扩大全球业务，通过利丰在香港开设了全球采购办事处，随后陆续在上海、柬埔寨和孟加拉国等地开设地区办事处。卡特的产品在全美近千家零售店出售，此外在 50 多个国家销售，其中在加拿大有超过 150 家零售店，在中国与批发商合作进行销售。

（一）集运模式的痛点

卡特原来的供应链方案是：把货物从亚洲 14 个生产基地以集运模式运送到位于美国东岸亚特兰大的配送中心，分拣包装后，再以越库作业形式交由联邦快递运输中心配送到全美国的门店，而这些门店主要位于密西西比河东岸。不过，对于西岸的门店而言，配送路线相当迂回，此外，美国的配送中心运营成本亦很高，使卡特的总体物流成本高昂（见图14-9）。在与卡特的合作过程当中，利丰的采购团队了解到此集运模式的痛点，于是向卡特介绍利丰物流。

图 14-9　卡特原来的跨太平洋物流布局

（二）解决方案——产销直送模式

利丰物流为卡特权衡成本与利益，深入研究不同物流路线及方式，提出了"产销直送模式"的物流方案，在上海外高桥保税物流园、江苏昆山及深圳前海湾保税物流园设立3个亚洲物流枢纽中心。

在中国销售的货物的航运路线分两种：源自东南亚厂商的货物，会先送到上海外高桥保税仓进行入境清关，再送到昆山仓进行包装分拣；国内厂商生产的货物，则会直接送到昆山仓处理，之后配送到国内各销售点。

至于跨太平洋的物流布局，主要由利丰物流在深圳前海枢纽中心的团队负责，服务流程设计更多元化。以路线来说，各地厂商把货物运到深圳蛇口港/赤湾港，由港口转到利丰物流的深圳前海枢纽中心，再由枢纽中心送到海外市场。首先，枢纽中心落户前海是因为深圳邻近香港，地理位置优越，可以利用绿色通道，货物在1.5小时内即可到达香

港国际机场，方便空运转口；加上香港和深圳各自的全球海运吞吐量排
名靠前，两地的总吞吐量更超越上海和新加坡。无论海运还是空运都航
线频密，能连接全球多个主要市场（见图14-10）。

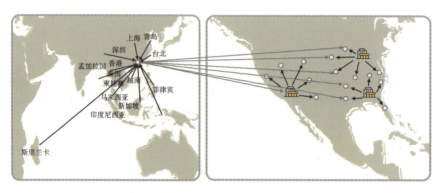

图 14-10   利丰物流为卡特重新进行跨太平洋物流布局——以深圳前海为枢纽

　　新方案改善由港口至门店的航运路线，端到端跨国运输，减少对原
来的美国东岸配送中心的依赖，节省在美国高昂的分拣包装成本。航运
路线的重新规划，旨在选取最优化成本的航运方式，最大限度地利用集
装箱的容量，产生规模效应，力求更有效地根据每家门店的货量需求运
送，降低总物流成本。同时，货物由前海送到美国西岸再转发全美，比
送货物到美国东岸亚特兰大更划算，由于到美国西岸的船期比到美国东
岸的船期约少一个星期，卡特可以延迟一个星期再向厂商下订单及付订
金，卡特的现金流因而更具弹性。

　　就订单管理而言，前海枢纽中心按照多个渠道的不同需求处理货物，
提供量身定制的物流服务，包括分拣、包装、贴标签等。卡特的主要渠道
分以下几种。（1）卡特的零售店：货物会在前海枢纽中心分拣、包装、
贴上标签及快递专用提单后，送到联邦快递位于美国的仓库，之后再经
由联邦快递直接送到卡特在北美及墨西哥各地约 1 000 家零售店，不用
再通过区域仓库，节省时间、成本及人力；（2）北美的大型零售连锁企
业或大型批发商：货物会由前海枢纽中心直接送到美国大型零售连锁企

业的门店或大型批发商的全球网点；（3）中小型批发商：货物会由前海枢纽中心直接送到卡特全球中小型批发商的网点；（4）电商平台：货物会由前海枢纽中心直接送到电商平台指定的补货中心。

由于门店、仓库及补货中心等不同渠道对货物的包装及时效需求有明显区别，利丰物流必须要有高度灵活性以及熟练的理货能力才能应对。同时，利丰物流采用全程可视化管理模式，提升物流操作的透明度与可追踪性，让远在美国的卡特可以具体地了解前海枢纽中心内每一箱货物的状况。此外，当门店或电商平台需要临时改变订单或调货时，由于卡特的货物都存放在前海枢纽中心，利丰物流能够快速调整货量及包装方法，例如原本送门店的多件挂衣包装可以立即改为送给不同网购者的平放式小邮包。

卡特的亚洲物流枢纽中心落户前海还有下列因素：前海湾是免税港区，中国厂商可获增值税退税，海外厂商的货品在园区内进行分拣及拼箱亦不会被视为进口货品，此枢纽选址能帮助卡特降低税务成本。加上利丰物流非常熟悉清关手续，与中国出入境检验检疫局有良好的工作关系，深得政府信任，已成为其中一家享有先卸货后报关的弹性清关流程的企业。利丰物流的前海枢纽中心团队更获得中央电视台采访，起到行业标杆的示范作用，这也令卡特放心把全球物流枢纽业务交给利丰物流。

（三）物流服务以外的增值方案——全渠道零售管理服务

卡特旗下有 8 个品牌，其中最为消费者熟悉的两大品牌是 Carter's 和 OshKosh B'gosh。在美国，这两大品牌开设了 600 多家零售店。品牌商亦同时和全国百货店以及大型零售商合作售卖产品。

早年，卡特甚少踏足亚洲市场。不过，卡特分析美国官网数据时发现，中国消费者对卡特产品有着强烈需求，于是在 2015 年经冯氏全渠道团队协助（此团队的详细介绍见第十一章），在天猫平台开设了中国旗舰店。卡特的天猫旗舰店第一年的访客人数达到 1 200 万。卡特在天猫的婴儿服装类排行榜中名列第五。

随着更深入的市场调研，卡特发现中国消费者虽然喜欢在网上购物，但是仍希望到实体店体验。加上中国的童装市场高度碎片化，领先品牌只占中国童装市场份额的 3%，令卡特坚定了全面打入中国市场的信心。2017 年 3 月，卡特宣布正式进入中国实体市场，取名为"孩特"。如今，它在中国的不同地区设有 40 家实体门店，覆盖北京、上海、重庆和呼和浩特等城市。

第六节　案例五：全球酒精饮料生产商——延后策略及增值服务

帝亚吉欧（Diageo）是全球最大的蒸馏酒生产商，亦是知名葡萄酒及啤酒生产商，总部位于英国，旗下品牌包括尊尼获加（Johnnie Walker）、健力士（Guinness）、添加利（Tanqueray）、斯米诺（Smirnoff）和百利（Baileys）。帝亚吉欧的饮料在 180 个国家和地区销售，公司在伦敦和纽约证券交易所上市。

亚洲是帝亚吉欧最大的一个市场。2006 年以前，供应亚洲的酒当中，92% 都是在苏格兰生产，储存在欧洲仓库，当收到个别亚洲国家和地区的订单时，帝亚吉欧便会从欧洲把产品运送到当地市场（见图 14-11）。由于各地市场在质量标准、消费场合、法规和税务上的要求不同，货物在运抵市场出售前，都需要重新调整包装及标签。

不过，这种运作模式存在不少问题。首先，前置时间太长，加上由欧洲到亚洲各城市的路程远，导致安全库存过多，欧洲仓库积压严重；同样，因为产地与销地距离远，厂商对市场需求的变化反应缓慢，有时一些货物已按需求预测提前包装，但由于某些不确定因素需要重新包

图 14-11 帝亚吉欧原来的物流布局

装，废时失事；另外，亚洲消费市场崛起，时尚食府越来越多，对洋酒的需求亦越来越大，不过亚洲各市场的需求不均，可能出现因应对大订单而牺牲了准时配送给小市场的情况。

因此，帝亚吉欧希望利丰物流能帮助找寻一种新物流方案，解决亚洲繁复的供应链问题，提高亚洲市场的销售量。

分析了帝亚吉欧的亚洲供应链问题后，利丰物流提出一个延后策略，具体内容分为以下两个部分：

（1）选择最佳的亚洲物流枢纽中心位置，可供应给 11 个周边市场，包括：新加坡、印度、印度尼西亚、澳大利亚、泰国、中国内地、中国香港、中国台湾、日本、菲律宾及韩国。

（2）设计一套包装方案，包括产品在最终市场出售时的特别标签及包装。

（一）亚洲物流枢纽中心选址

在众多潜在物流选址当中，利丰物流认为新加坡位处东南亚的中心，地理位置一流，而且新加坡对进出口的酒类物品实施特别关税率，比不少周边城市的关税率更低。同时，新加坡口岸也是亚洲最有效率的口岸之一，它能有效处理大量的进出口集装箱，并且能在一天之内完成清关手续。因此，在 2006 年，利丰物流为帝亚吉欧在新加坡开设物流中心（见图 14-12）。

由苏格兰出厂，先送到新加坡，收到订单后再送到亚洲及其周边市场：新加坡本土、印度、印度尼西亚、澳大利亚、泰国、中国内地、中国香港、中国台湾、日本、菲律宾及韩国

图 14-12　利丰物流为帝亚吉欧重新布局亚洲网络

　　新加坡物流中心的启用大大提升了帝亚吉欧的亚洲订单管理及物流操作水平，降低了整个地区的总库存量，缩短了亚洲每一个市场的存货周期，帮助减小了需求波动。这亦意味着每个市场的订货频率会增加，但每次只会订购适度的货量，从单个市场的层面看，各地都可节省仓储成本。

　　另一个更显著的成效是亚洲订单的履约时间从以往的 8 个星期降至约 2 个星期。若有任一市场缺货，紧急补货亦由欧洲出货改为新加坡物流中心出货，所需时间由一个月缩短到几天，大大减少了因缺货而导致的销售损失。此外，新加坡物流中心可以将亚洲市场的订单整合，通过拼柜减少航运成本及时间，总运输成本可省 20%。

（二）建设自动化系统

　　利丰物流在新加坡的物流中心拥有一个全自动仓储存取系统。使用这套系统能够实现无人操作，从货品到达仓库开始，至储存于预先安排的货架，到收到订单后自动提取指定货物，整个流程由自动化的机械及计算机操作。在库存层面，这个高度自动化系统消除了人为的错误；在信息化层面，容许100%的可视化操作，能在任何时候显示产品储存的确切地点；在管理层面，帝亚吉欧的后台系统直接连接了利丰物流的仓储系统，实时掌握亚太地区各市场的供应链状况。此外，这套系统还具有温度控制功能，严格管理及控制仓库的温度，令帝亚吉欧的酒类产品品质更有保障。

（三）增值服务——延后策略的实施

除此以外，利丰物流亦为帝亚吉欧提供一项增值服务，就是针对各销售市场以半自动化生产线进行高速包装服务，配合熟练的人手来处理复杂的包装操作，包装速度达到每分钟120瓶酒类产品。例如，当一个集装箱的威士忌从苏格兰运抵新加坡物流中心时，酒瓶瓶身是半空白，并未贴上文字标签。在物流中心收到来自中国市场的订单后，包装团队便会根据订单要求贴上符合中国政府规定的专用标签。这种延后包装策略，可弹性处理不同市场的需求及灵活调货，按需生产，有效解决帝亚吉欧一直以来的高库存问题。此外，该物流中心还提供以下服务：

（1）为个别品牌进行具有节日特色的包装，如圣诞节和情人节的礼品包装；

（2）进行货品检测，确保产品的质量、包装、标签均符合要求。

（四）帝亚吉欧与利丰物流共同成长

早在1999年，利丰物流开始负责帝亚吉欧在中国台湾的第三方物流工作。之后，利丰物流知悉帝亚吉欧在东南亚遭遇困境，便帮助帝亚吉欧设计延后策略，2006年设立了新加坡物流枢纽中心，彼此的合作关系更加巩固，新物流方案的成功亦令双方的业务更上一层楼。之后，帝亚吉欧的业务扩展到泰国及菲律宾，利丰物流自然也成为帝亚吉欧在新市场的合作伙伴。

由于市场需求日益增大，新加坡物流中心的运力已接近饱和。2016年，利丰物流设立了新加坡全境最大且有温控设备的保税物流中心World Gateway，为帝亚吉欧及其他客户提供更全面的物流服务，提升在亚洲市场的竞争力。

延伸阅读

新加坡的 World Gateway

2016年，利丰物流在新加坡建立了当地最大且有温控设备的保税物流中心，名为 World Gateway。

新加坡拥有优越的地理位置，地处亚洲主要贸易路线的中心，是亚洲领先的物流枢纽之一。

World Gateway 是利丰物流在东南亚和南亚实现扩张计划的关键，能够满足利丰物流不断增长的区域枢纽服务需求，帮助客户提高电子商务和全渠道物流的竞争力。

利丰物流得到新加坡经济发展局的支持，获得30年的土地租赁权兴建物流中心。仓库楼高9层，面积近10万平方米，能够储存13万个托盘，处理运力达每小时550个托盘，可全面应对蓬勃发展中的亚洲电子商贸。

World Gateway 设有全自动仓储存取系统、半自动化托盘穿梭系统、仓储机器人、电子标签分货系统，拥有顶尖的电商物流解决方案。此外，World Gateway 还附有温度调节功能，一半为空调仓库，以存放食物及酒类货物，而非空调的部分则存放服装鞋履等产品。运营仅仅一年的时间，已有超过60家跨国快消、电商品牌入驻 World Gateway。

除了拥有先进的智能系统方便操作，World Gateway 的构建还考虑到物流对环境的影响，采用可持续发展和节能设计，包括外墙采用复合

板和玻璃屏幕来隔热及保持室内清凉，并采用装有动作传感器和LED
灯的智慧照明系统，使用太阳能发电，在办公室内使用挥发性有机化合
物超低的地毯。仓库内的操作完全电动化，选用获得绿色认证的处理设
备，运营成本比用柴油低约30%，而运用全自动仓储存取系统也比传统
解决方案节省70%的能源和资源。另外，World Gateway 还设有雨水收
集系统及废物回收设备。

World Gateway 所获奖项包括：

● 《新加坡商业评论》（*Singapore Business Review*）颁发的国际企
业奖。

● 领先能源与环境设计（Leadership in Energy and Environmental
Design，LEED）金级认证。

● 新加坡政府房屋及建筑管理局的绿色建筑标志（Green Mark）白
金奖。

第七节 案例六：运营及优化设计方案 ——科技及仪器应用

近年，消费市场变化，企业对物流服务的要求亦有所不同。不论面对 B2B 还是 B2C 企业客户，利丰物流都能够灵活变通，既拥有优秀的客户管理及专业物流经验，又有足够运力及快速补货的产能。除此以外，利丰物流亦投入资源引入适合的物流科技及仪器，旨在为全球 400 多家企业客户提升物流效率，节省总体物流成本。利丰物流会根据不同客户的订单量、定制化需求、货物性质等要素来决定投入最适用的科技仪器。

（一）数字化管理

利丰物流开发的一套仓库管理系统对全球所有客户开放，这意味着无论客户身在何处，都能与利丰物流的仓库管理系统连接。这套系统还具备全功能、实时性的管理能力，客户可通过利丰物流的线上门户网站或手机应用程序，监测货品的库存及流通情况，亦可读取相关货品的各项数据及报告。

（二）托盘穿梭系统

托盘穿梭系统的优点是能够在深巷中存放许多托盘。每个货架可以容纳不同的货物组合，大大增加了储存空间的利用率。通过电脑系统设定，穿梭系统把托盘送到货架的可用位置，然后穿梭系统会返回货架信道最前方位置。此过程可以自动运转，直至收到电脑系统的进一步指令。使用托盘穿梭系统可以提高配送中心的储存密度，同时保持货架检索力、库存准确性以及运营灵活性。

（三）分拣设备

分拣通常是仓库操作中最耗费时间的活动之一，而超长往返重复的拣货路径更是耗费拣货员的体力。利丰物流引入不同的分拣设备，灵活匹配不同客户的需求及优化资源。

（1）Goods-to-Man 机器人及智能手推车有助于处理分拣流程。通过 Goods-to-Man 机器人，系统预先录入分拣资料，机器人会自动移动到货架前，由货架旁的员工把货物放在机器人上，机器人收集了订单上所列明的各种货物，再移动到收集台，此过程取代人力，员工可以从事更增值的工作。

（2）利用无线电数据终端获取拣货信息，操作员推着智能手推车巡回货仓的拣货路径，收集不同订单的货品，减少了走动步数，显著提高了分拣效率。

（3）利用无线电数据终端获取拣货信息，电子标签分货系统会显示所需的货物数量。操作员按显示的资料把货物如数放入纸箱，完成分拣流程后，操作员在纸箱上扫描条形码，贴上运输标签，然后将纸箱推入流动架准备下一步出库程序。通过使用这套系统，操作员省却了大部分步行过程。这套系统每工时可处理货物 250～450 件，比用传统纸质分拣方法快 150%，准确度超过 99%。

（四）其他在仓库中应用的科技

布局及动线设计、扩增实境智能眼镜、智能手表、自动化叉车、仓库盘点无人机、虚拟现实体验仓等技术也应用到仓库中。

第八节　全球货运代理

利丰物流的全球货运代理服务，不仅仅是把货物由一个地方运送到另一个地方，而是以灵活、快速的行动连接供应链的原产地和目的地，为品牌商提供综合、可扩展和经济高效的海运、空运、地面多式联运和海关代理服务，以满足世界级的货运要求。利丰物流会根据严格的分析应用程序检查和验证运输模型，为客户制定最佳的运输方案。利丰物流的智能运输计划、决策及执行能力是关键的竞争力。

利丰物流的货运代理业务覆盖亚洲、美洲、欧洲等地（见图 14-13）。为进一步发展中美航线市场，2014 年利丰收购了中国海运巨头新华货柜有限公司（China Container Line，CCL），新华货柜拥有完整的华东和华北航线网络，有助于利丰物流拓展泛太平洋货运业务，提升企业经营业绩。

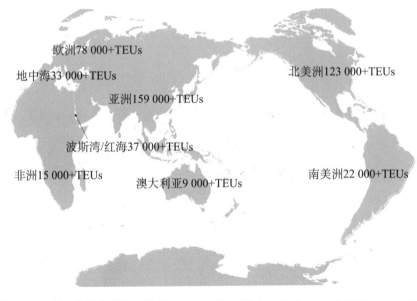

图 14-13　利丰物流全球货运管理：2018 年处理超过 47 万个 20 尺集装箱（TEUs）

一、业务内容

（一）货运网络设计与优化

利丰物流根据客户的各种供应链目标，优化从工厂到最终目的地的货运模型。随着原产地市场和产品数量按季变化，货运网络及成本不可能一成不变。基于方案规定的运输时间表和设备，利丰物流与客户在付运之前对每批货物进行详细计划。付运期间，利丰物流亦会随着实际情况和出货计划的变化，调整及优化运输方案。

（二）货运合并

除了整箱货运输，利丰物流还统筹从亚洲到主要国际市场的拼箱货运输。由于利丰物流在亚洲拥有广泛的物流基础设施和专业第三方物流服务能力，因此可以在大部分亚洲城市提供各种复杂的拼箱增值服务，例如涉及多供应商、多航点或多国、盒装或件选的增值服务等。

（三）订单管理

利丰物流以端到端系统和可视化的智能模块为基础，通过现代化的科技系统跟踪客户需求和供应商交付信息，提前准备集装箱装载计划并为配送中心预备分拣票据。为了有效交换信息，利丰物流亦为供应商和客户设计了门户网站，客户、供应商或利丰物流都能够在线上管理订单流程。

（四）运输服务

1. 海运服务

利丰物流拥有无船承运人的牌照，亦是全球战略承运人联盟的一分子。2016 年，它是宁波港（全球第四大港口）第一大货运代理商。利丰物流本身优于第三方物流，能为客户提供从仓库到船舶的无缝过渡。

由于航运往往受到不可预期的因素影响，有时客户会因不同的商业考虑而改变行程，因此利丰物流预先与主要船舶运营商建立良好的合作关系，能弹性处理突发事件及定期检视最优解决方案。

2. 空运服务

利丰物流与全球 50 多家主要的航空公司合作，提供从亚洲到主要国际航空枢纽、覆盖地面运输的综合空运网络服务，包括：

（1）端到端无缝服务——从处理海关文件到提供出发地 / 目的地的

地面运输服务。

（2）量身定制的服务——不论是由机场到机场、机场到目的地还是端到端、海空／空海、空运合并等服务，都可以根据客户需要定制。

（3）空运专业知识和优质服务——经验丰富的专业团队熟知各国际航空承运人、时间表、机场以及当地规则和条例，信息高度透明，能及时向客户通报每批货物的状态。

3. 多式联运服务

利丰物流有全面的数据库，亦有经验丰富的专家时刻监控海空、空海、驳船、铁路和卡车等运输实况，及时更新和优化服务。在货物承运过程中若需要联运服务，利丰物流团队能快速制定及执行计划，为客户提供整体解决方案。

（五）清关服务

倘若产品被海关扣留，即使采用了智能的物流装备配置或具成本效益的物流解决方案也毫无用处。为减小清关手续成为瓶颈问题的可能性，利丰物流详细研究各国海关法规，谨慎遵守各国海关条例，确保客户所托付的货品及时通关。利丰物流与各地海关有良好业务关系且声誉好，是无缝跨境运输中不可或缺的成功因素。

二、案例

K 企业是一家德国百货公司，多年前因为业务重组而需要重新筹建采购和供应链管理团队。于是，利丰为 K 企业提供采购与物流综合解决方案，整合了 K 企业的采购和物流数据，又在香港为 K 企业成立客户管理团队，使用各种信息科技软件为 K 企业提供可视化及完整的控制塔式管理。整个方案从设计到推出筹备了 4 个月的时间，有效地控制了改变供应链策略对 K 企业的影响。

方案推出的首年，利丰物流为 K 企业处理超过 100 家供应商的

10 000 张采购订单，顺利处理 7 000 张货运订单、5 000 个集装箱的整箱货 / 买家拼箱货、600 个拼箱货及 150 吨空运货。随着 K 企业业务扩张，物流需求日增，利丰物流以专业服务深得 K 企业的信任，已成为 K 企业开展新业务的首选伙伴。

第九节　利丰物流的成功因素

一、先进的科技及网络基建

时至今日，物流公司已经不仅仅提供货品运送服务，它们实际上也是在传递信息。通过大量的数据采集以及完善的统计分析，这些公司能够协助客户作出快速明智的决策，规避重大危机爆发。

利丰物流不断投入资源提升各项信息科技系统及各地的物流网络基建，以支持业务的急剧增长。通过运用定制的技术程序，利丰物流可以在转眼间制作出一份年度全球报告，实现信息可视化；亦可以通过不断优化流程，在资源不变的情况下实现更大的产能输出。这绝对是一个竞争优势。

二、兼具物流规模、专业知识及经验

作为第三方物流服务商，利丰物流一直拥有丰富的 B2B 物流管理经验。随着网购市场兴起，利丰物流亦洞悉市场的变化，尽早引入 B2C 物流管理模式，可以同时处理 B2B 及 B2C 的货物，既节省成本，亦能灵活有效地调配场地、人力及设备等资源。

此外，利丰物流的全球客户超过 400 家，都是各行各业的知名品牌商，产品归属于几大类别，由于各品类有不同的物流属性，高峰及非高峰季节能互相匹配，利丰物流能善用运力达到规模效益。利丰物流长年

管理不同的产品，已积累丰富的物流知识与经验，能为各行业的品牌商提供精益求精的服务。

三、强大的市场开发能力及客户管理能力

利丰物流在中国和东盟主要经济体都设有物流中心，今天，利丰物流管理的仓库占地超过 2 900 万平方尺，全球员工超过 9 000 人。利丰物流团队来自世界各地，不同文化背景、具有不同地区服务经验的人才都具备国际视野，能够融合东西方文化，同时对当地市场和商务环境有深刻认识。

尽管利丰物流已实现网络全球化，但是其业务仍专注于辅助西方品牌进驻亚洲市场，尤其是中国市场。对很多跨国公司来说，中国的消费市场庞大，游戏规则繁多复杂，是兵家必争之地，利丰物流恰恰处于风口，已成功在中国市场扎根，能为现有跨国客户提供全面妥善的物流服务，甚至有效管理各种突发事件，为客户分忧解困。因此，许多跨国品牌商认定利丰物流是开拓中国以至亚洲市场不可或缺的合作伙伴。

四、新型人才与科技培训的结合

多元化的人才、技术及专长造就成功的企业。利丰物流完全能体会"以人才创造非凡成就"的重要性，因此长期致力于发挥内部员工的潜能。

近年，利丰物流的人力资源团队设定了三大目标：（从组织上）建立全新的数字工作文化、（从员工上）为未来培养一支数字人才团队及（从业务上）协助员工提升公司利润。人力资源团队制定了一系列策略，建立数字人才库，提升员工运用数字科技的能力，并为未来企业学习与发展开拓了新局面。为培养数字人才，利丰物流推行数字大使计划，从不同的部门招募数字达人分享数字知识。这些精通科技的员工成为同行的榜样，扮

演直接联系人的角色，提倡新的数字文化以迎合物流业务的需求。

 延伸阅读

利丰物流人力资源部

为了增强企业凝聚力，利丰物流人力资源部设计了一系列活动，包括线上游戏及测验，宣扬"INSPIRE Greatness"企业文化，增进员工对公司核心价值的理解，同时也提供了一个分享平台，让员工上传故事，分享工作心得。

利丰物流人力资源部亦设计了一款名为"Culture Journey"的棋盘游戏，员工在棋盘旅程中回答通行证上的问题，以加深对公司的了解。这个棋盘游戏相当受欢迎，寓学习于游戏，同时促进了团队成员之间的交流。一位中国员工还主动将游戏翻译成中文，可见这个游戏非常成功。

在数字化学习团队的支持下，利丰物流开发了公司首个数字化学习游戏的手机应用程序"The Lean Game"。该应用程序帮助运营团队迅速了解"八大浪费"概念，用轻松有趣的方式改善工作流程，达到精益目标。

此外，人力资源团队致力于通过游戏及活动接触潜在求职者，让他们了解公司的文化。利丰物流有一款自主研发的互动网络游戏，有助于申请人了解利丰物流服务的客户和品牌。社交媒体招聘策略的成果亦令人鼓舞，2017 年共吸引了 6 000 多名职位申请人。

利丰物流在人力资源策略上的创新得到行业的认同。连续两年，利丰物流人力资源团队获得由 *Human Resources* 杂志评选的人力资源大奖：

2017 年：

- 社交媒体卓越大奖：金奖

- 毕业生招聘／发展卓越大奖：铜奖

- 人力资源策略计划卓越大奖：铜奖

- 企业发展卓越大奖：铜奖

- 学习与发展卓越大奖：铜奖

2018 年：

- 年度人力资源团队大奖：金奖

- 年度人力资源创新团队大奖：铜奖

第十五章
新型零售方案

近十年，网络销售模式兴起，给传统销售模式带来冲击。为求生存，不少传统企业缩减实体店的数目，探索转型网购业务方向。不过，冯氏集团旗下的冯氏零售集团（下称冯氏零售）却认定，面对电商模式的挑战，更好的做法不是成为另一个电商平台，而是将实体和电商结合起来，融合线上线下零售，鼓励消费者、生产商、品牌商、零售商、应用程序开发商和内容创作者一起协作，共同创新，互惠共赢。

冯氏零售一直坚持以客为本的商业思维，通过线上渠道与消费者直接联系并建立客户关系，识别他们的喜好，引流到线下门店为他们提供贴心的消费体验（见图15-1）。同时，为了加速发展业务和提升业务表现，冯氏零售亦投资新科技，包括人工智能、虚拟现实、扩增实境、大数据分析、开源平台等智能科技。通过全渠道及各种创新营销模式提供合乎消费者喜好的产品和服务。下面介绍冯氏零售的几个业务模式。

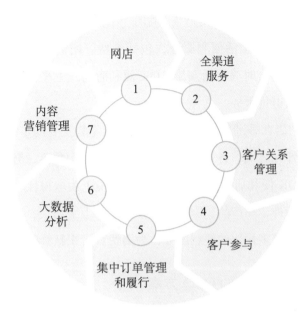

图 15-1 发展 O2O 业务的七大板块

第一节 案例一：OK 便利店全渠道零售模式

OK 便利店是北美第二大便利店集团 Couche-Tard 旗下的 24 小时营业的国际连锁便利店品牌，也是美国最大的便利店经营商。1985 年，冯氏零售取得 OK 便利店在香港的特许经营权，在香港开设第一家门店，由冯氏零售旗下利亚零售集团（下称利亚零售）全资拥有及直接管理。2001 年，冯氏零售取得了 OK 便利店在中国内地市场的专营权，以及在菲律宾、泰国、马来西亚和新加坡的特许经营优先权。截至2019 年 8 月，香港的 OK 便利店达到 340 家，澳门和珠海的 OK 便利店分别为 33 家和 17 家，共 390 家。

OK 便利店一向以"快捷、整洁、友善"为服务宗旨，提供各式包装饮品、糖果小食、报纸杂志等日常消费品。为提升零售竞争优势，OK 便利店以自有品牌"Hot & In"提供独家食品及饮品系列，店内即时焗制新鲜出炉面包、港式奶茶及咖啡、港式小点美食等。此外，OK便利店提供一系列生活便利服务，包括缴费、增值、提款、售票服务等。同时，为迎合时尚生活潮流，OK便利店与线上平台合作，提供网购到店取货及退货服务。

OK便利店在香港发展30多年，是冯氏零售主要的零售业务之一。在香港这个弹丸之地，各式连锁店都不放过每一个角落，努力建立起密集的网络。OK便利店在竞争激烈的市场环境下为取得佳绩，提倡"敢创敢试"的精神，在产品、服务以至推广活动上下功夫，不断引入有创意的新款产品及多元化的便利服务，为消费者带来新鲜感。

一、OK便利店的O2O方案

互联网的普及与智能手机的广泛使用除了影响人类的社交生活外，更改变了消费模式。不论是与朋友聊天、搜寻餐厅、移动定位、接收信息、观看视频还是消费购物等，现代人都利用手机进行。为配合新世代的消费及生活模式，OK便利店积极探索新的销售路径及方案（见图15-2）。

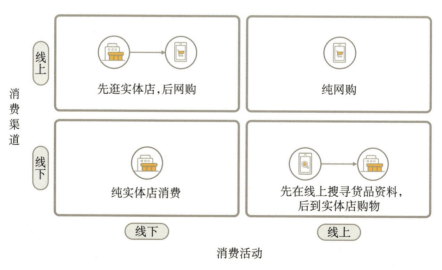

图 15-2　四种消费模式

首先，OK 便利店对消费者的购物行为作了深入的探讨，有以下发现：

（1）消费者作出消费决定时会参考网上评论，如找餐厅看食评、出游订旅馆看差评。

（2）消费者对品牌的忠诚度低。由于信息发达，选择众多，只要知道哪个品牌打折、哪家商店的新品有特色、哪里的服务获奖，消费者都会跃跃欲试。

（3）消费者的要求越来越多，他们希望购物过程能带来乐趣、能即时满足需求、有新鲜感、有新发现、支付方法简单方便、商品性价比高等。

因此，作为一家成功的实体连锁便利店，OK 便利店认定未来的零售发展方向为："结合线上、体验、性价比、简易快"，并决定重新塑造一个迎合新型消费群需求的形象，务求做到与时俱进。

OK 便利店以"令消费者生活更简易"为目标，采取了一个"3+"策略。

策略 1：放眼"线上 +"消费者市场。让消费者通过线上渠道及手机应用程序，更容易、更方便地搜寻 OK 便利店的产品、服务及促销信息。

策略 2：消费者体验"4P+"。OK 便利店一贯采用的营销组合（marketing mix，又称为 4P）是：产品质量（Product）、促销方案（Promotion）、选址便利（Place）、合理价格（Price），如今，在这 4P 上添加一些新元素，成为"4P+"体验。这些元素包括：（1）经常推出新货品；（2）在店内交易更容易、快捷、简单；（3）货品物有所值；（4）消费者在购物时得到新奇有趣的体验。

策略 3：线上到线下"实体 +"零售模式。以往实体店与网店是两个互不相连的销售渠道，OK 便利店的策略是打破购物渠道之间的藩篱，会员或消费者于门店购物后，再到线上浏览推广信息，作出决定后再回到门店交易，使线上线下的人流可以周而复始、生生不息。图 15-3 及图 15-4 比较了传统的"线上线下"零售模式与 OK 便利店的线上到线下"实体 +"零售模式。

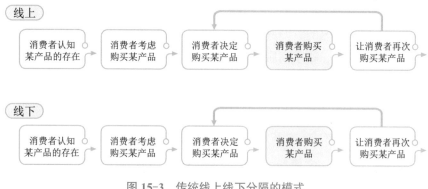

图 15-3　传统线上线下分隔的模式

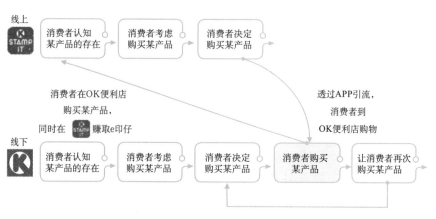

图 15-4　OK 便利店的 O2O 模式

"OK 齐齐印"（OK STAMP IT）是 OK 便利店开发的手机应用程序，是一项电子会员计划，是实践"实体 +"零售模式的主要工具，更是一个发展全面的"线上到线下"营销策略。在零售模式急剧转变的时代，"OK 齐齐印"有效提升店铺流量及销售额。会员在 OK 便利店消费后，便可在手机程序中获得电子印花（e 印仔）一个，集齐活动规定的电子印花数量，便可到店内换取精美礼品或享受其他优惠。

　　"OK 齐齐印"的设计遵从五个容易（见图 15-5），此应用程序除了提供有关 OK 便利店促销活动的信息外，还有 OK 便利店的产品信息及推广活动奖赏介绍，会员亦可通过应用程序参与游戏及抽奖活动、换领礼品券以及参与奖赏兑换计划等。此外，"OK 齐齐印"还有社交分享功能，会员可以在应用程序上把 e 印仔转赠亲友。

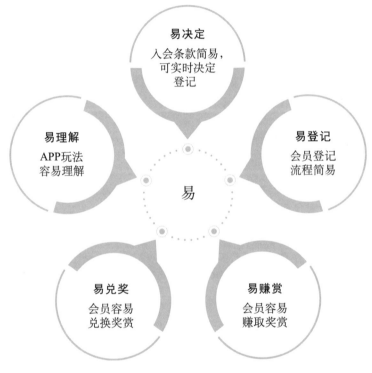

图 15-5　OK 便利店的五个容易

　　自 2016 年第三季度推出 "OK 齐齐印" 至今，OK 便利店的会员数不断增加，截至 2019 年年底，"OK 齐齐印" 已吸纳逾 150 万名会员，超过香港人口的 1/5，为利亚零售 O2O 业务发展奠定了稳固基石。"OK 齐齐印" 屡获行业殊荣，比如在 2017 年 *Marketing* 杂志首次举办的 eCommAs Awards 中获得五个奖项，其中包括品牌类别之奖项（Best of Show）。2018 年再次获得 *Marketing* 杂志 MARKies 大奖的 "最佳意念——流动电话"（Best Idea-Mobile）类别银奖，该奖项嘉奖的是最具创意及成效突出的香港市场推广活动。此外，OK 便利店荣获全球最大的便利店运营商协会（National Association of Convenience Stores）颁发的"2018 年亚洲便利店行业领袖"（Asian Convenience Industry Leader of the Year 2018）奖项。

二、OK 便利店的成功因素

（一）建立 O2O 模式

OK 便利店成功将传统实体业务转型为线上到线下"实体 +"模式，利用互联网及智能手机即时向会员提供信息及优惠，使之成为联系消费者的重要渠道，从而提高了消费者对 OK 便利店的忠诚度。

图 15-6 说明了多种零售企业的市场定位。很多传统零售商的科技应用水平仍较低且不实行以客为本的运作模式，难以在市场上竞争（图 15-6 左下角）。若企业只专注于科技投资却忽略满足消费者需求，就只会单方面增加运营成本而得不到应有的利润回报（图 15-6 右下角）。反过来说，若企业只专注于满足消费者需求却忽略科技应用，企业会因未能提高运营效率而浪费增长的潜在机会（图 15-6 左上角）。OK 便利店除了运用 O2O 技术，亦不断推出创新的客户服务。这种重视科技开发及消费者需求的业务模式令 OK 便利店有效地控制成本，同时达到增加盈利的效果（图 15-6 右上角）。

为进一步提升 OK 便利店的 O2O 策略，2019 年 3 月，利亚零售与电视广播有限公司（Television Broadcasts Limited，TVB）的线上购物平台"Big Big Shop"建立合作伙伴关系（见图 15-7）。通过这项合作，Big Big Shop 的客户可以在香港所有 OK 便利店的分店提取订购的产品。该服务一方面会为 OK 便利店增加客源，带来新的销售机遇，另一方面强化了利亚零售在提供便捷、高效和优质服务方面的承诺，让消费者享受更好、更轻松的生活。

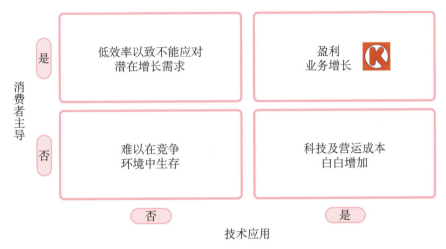

图 15-6　OK 便利店的市场定位

图 15-7　OK 便利店与 Big Big Shop 合作

（二）了解客户需求

OK 便利店明白供应链上的所有经济活动自始至终都是由消费者

推动产生的，消费者的需求决定一切。为此，OK 便利店经常对各项产品的销售情况、新产品受欢迎的程度、消费者对品牌的选择和单次消费等资料深入研究，通过手机应用程序得到大量消费数据，更好地掌握消费心态，推出有针对性的推广活动。譬如，为塑造年轻活力的品牌形象，2017 年开展以 e 印仔换购日本卡通人物——精灵宝可梦（Pokemon）的促销活动；2018 年顺应韩流推出一系列人气韩国饮品，广受年轻消费者欢迎；在 2018 年 7 月世界杯足球赛期间，消费者在门店完成交易后，可以在"OK 齐齐印"以射门游戏方式参加抽奖。这些宣传活动不仅令销售额上升，也带给消费者意想不到的新鲜感。

（三）门店密集且均为直营店

有别于一般特许经营模式的便利店，OK 便利店在香港的 300 多家门店均由利亚零售全资拥有及管理。这种统一经营方式可以迅速有效地推行企业策略，统一各门店的服务水平。

此外，直营店有员工标准化培训的优势，尤其在推行线上到线下"实体 +"模式时，员工要理解公司的数字化策略理念，对操作十分熟悉，方可有效地把信息传递给消费者。培训期间，利亚零售推出了一项"心连心"计划（即工作愉快、干劲十足、成就理想、彼此尊重、终身学习及事业有成），以提升员工归属感，确保在现今求才若渴的大城市中，OK 便利店的团队持续精明能干。连续 10 年，OK 便利店荣获香港零售管理协会颁发的"杰出服务奖"，这肯定了 OK 便利店团队为提供优质客户服务及发挥一线员工的才能所付出的努力。

（四）积极探索及应用零售科技

2019 年 3 月，OK 便利店在香港长沙湾和铜锣湾旗舰店中开设人工智能零售区 A.I.Retailing. Zone（A.I.R. Zone）（见图 15-8），这是香港首个应用在零售场景中的人工智能结算系统项目。该项目是冯氏零售与京东集团共同研发的（合作详情见第十八章），冯氏零售在京东人工智能平台的支持下，打造更高效的零售方案，旨在为消费者提供更好的消费体验，兑现 OK 便利店"令消费者生活更简易"的承诺。

图 15-8　A.I.Retailing Zone

以前 OK 便利店平均的结算时间为 6 秒，采用这套人工智能结算系统后，消费者可以在 4 秒内完成结账程序。虽然结算时间的差别好像不大，不过在分秒必争的香港，特别是对于赶在上班前买早餐的市民来说，若排队人龙有 10 人，使用人工智能结算系统后就可以不用再等 1 分钟，而是几十秒，有助舒缓赶时间的紧张心情。

人工智能结算系统背后，由 OK 便利店向京东提供超千款产品照片，进行机器学习。如今智能结算柜面通过图像识别，能够在 1 秒内识别 5 种产品，具有多商品、任意角度、一次性识别等特点，处于业界领先水平，准确度超过 97%，有效缩短结算时间 30%。

第二节　案例二：玩具反斗城的社交营销

玩具反斗城亚洲是亚洲领先的玩具、教育和婴幼儿产品零售商，在日本、中国、新加坡、马来西亚、泰国、文莱、菲律宾经营逾 500 家店铺和网店。

由于消费市场变化及其他市场因素影响，成立近70年的美国玩具零售商玩具反斗城（Toys "R" Us Inc.）2017年在美国申请破产保护，所有美国分店宣告停业。不过，在亚洲市场，玩具反斗城亚洲的业务发展稳健，成为亚洲领先的玩具零售商，冯氏零售甚至增持玩具反斗城亚洲的股权，在新的股权架构下，玩具反斗城亚洲正式与美国玩具反斗城"分家"。玩具反斗城亚洲是一个在法律及财务上独立的全球公司。业务中约79%的权益由具有丰富投资及经营经验的国际企业和金融机构所持有，而冯氏零售的权益约占21%，成为玩具反斗城亚洲的单一最大股东。

玩具反斗城亚洲（下称玩具反斗城）专注提供富有娱乐性、教育性的STEAM（即科学（Science）、科技（Technology）、工程（Engineering）、艺术（Art）及数学（Mathematics））玩具、婴幼儿产品及户外产品，竭力确保产品的创意、质量及安全水平，给孩子及家长愉快又难忘的购物体验。玩具反斗城在2006年进入中国市场，截至2019年12月，玩具反斗城在中国内地62个城市开设210多家店铺，独特的店面设计、氛围、商品示范、试玩园区、娱乐活动等吸引着家长和孩子前往。

一、玩具反斗城的运营策略

玩具反斗城能在玩具行业中独占鳌头，推动产品差异化及建立客户的忠诚度是成功要素。以下是玩具反斗城的运营策略。

（一）正品优品策略

玩具反斗城在官网及天猫旗舰店设立知名品牌馆，包括孩之宝（Hasbro）、美泰（Mattel）、乐高（Lego）、万代（Bandai）及玩具反斗城的自有品牌等，以安全合规的正品优品实现差异化，玩具符合国家安全标准，家长可以放心购买。

（二）IP 营销策略

杰菲（Geoffrey）是玩具反斗城大使，孩子们无论在媒体、网店或门店都会经常见到杰菲的身影（见图 15-9），该 IP 会促使他们邀请家长同游玩具反斗城。

图 15-9　玩具反斗城 IP——杰菲

（三）零售科技策略

玩具反斗城门店利用 iBeacon 技术发送定点交互消息至店内智能手机，与消费者同场互动，近距离营销增加亲和力与销售量。此外，玩具反斗城亦引入其他零售科技提升消费体验，例如人工智能、扩增实境、社交平台数据分析等。

（四）注重消费者体验的客户关系管理策略

玩具反斗城设立会员制度，成为"星卡会员"（见图 15-10）的消费者可享有购物积分及特别福利，而玩具反斗城通过举办会员活动提升销售额。例如某次乐高玩具专题活动中，数百位乐高粉丝从清晨开始排队等候进入门店，参与十分踊跃。活动当天，单日门店销售额超过百万元人民币，超过 65% 的销售额来自玩具反斗城的会员。他们还积极参与社交媒体上的游戏并制作用户原创内容。

玩具反斗城善用社交媒体提高用户黏性，成功地把社交媒体上的关注度转化为销售额。

图 15-10　星卡会员专区

二、玩具反斗城的社交营销方案

在玩具反斗城的客户关系管理策略当中，最瞩目的一环是善用社交媒体引流。玩具反斗城在亚洲区内各社交网站，包括微博、微信、Facebook、YouTube、Instagram、推特（Twitter）及 Line 的粉丝数已超过 800 万人，每年玩具反斗城通过社交平台接触的用户超过 2 亿人次，玩具反斗城在 YouTube 的收视率雄踞全球第二位。

（一）微信

在微信企业号内，玩具反斗城设置信息分享及优惠券发送功能，星卡会员可以凭电子优惠券到门店消费，打通线上引流到线下的渠道。

玩具反斗城亦在微信上设立线上会员分享区——"好玩社区"。"好玩社区"设有"会员上传区",让会员上传照片及内容,还有活动的推广信息及品牌的最新资料。通过"好玩社区",玩具反斗城可以进一步加强与会员的联系,提高会员的忠诚度。

（二）YouTube

电视广告一直是传统市场营销的重要手段,虽然电视广告的接触面广,但是电视广告不能集中针对主要消费群,而年轻父母已逐渐从看电视转向寻求其他娱乐,加上广告制作成本高且时间长,投放电视广告的效果大不如前。

因此,玩具反斗城投入更多资源制作 YouTube 视频,更直接地对准目标消费群,效果明显。例如,在一次小猪佩奇（Peppa Pig）活动中,玩具反斗城在几家门店内播放有关小猪佩奇的独家 YouTube 片段,观看超过 37 000 人次,门店在 4 日内送出 600 份换购礼品。另一视频成功引流到网店的例子是汪汪队立大功（Paw Patrol）,其 YouTube 视频播放的 4 个月内,超过 300 万人次收看。观众只要点击视频上方的广告横幅,便可直接进入玩具反斗城的网店选购产品。

玩具反斗城除了内部制作的视频广受关注外,还得到多位儿童网红、玩具达人的关注,他们会定期在社交平台以自媒体方式发文或上传试玩视频,这些新媒体内容深受消费者欢迎,成功吸引了更多消费者前往玩具反斗城的网店或门店选购新奇玩具。

三、未来市场展望

中国是全球第二大玩具消费市场,其中,国外产品和中外合资产品的市场占有率较高。此外,中国宣布取消独生子女政策有助于提高出生率,玩具市场需求将会十分庞大。加上中国三、四线城市的购买力增长,致力于提供正品优品的玩具反斗城是孩子及家长的好选择。

第三节 案例三：利时的快时尚服装营销

冯氏零售旗下另一家零售商——利时控股（下称利时）——是亚洲一个多渠道零售平台，积极引入国外具有发展潜力的知名品牌，开发及提高其品牌价值。凭借丰富的零售经验，利时团队积累了大量亚洲市场的时尚知识，在每个地区都拥有经验丰富的买手，熟悉当地时尚潮流，配合不同风格的品牌进入文化迥异的新兴市场。目前，利时经营5个品牌——Hang Ten、H：CONNECT、Arnold Palmer、LEO和Roots。利时以自营或特许经营方式管理的零售店超过1 000家，在中国、韩国、东南亚和中东地区有2 500多名员工。

利时深谙全渠道零售的精髓在于线上线下模式的融合，因此，在构建全渠道策略的初期，利时各方面的策略都是统一设计，不论是后台系统还是利润分成、引流用的手机应用程序和物流操作等，都适合线上及线下商店通用。

品牌一：韩国领先的快时尚品牌

H：CONNECT是韩国的一个快时尚品牌，广受韩流明星喜爱。H：CONNECT充分利用利时广泛的供应链资源以及线上线下融合的商业模式，设计师可以在两个星期内将概念转化为新品。

2012年，利时把H：CONNECT引入中国台湾，凭借新颖的设计及符合当下韩流文化风尚，H：CONNECT引领台湾韩流时尚的热潮，在台湾开设逾40家百货专柜及门店。H：CONNECT自韩国拓展至台湾后，进一步进入亚洲其他市场。

2015年8月4日，H：CONNECT邀请韩国女神级人物——少女时代成员林允儿出任品牌全球代言人。林允儿清新俏皮有魅力、自然不做作的形象十分吻合 H：CONNECT 时髦流行的韩系风格。利时为 H：CONNECT 设立不同的营销渠道，让消费者在多种场景下体验其风格。

（一）线上渠道

利时为 H：CONNECT 在不同的地区设立不同语言的网店，现有中国台湾、韩国和新加坡三大网站，产品品类有男装、女装和配饰。网站上除了介绍最新、最畅销服装，还有推荐以及搭配等内容。H：CONNECT 代言人林允儿亲自为消费者演示当下最时髦最潮流的穿搭方式，为年轻消费者提供搭配建议，非常受欢迎（见图 15-11）。H：CONNECT 亦利用 Facebook、YouTube 以及 Instagram 进行新品推广以及活动宣传（见图 15-12）。通过韩流明星的粉丝力量，几十万关注者经常联手清空 H：CONNECT 的货架。

图 15-11　H：CONNECT 官网

（二）线下店铺

除了线上店铺，利时还开设实体店，让消费者对 H：CONNECT 有一个落地的消费体验（见图 15-13）。H：CONNECT 在亚洲市场迅速扩

图 15-12　H：CONNECT 的 Facebook 及 Instagram

张，足迹遍布韩国江南时尚街区、台北 101，以及新加坡武吉士十字街等地。H：CONNECT 亦开设咖啡厅 H：CAFÉ，让消费者在逛店途中有一个歇脚的地方，休息之余还可以观赏店中陈列的 H：CONNECT 产品，打造一个高品位的购物氛围。

图 15-13　H：CONNECT 门店

（三）物流操作

H：CONNECT 线上线下的产品均储存在同一仓库，能够快速回应市场需求。据统计，网购退货率普遍在下单之后 3 天上升，因此 H：CONNECT 在亚洲区内的货品交付必须在 3 天之内完成，一般电商平台退货率达 20%～50%，而 H：CONNECT 退货率低于 15%。

品牌二：加拿大休闲品牌

Roots 是一个加拿大休闲品牌，以轻松、自然、活力的品牌精神引领绿色时尚潮流。Roots 始于一个简单的理念："享受纯真简朴的生活，爱护大自然环境。"Roots 品牌商标上的动物海狸是加拿大的象征之一。海狸性格温和，喜欢潜水、筑坝及搭巢。它们的温和、勤奋以及活力正好代表着 Roots 的精神。由于拥有精湛的设计与工艺，Roots 逐渐发展成一个世界知名品牌，更成为多个国家及地区（包括加拿大、美国及英国）奥林匹克运动会代表团的指定服装供应商。

利时拥有 Roots 的专营权，是 Roots 的总加盟商。Roots 负责产品设计，利时则在亚洲市场代表 Roots 开设品牌专卖店（见图 15-14），门店只销售 Roots 的产品，并提供其他零售增值服务，例如退货处理等。

图 15-14　Roots 门店

Roots 的成功在于利时采用了合适的品牌策略及零售模式。由于在亚洲市场加拿大的服装品牌相对少，因此 Roots 的定位别具一格，产品却偏向大众化。利时专注为 Roots 打造品牌形象，成功地将 Roots 的定位升级至时尚生活品牌，为其开设品牌专卖店。虽然初期投资较大，但是品牌专卖店更能突出品牌个性，营销效果及消费者体验更好。相反，某些希望进入亚洲市场的品牌选择相对低成本的批发模式，通过大众平台或经销商分销给小型的零售商，却无法突出品牌个性，得不偿失。

目前 Roots 是利时最成功的品牌之一，在亚洲的发展规模快速增长，已达到加拿大市场规模的一半。它在中国台湾已开设 120 家门店，更有 2～3 家 Roots Café 展现休闲生活的品牌形象。未来，Roots 会积极发展中国市场，在现有 30 家门店的基础上继续发力。

第四节　案例四：Zoff 的快时尚眼镜营销

香港传统眼镜零售业发展相对保守，存在以下现象：（1）眼镜价格不菲，一副品质好的眼镜动辄需要几千港元，一般消费者不会轻易更换款式；（2）在传统眼镜店内，镜框都是放在玻璃柜内，消费者无法自由试戴；（3）选购后，消费者要等候数天，甚至一个星期，才能回门店取货，消费体验不够理想。

事实上，香港有超过八成人士需要戴眼镜，市场需求庞大。不过，大部分香港市民选购眼镜的主因是矫正视力或保护眼睛（如防蓝光、防紫外线、防强光等）。但是，在日韩市场，眼镜已成为快时尚的符号，眼镜本身就是潮流配饰，可配合不同场所，装饰脸部轮廓，搭配服装及展示个性，不少香港市民出游日本时也会在当地选购眼镜。

利亚零售与日本知名快时尚眼镜品牌 Zoff 合作，将新型眼镜销售模式引入香港，并获得特许经营权，可以在香港、澳门及华南地区拓展业务。

一、突破传统的购物流程

Zoff 是日本三大快时尚眼镜品牌之一，总部在东京。该品牌在东京的知名度高达 81.7%，主要目标消费群是 20～30 岁的年轻人。它在亚洲拥有超过 200 家分店，大多数分店位于日本，在中国约有 29 家直营店，在新加坡有 4 家分店。

2017 年 11 月，利亚零售的第一家 Zoff 香港店在太古城中心开业。消费者可以在香港体验最新的日本眼镜潮流，不少人慕名而来，开店当日出现排队长龙。

此外，Zoff 为改变消费者对眼镜选购的观念，致力打造可以轻松选戴眼镜的环境。香港店跟日本店的装潢风格一样，都采用开放式设计（见图 15-15），让消费者可以试戴不同镜框，自由配搭不同造型，展现 Zoff 所贯彻的"眼镜等于时装"的理念。正如 Zoff 董事长上野照博所说，"我们会以时尚为主轴，为消费者推荐不同风格的产品。面对时代及环境的变化，我们自我定位为一家灵活应变的企业。"

图 15-15　Zoff 香港分店

除了货品款式及店铺装潢跟日本总店一致以外，香港店亦坚持日本总部的三个经营目标，有效解决传统眼镜业的痛点。

（1）日本品质：日本的生产技术。

（2）持续更新：每月两次新品登场，店内有超过 1 000 款镜框可供消费者选择。

（3）快速服务：提供专业熟练的视光检验及现场眼镜镶嵌服务，消费者一般可以在付款后 30 分钟内拿到新眼镜（见图 15-16）。

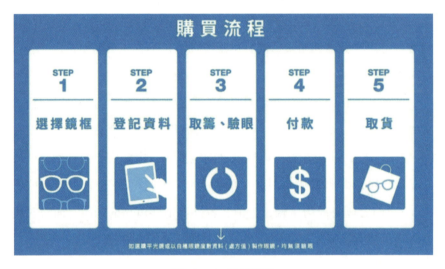

图 15-16　购买流程

二、职人文化

通过严格控制供应链，Zoff 眼镜的品质得到保证，符合上述三个经营目标。Zoff 采用内部规划集成系统（integrated system of in-house planning，ISP）的运营模式，集设计、生产及销售于一体。

（1）设计：眼镜设计师审视潮流趋势，每星期有大约 20 款新镜框上架；香港紧跟日本步伐，一星期后会推出新品。

（2）生产：生产镜框的工厂遍布世界各地，为确保品质水平，Zoff 会由日本派员驻厂监控，严格控制品质。

（3）销售：Zoff 采用独特的库存策略，以前置仓的模式预先把最受欢迎的镜框及常用的镜片储存在店内，按消费者定制化的订单需求，提供即时眼镜镶嵌服务，解决传统上消费者不能即时取货的痛点，这反映出 Zoff 高度掌握市场脉搏及数据。

日本企业一向注重品牌形象与声誉，情愿投入资源管理直营店，也不会轻易与其他企业合作。Zoff 授予特许经营权给利亚零售，是由于利亚零售的成功源自三大要素：

（1）与 Zoff 一样，利亚零售重视建立品牌、坚守产品及服务品质，拥有优质运营团队与操守，以及媲美 Zoff 的职人精神（又称为工匠精神）。

（2）利亚零售在香港零售业屹立多年，对香港的零售市场了如指掌，掌握市场数据，以行动展示如何把日本的前置仓模式移植到香港。Zoff 店在香港深受欢迎，两年内开了 9 家分店。2018 年，利亚零售的 Zoff 项目主管被 *Inside Retail Asia* 杂志选为香港零售创新领导 50 强之一（The Top 50 Innovative Retail Leaders in Hong Kong 2018），Zoff 项目的优异成绩有目共睹。

（3）利亚零售拥有强大的商业网络、洽商租务及门店选址的议价能力，可以说是外商拓展香港市场的最佳伙伴。

第五节　案例五：利童的全渠道运营模式

利童服饰（控股）有限公司负责冯氏零售的另一项私营业务，目前于中国内地、中国香港、新加坡、马来西亚及中国澳门经营美国知名童鞋品牌喜健步（Stride Rite）及法国著名童装品牌小帆船（Petit Bateau），两大品牌分别占据童装的中高端市场（见图 15-17 及图 15-18）。利童的商业模式包括零售、批发和电子商务。

据统计，中国目前 16 岁以下儿童超过 3 亿，约占全国人口的 1/4，其中 6 岁以下约有 1.71 亿，7～16 岁达 1.7 亿，独生子女占儿童总数的 34%，每年有 1 000 多万新生儿，童装年均消费需求量在 8 亿件左右。这为中国童装市场发展奠定了基础。显而易见，童装市场蕴藏着巨大的发展空间，将成为最有增长性的市场之一。

现在，很多 80 后和 90 后都已经成家立业，他们的生活水平比过去高，为孩子选购童装时更倾向于购买品质有保证的服装，严选服装材质，避免对孩子产生危害。利童的服装及鞋类品牌一直都是以品质为先，切合市场需求。

图 15-17　喜健步门店　　　　　图 15-18　小帆船门店

一、品牌简介

（一）喜健步

喜健步是美国知名童鞋品牌，有逾百年历史，主要开发、制造和销售 0～5 岁儿童的鞋类产品。喜健步童鞋的设计切合儿童在不同成长阶段的足部发育，其专利制鞋技术荣获美国足部医学协会及香港国际足病诊疗师学会认证，属于优质及健康的童鞋品牌。例如，稳步柔动技术专为蹒跚学步的婴儿设计，为初学走路的小脚丫提供舒适安全的保护，增强婴儿学步信心；感觉反应技术能让小脚丫感受到地面，沙漏型的稳步构造让学走路的小朋友更容易控制动作。

喜健步还拥有充满童趣的卡通闪灯鞋系列，深受小朋友的喜爱。该系列将各种卡通人物与闪灯功能结合，让小朋友在走走跳跳的同时享受乐趣。

（二）小帆船

小帆船是一个可爱快乐的名字，亦是大多数法国人从童年时代就认识的名字。代代相传的童谣 "Maman les p'tits bateaux qui vont sur l'eauont-ils des jambes ？" 意为"妈妈，那些在水上航行的小船有腿吗？"正是这一童谣在小帆船创始人皮埃尔·瓦尔顿（Pierre Valton）脑海中盘旋，最终令他在 1893 年创立了小帆船品牌。当时，他有一个划时代的想法：剪断传统的长筒型内裤，用来制作第一款棉质三角裤给小孩子，就这样奠定了小帆船品牌的历史基础——亲密、童年、幽默。小帆船的服装以高品质著称，物料不会含有毒性、刺激性和致癌物质。服装采用超长棉纤维编织，确保更紧密、更耐用。小帆船强调它的服装可以传递给孩子的弟弟妹妹，通过家庭传承多年。

二、全渠道网络

利童积极发展全渠道销售，喜健步及小帆船在中国及东南亚地区共有逾百家门店。两个品牌的官网（striderite.com.hk 及 petit-bateau.hk）分别于 2014 年及 2015 年建立，随后亦增设天猫平台（striderite.tmall.com 及 petitbateau.tmall.com），并在各主要电商平台如京东、网易考拉、小红书及唯品会开设网店。

起初，利童把线上线下的货物分为两组，分别存放在不同仓库。利童收到网购订单后，不同部门的员工需要从各处仓库或门店检查货物存量，整合之后再由仓库或各家门店发货给网购者，不但费时，更影响消费体验。经过一番探索，利童开发了全渠道运营系统，打通前端、中端及后端的操作（见图 15-19）。中端的订单管理系统连接后端的物流系统及前端的一系列数字化运营工具。

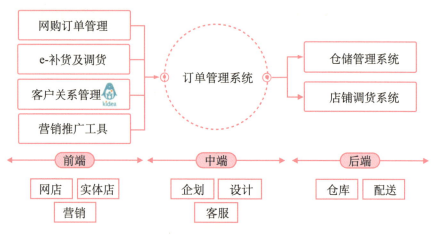

图 15-19　利童的全渠道运营系统

　　按照利童的全渠道运营系统的设计，线上线下的货物不再分家，所有货物都会先送到利丰物流的仓库。利童根据订货策略，采取前置仓模式，把大部分货物由仓库送到各家实体店，仓库主要负责补货及退货（见图 15-20）。此模式有效提升消费体验及增加销售。

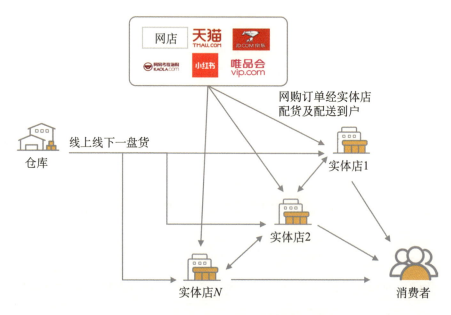

图 15-20　线上线下共享库存及前置仓模式

● 消费者在利童的官网或任何一家网店下单，所有订单信息都会自动导向利童的订单管理系统，系统根据客户收货点配对存货量充足的实体店，并通过小程序把相关订单信息发送给该店的员工，店员随即包装货物，通知合作方把包裹配送给消费者。相比传统模式，利童使用新系统后，不用再等中央仓确认及回应每张订单，大大提升了配送时效。

● 消费者可以直接在实体店体验及购物，若选购的物品缺货，店员可以通过利童自主开发的补货／调货小程序查询附近门店的存货，高度透明的库存信息帮助店员即时回应消费者的需求。

● 由于线上线下货物同款同仓，共享库存信息大大减少不必要的调货时间及成本，门店及网店同时进行购物推广活动更灵活，销售团队、内部团队及物流团队之间的合作更顺畅。

三、多品牌客户关系管理——Kidea

Kidea 是亚洲首个针对儿童跨品牌的会员奖励计划（见图 15-21），会员人数超过 65 万，仅在香港就有超过 15 万会员。Kidea 的意思是"孩子的想法"，目标是为孩子们创造惊喜。自 2013 年起，Kidea 会员计划

图 15-21　Kidea 会员奖励计划

在东南亚首先推出，为所有亚洲的利童品牌会员提供独家优惠，通过创建优质儿童时装品牌组合，成为杰出的儿童 VIP 计划。Kidea 不仅可以购物，更是一个为孩子和父母提供的一站式社区。

设立 Kidea 会员制度的目的一方面是培养消费者对品牌的忠诚度，另一方面是促进喜健步及小帆船的交叉销售。通常有需要买童鞋的消费者同时也会关注童装产品。加上喜健步及小帆船品牌都是以高品质为卖点，档次与路线接近，消费者选购其中一个品牌，自然更容易接受另一个品牌。

2017—2018 年，利童积极开发人工智能销售渠道。在中国，消费者可用手机扫描货品标签上的二维码以取得产品的详细资料，可以在店内即时下单购买，也可以注册成为 Kidea 会员（见图 15-22）。

图 15-22　小帆船手机应用程序

第六节　案例六：DX 品牌折扣零售模式

2016 年冯氏集团开办了国际品牌折扣店 DX Quality Outlet（下称 DX），DX 在中国内地及香港设立长期及短租约的实体店，以极优惠的价格出售国际高级品牌货品。一方面，这种折扣零售模式解决品牌在中国的库存问题；另一方面，可以为大众消费者带来众多国际品牌的折扣优惠。DX 拥有广泛的销售网络，截至 2018 年年中，DX 已开设 13 家零售店和 38 家快闪店，并在微信平台上开了网店。

一、中国折扣零售市场发展背景

中国消费者喜爱国外的优质品牌产品，随着跨境电商平台出现及出国旅游次数增加，人们对时尚产品的要求越来越高，不仅逐渐掌握国际时尚潮流，对国外产品的价格敏感度亦越来越高。中国消费者开始期望在国内以更优惠的价格购入心仪的国际品牌产品。

中国一般的折扣零售采用类似传统二房东的模式，奥特莱斯或线上折扣平台主要以打折形式出售各种品牌的尾货，渠道商不会买断产品。盈利模式是与品牌分成，某程度上说是以利润挂帅，不大注重品牌利润。此外，部分国内折扣卖场的产品质量参差不齐，不少掺杂了工厂直销的产品，可能是生产过量的产品、次品或专为卖场生产的低档货品。

很多国际知名品牌在中国市场都有季末去库存的运营需求，只是自营折扣店并不是最符合经济效益的做法，但通过第三方渠道商处理尾货有影响品牌形象的风险，存在回款速度慢等问题。

二、DX 的快速原型实验

冯氏集团明白国际知名品牌客户面对的痛点，于是积极探索美国成功的折扣店模式是否同样适用于中国。2016 年，冯氏集团开展了一个快速原型实验（详细定义可参考第六章），探索多元品牌折扣店在中国发展的可行性。集团组建了一个多功能团队，进行了一个周期为 3 个月的实验，该实验汇聚了一批多品种高端品牌服装作为"起步存货"。

这个代号为 DX 的项目在冯氏集团新设立的零售创新实验室利程坊孵化（对利程坊的详细介绍见第十七章）。通过 DX 项目，团队期望能解答以下问题：例如，哪些促销策略能最有效地吸引客流量？移动应用能否为折扣店购物增加价值？哪些产品组合最吸引消费者？

通过快速原型实验，DX 团队掌握了多品牌折扣店经营的关键原则。

（1）定价推动销量：中国消费者对价格敏感。

（2）寻找低价宝藏：利用降价产品吸引人流。

（3）同类产品的交叉销售：寻找商品的协同效应。

（4）线上活动驱动线下销售：发挥手机应用程序的价值。

根据 DX 团队的实验经验，冯氏集团认为在中国发展多品牌折扣店业务模式极具潜力。同样，价格实验也验证了线上业务模式的成效。于是，DX 国际品牌折扣店开始正式运营。

三、DX 折扣店的竞争优势

冯氏集团与不少国际知名品牌有着紧密的伙伴关系，深谙中高端国际品牌的需求及关注点，对存在库存压力的品牌商来说，DX 折扣店的竞争优势有：

（1）DX 折扣店定位中高端品牌，店内不会掺杂低端商品，亦不会采用超低折扣促销，影响品牌溢价。DX 会与品牌商协商折扣店的营销策略，努力维护品牌形象，例如，DX 谨慎选择折扣店位置，与品牌的正价门店保持合适距离。

（2）DX 向品牌商提供比批发商更优的价格。

（3）DX 会先购入商品，品牌商可以节省仓储费用并即时得到回款，改善现金流。

（4）DX 是冯氏集团的一员，以高度的诚信经营，并拥有强大的物流及专业运营团队支持。

　　DX 拥有全国主要城市的销售网络，向品牌商购入货品后，会用以下渠道出售：

　　（1）DX 常设商店：开设于主要商业区及高级商场（见图 15-23）。

图 15-23　DX 门店

　　（2）DX 快闪店：包括短租约的商店、店中店和百货商店中庭。

　　（3）DX 在微信上运营会员平台：消费者主要来自三、四线城市，销售网络由一、二线城市的实体店延伸至三、四线城市（见图 15-24）。

　　此外，DX 折扣店亦致力于维护消费者权益，确保出售的商品是合规正货。DX 从品牌商购入的货品包括当季或已存仓的高档品牌商品，而这些货品必须符合以下准则：

　　（1）货品必须在中国完税、经过测试和贴上国内销售标签；

　　（2）品牌商签署了授予 DX 合法所有权的授权书。

图 15-24　DX 微信小程序

冯氏的生态系统

第十六章
商业生态系统

随着经济全球化、信息技术迅速发展、全球竞争日益激烈，企业之间互相依附共生的关系如同自然生态系统般，任何环节出现问题都会影响整个生态系统的健全和持续发展。因此，许多企业努力构建商业生态系统，期望建设互利共赢的价值网络。

第一节　商业生态系统的由来

1993 年，美国学者詹姆斯·穆尔（James F. Moore）在《哈佛商业评论》上发表文章《掠食者与猎物：新的竞争生态》[①]，首次提出了商业生态系统的概念。商业生态系统是一个基于组织互动的经济联合体，其中，主要生产者是商业生态系统的"关键物种"，在协同进化过程中起着重要的作用。后来，詹姆斯·穆尔进一步完善了商业生态系统的内

[①]　James F. Moore. Predators and Prey：A New Ecology of Competition. Harvard Business Review, May-June 1993 Issue. https://hbr.org/1993/05/predators-and-prey-a-new-ecology-of-competition.

涵，将其定义为"由相互支持的组织构成的延伸系统，是消费者、供应商、主要生产者、其他的风险承担者、金融机构、贸易团体、工会、政府以及类似政府的组织等的集合。这些集群以特有的自发性、高度的组织以及某种偶然的形式聚集到一起"。

詹姆斯·穆尔指出，商业生态系统的演化发展经历了四个阶段，依次是生态系统的开拓、生态系统的扩展、对生态系统的领导和自我更新或死亡。关键企业必须不断创新，创造比现有系统更有价值的系统，吸引更多的参与者并保持系统成员的多样性，处理各种内外部冲突，持续地为系统注入新的思想和创造新的机会等。

2004 年，哈佛商学院的马尔科·杨西蒂（Marco Iansiti）和 Key Advantage 的负责人罗伊·莱维恩（Roy Levien）在《哈佛商业评论》上发表文章，把商业生态系统定义为"一群相互连接，共同创造价值与分享价值的企业"[①]。商业生态系统可使所有参与者繁衍生息，但如果系统崩溃，所有参与者也会随之灭亡。而一个健康的商业系统应具有抵御各种干扰和破坏的能力，能够在多种资源中提取竞争优势，在环境变化中有能力及时转变。

第二节　数字世界中的商业生态系统

传统供应链的概念主要是指商品从设计开发和原材料采购，到生产、分销、物流、零售，最后送抵消费者手上的一个线性过程，当中讲求供应链伙伴之间的高效合作和分工。商业生态系统则讲究由平台协调的网络关系，企业必须超越个体竞争的局限性，通过寻求更广泛的合作

---

① Marco Iansiti, Roy Levien. Strategy as Ecology. Harvard Business Review, March 2004 Issue. https://hbr.org/2004/03/strategy-as-ecology；Marco Iansiti, Roy Levien. The Keystone Advantage：What the New Dynamics of Business Ecosystems Mean for Strategy, Innovation, and Sustainability. Boston：Harvard Business School Press, 2004.

发挥彼此的优势，不断适应并满足市场需求，以达到共同创造、分享价值。一般而言，数据是发展商业生态系统的基础（见图 16-1）。

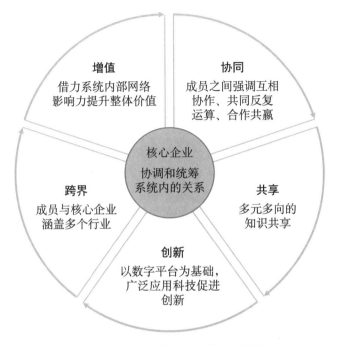

图 16-1　创新型生态系统的五大特质

数字世界下的商业生态系统重视以下方面：

1. 互相信任，整体共赢

商业生态系统内各成员间着力建立良好的合作关系，才能共生共赢，这意味着成员企业之间要相互信任，目标一致，重视共同利益，遵守共同的操作章程，讲求系统内部信息的交流、互动与分享，共同应对外部环境的变化和挑战，更快捷灵活地回应市场需求。

2. 超越企业之间的边界，寻求整体发展和提升

商业生态系统超越了单个机构及企业之间的边界，与传统企业之间的竞争关系相比较，系统内企业更讲求各方关系和利益的协调，形成以利益为导向的共生同盟体，从而提高整个生态系统的竞争能力。针对协

调体系的需要，有学者提出商业生态系统控制塔①理念，控制塔负责协调各成员之间的利益关系，订立有效合理的契约，协力解决商业生态系统内的矛盾和利益纠纷，形成持续的竞争优势。

3. 平台网络集聚，广泛应用科技促进创新

商业生态系统愈来愈重视科技应用。近年来，商贸供应链、产业供应链与物联网、人工智能、大数据等创新技术相结合，科技成为商业生态系统扩张发展的重要动因，能够融合科技、信息和业务流程，促进企业共同创新。生态系统集聚的各类中小企业，可借助系统中不同的平台网络，专注创造及发展自身核心价值。平台化的商业生态系统属互联网时代兴起的产物。

4. 共同进化，更大范围内构建合作伙伴关系

"共同进化"是指系统中各成员同生共存，并不是对弈关系，每位成员在进行自我优化改善的同时，需要关注及配合系统中其他成员，互动当中共同迭代演进。只有尽力配合才能有机建立系统，互惠共赢。

此外，商业生态系统重视开放、自由地与系统以外的机构进行各种形式的联系，吸纳良性循环的新机制、新成员、新思想。商业生态系统的延伸可以跨越界限，衍生崭新的网络、产品和服务。

5. 重视可持续发展

消费者越来越关注产品所采用的物料以及制造时贯彻的可持续性。因此，不少时尚产业积极回应消费者的要求，对生态环境的可持续发展和企业社会责任议题日益重视，例如时尚产业在道德时尚、环境友善及永续时尚等方面的倡议方兴未艾。

生态系统各成员若要保持市场领导地位，就必须把可持续发展列入企业发展目标。例如，在服装业当中，很多环保服装设计师提

---

① Rob Barrett. Take Control of Visibility into Your Supply Chain.（2017-11-08）. https://www.industryweek.com/supply-chain-technology/take-control-visibility-your-supply-chain.

倡服装可持续设计发展模式，即设计时遵循五大可持续原则（5R 原则），即循环利用原则（Reuse）、节能减污原则（Reduce）、再生原则（Regeneration）、再循环原则（Recycle）和拒用原则（Rejection）（见图 16-2）。

图 16-2　五大可持续原则（5R 原则）

第三节　冯氏集团生态系统的构建：
联系不同领域的合作伙伴

冯氏同样明白构筑商业生态系统的重要性。作为全球供应链管理的超级联系人，冯氏一直以供应链上各成员的利益为依归，负责协调生产、分销、物流及零售各方面的操作，同一时间管理成千上万的供应链，涉及海量生产商、品牌商、各类服务商、金融机构、政府部门等。某种程度上说，集团本身的网络已构成一个生态系统的雏形。随着2017—2019 年的"三年计划"强调构建数字平台及采用创新科技，集团发力提升整体供应链的可视化程度及协作水平，创新型生态系统将会更完善。

在生态系统内，冯氏抱持谦虚踏实的开放态度，积极寻找不同领域的合作伙伴，并借助合作伙伴的平台网络，在更大范围内服务现有客户，开拓新业务和客户来源。例如，集团会与金融机构、物流船运公司、科技软件公司、创新公司等建立不同形式的伙伴关系，客户可运用集团现有的和不断拓展的合作网络，得到更全面的增值服务，从而提升整体供应链的效率和价值。同时，集团重视科技与研究，着重与学术、研究和顾问机构以及政府组织和商贸团体等合作和交流，使生态系统日益完善和创新。在冯氏集团的生态系统内，合作伙伴将共同受益于集团覆盖超过 2 万亿美元的销售网络（见图 16-3）。

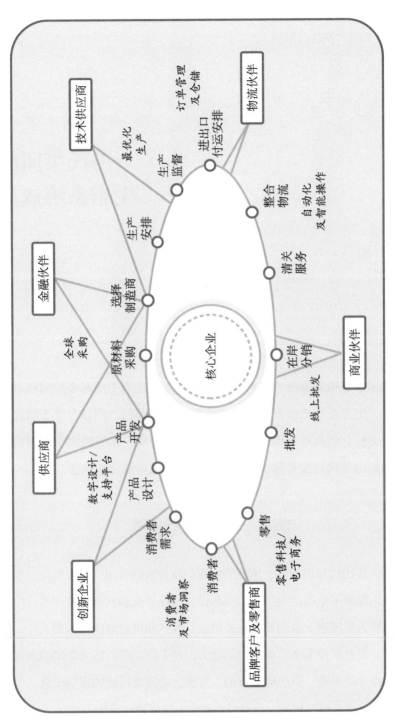

图 16-3　商业生态系统

第十七章
冯氏集团的
生态系统成员

除了本书第四部分介绍的冯氏集团生态系统当中面向客户的核心成员以外，生态系统成员还包括合作伙伴及支持部门，例如专注于研究及发展的部门、创新业务模式的伙伴、财务支持等。本章将集中介绍冯氏生态系统内共同打造智慧供应链的一些集团成员及合作伙伴。

第一节　研究及发展

冯氏集团以知识为本，重视研究和创新技术的应用，务求为商业生态系统注入源源不绝的活力。集团内部设有冯氏学院和利丰研究中心，冯氏学院主要为集团旗下采购贸易业务单位、客户和供应商伙伴培训人才、促进学习，提升掌控未来市场机遇的能力；利丰研究中心则为集团的内部智库，分析全球采购、供应链、分销、零售、物流及科技的市场信息，与政府部门、大学、研究机构、行业组织和企业伙伴建立合作关系。

一、冯氏学院：探索新知，开拓新智

身处瞬息万变的经营环境，Fung Academy（香港注册名称为冯氏学院有限公司，下称冯氏学院）肩负起引领集团探索新知、开拓新智的重任（见图 17-1）。冯氏学院下辖创新与实验（Innovation & Experimentation）团队，首要任务是深入探讨对集团未来业务发展最具影响力的议题，例如"供应链的未来面貌如何""下一个具有颠覆性的新科技是什么"等。

图 17-1　冯氏学院探索新知活动

为营造勇于实验的企业文化，冯氏学院积极鼓励孵化中的创新构思，并提供市场实践的渠道。例如，冯氏学院在玩具反斗城的香港门店引入 3D 立体打印玩具，在集团不同业务单位测试大数据的分析程序，研究如何生产结合数字装置的服装产品，以及引导集团所有成员参与开放式的创新讨论（例如第六章提及的 The Kitchen 和 Guerrilla Sessions）等，推动集团探索供应链的未来。

冯氏学院另一专业团队是供应链的未来（Supply Chain Futures），该团队旨在为供应商伙伴建立能力，以应对数字型经济的转变，以及经营可持续、迎合未来的产业。冯氏学院积极参与各类研究和实验，从而了解科技对制造业和供应链的影响，使供应链更有效率、更具可持续性及竞争力（见图 17-2）。另外，在 2018 年，冯氏学院成立了利程坊（香

港），旨在成为香港供应链创新生态系统的召集者，积极扶持当地初创企业（详细内容见第二节）。

图 17-2　冯氏学院的实验

此外，冯氏学院努力培训集团的领导层成员，成立企业才能拓展（Corporate Capability Development）团队，务求在科技新领域与时俱进，同时与世界各地的大学和设计公司合作，包括麻省理工学院、斯坦福大学、香港大学以及 IDEO 公司等，为集团 3 000 位高级管理人员设计重点学习项目。

冯氏学院亦积极建立集团全球学习网络，筹办一系列培训项目，包括高管领导培训计划（Executive Leadership Program）、Advanced Leadership Program、Leading Self/Leading Others Leadership Program、Leadership Essentials Program、管理培训生计划（The Program for Management Development）（详细内容见第十九章）、激发创新的黑客马拉松（Hackathon）、Innovation Catalyst 等。

二、利丰研究中心：监测及分析市场信息的内部智库

利丰研究中心于 2000 年成立，是冯氏集团的内部智库，拥有独特的信息网络和庞大的内外关系网络。利丰研究中心会定期出版研究报告

及其他刊物，与各地的企业、学者和政府部门分享市场信息和独到见解；重点分析中国的发展概况和未来趋势，撰写相关报告。每年，利丰研究中心撰写和出版的资料超过 500 份。同时，利丰研究中心为集团及其合作伙伴就进入中国市场、企业架构、税务、牌照及其他政策法规方面的事宜提供专业意见及顾问服务。目前，利丰研究中心每年接待近百个团体，合作机构达 50 家。

（一）研究范畴

利丰研究中心的研究范畴广泛，除了研究和分析与集团业务相关的供应链、全球采购、分销、零售及物流等市场信息外，还会跟踪与行业息息相关的信息，定期就某个主题进行独立研究，具体包括：商业模式、中国城市群、中国经济政策与商业法规、中国贸易与经济、电子商贸、全球经济与趋势等（见图 17-3）。

图 17-3　利丰研究中心的研究范畴

利丰研究中心成立至今 20 年，每年就上述范畴发表多项研究报告，并出版多本图书，例如：

（1）《供应链管理：香港利丰集团的实践》。2003 年，在冯国经博士和冯国纶博士的指导下，利丰研究中心完成并出版研究著作《供应链管理：香港利丰集团的实践》，书中详尽介绍利丰如何通过供应链管理的创新，把公司从一家传统进口贸易公司转型升级为现代商贸巨擘的经验和实践。第一版面世后，商界和学术界的反响热烈，不少高等院校将该书列为教材和课程参考书。之后，研究中心根据集团的最新发展动向和全球经济发展的新形势，于 2009 年出版《供应链管理：香港利丰集团的实践》（第二版）。该书的出版是冯氏集团对国内外商贸业的一个贡献，推动了供应链管理业务的发展。

（2）《亚洲采购》系列。利丰研究中心分析亚洲个别轻工消费品采购国家的宏观经济概况、采购行业、政府政策等方面的最新发展。涵盖的国家包括位于东南亚的柬埔寨、印度尼西亚、菲律宾、泰国及越南，位于南亚的孟加拉国、印度及巴基斯坦，以及位于西亚的土耳其。

（3）《国家采购报告》。由利丰研究中心与利丰有限公司于多个采购国家驻点的管理人员编撰而成（见图 17-4）。报告除了分析宏观经济外，还提供了实地观察及第一手信息，使读者能深入了解各采购国家的实际采购情况。报告涵盖的内容包括各生产国家及采购业务的最新动态、自由贸易协议的进展、成本价格走势、宏观经济指标及外汇价格。

图 17-4 《国家采购报告》

（4）《中国零售焦点》系列。通过权威资料，利丰研究中心深入探讨中国零售业最新发展，分析中国零售业依然站于全球行业数字转型最前沿的原因。此系列报告追踪瞬息万变的中国零售业在各个范畴的转变及转型，分为9个部分：整体零售、电子商务、百货业、购物商场、大卖场/超级市场、便利店、跨境电商（进口）、奢侈品市场和零售物流。

此外，利丰研究中心经常与国内学者及研究单位交流合作，共同发表具有影响力的中国市场研究成果。研究项目包括：

（1）中国制造业采购经理指数（Purchasing Managers' Index，PMI）。这是中国国内每月制造业经济活动情况的前瞻性指标，自2005年起，由中国物流与采购联合会及国家统计局与利丰研究中心合作发布。中国物流与采购联合会及国家统计局服务业调查中心负责指数发布，利丰研究中心负责草拟和发布英文版报告。相关部门每月会向国内3 000多家制造业企业的采购经理发放问卷，问卷涉及13项分类指数，包括：生产量、新订单、新出口订单、积压订单、产成品库存、采购量、进口、原材料购进价格、主要原材料库存、出厂价格、从业人员、供应商配送时间和生产经营活动预期。

（2）《流通蓝皮书：中国商业发展报告》。在中国，蓝皮书一般只会由最具权威性的研究机构出版，该蓝皮书由中国社会科学院财经战略研究院及利丰研究中心共同发布（见图17-5）。该蓝皮书每2～3年出版一次，探讨中国的经济模式转变，深入剖析中国商业市场的最新动态，从私营企业至行业研究，包括零售分销、物流及商圈发展等亦有着墨。

（3）《中国商业十大热点展望》。由利丰研究中心与中国商业联合会专家工作委员会联手编撰（见图17-6）。报告涵盖中国商业发展的十大热点，由中国商业领域约170名顶级专家分析所得的主要趋势，以及利丰研究中心的分析，为企业提供中国最新商业发展的深刻见解。历年来，该报告都是全球零售商、商业企业和公众了解中国最新的商业趋势的重要参考资料。

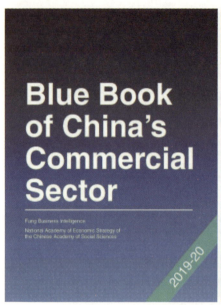

图 17-5 《流通蓝皮书：中国商业发展报告》

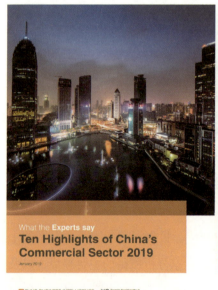

图 17-6 《中国商业十大热点展望》

（4）《中国百货零售业发展报告》。由中国百货商业协会及利丰研究中心共同撰写。报告综合行业宏观数据，通过对中国典型百货零售企业的经营报表分析和访谈，就中国百货零售业的整体经营和运行情况进行分析（见图 17-7）。报告亦对百货零售企业进行问卷调查，探讨中国百货零售业的转型发展方向、主要趋势和挑战，阐述对中国百货零售业的启示及未来前景。

除了宏观和理论性的报告和书籍（见图 17-8），利丰研究中心还紧跟供应链上各行业实际，撰写多份专题报告，深入探讨快时尚供应链、新兴商业模式、千禧一代的消费行为调查和中美贸易战等热门话题。利丰研究中心通过官网及社交媒体发布详细内容（见图 17-9）。

图 17-7 《中国百货零售业发展报告》

图 17-8　利丰研究中心出版的书籍

图 17-9　利丰研究中心官网及社交媒体

（二）管理理论和品牌建立

百多年来，冯氏集团从一家本地贸易公司发展成为今天的跨国商贸集团，经营业务的过程中沉淀归纳了丰厚的供应链管理理论。利丰研究中心与世界各国不同界别的人士及机构分享个中经验和案例，每年接待世界各地近百个交流团，包括政府部门、业务伙伴、大专院校和媒体等。利丰研究中心安排供应链理论讲座及参观集团展览厅，使访客能清晰了解行业发展以及集团能力（见图 17-10）。同时，利丰研究中心也是中国人民大学和北京工商大学等多所院校的教学基地，每年有数十名工商管理硕士学生到利丰研究中心进行学术交流。

图 17-10　供应链理论讲座

　　利丰研究中心通过不同渠道与外界分享知识，为集团建立思想领导地位。除了刊物发布、杂志投稿和社交媒体通讯外，利丰研究中心会定期与学校、政府部门和媒体合作，举办学术研讨会和主题论坛等多种活动，促进交流。例如，利丰研究中心与香港特别行政区政府政策创新与统筹办事处及中国社会科学院财经战略研究院每年合办"中国经济运行与政策"国际论坛（见图 17-11）。受邀演讲嘉宾来自中国内地、香港和海外，领导人、专家及学者就不同主题分析内地与香港经济发展的挑战和策略。每次论坛吸引约 300 人出席，包括专家学者和外国驻港机构人员，以及来自政府、智库、商界、专业界别及外国和本地商会人士。

图 17-11　"中国经济运行与政策"国际论坛

　　作为冯氏集团一员，利丰研究中心也会在参与集团各类大型活动之际，把握与外界交流的机会，与大众分享集团的经营理念，以及对行业和宏观经济发展前景的展望。例如：

　　（1）2016 年，利丰研究中心在集团成立 110 周年之际，筹备纪念图书《承先启后：利丰冯氏迈向 110 周年——一个跨国商贸企业的创新与超越》，该书除了是供应链管理的参考读物，也是香港经济发展史的呈现。利丰研究中心与集团多个部门携手合作，并邀请暨南大学经济学院冯邦彦教授执笔，撰写集团的 110 年基业与历史，以及相关业务理论和心得。该书于当年集团多个周年纪念活动上派发。

（2）2018 年，冯氏集团于首届中国国际进口博览会参展，利丰研究中心举办了多个行业活动，包括一场大型的高峰论坛和多场小型分享会（见图 17-12）。活动中分析了全球经贸形势，介绍了商业模式的最新信息和数字供应链的最新发展。

图 17-12　冯国经博士在上海利程坊进行演讲

除此之外，利丰研究中心亦曾为香港及内地多个政府部门举办内部培训及专家交流会议；赞助网络媒体《商业观察家》有关中国新零售发展的交流论坛；举行行业晚宴，邀请知名学者如诺贝尔经济学家迈克尔·斯宾塞（Michael Spence）和冯氏集团主席冯国经博士等与业界翘楚分享见解。

（三）咨询服务

冯氏集团认定中国经济具有长远发展的美好前景，将重返中国内地市场视为集团业务发展一个重要的战略目标。利丰研究中心凭借对中国市场的深入了解，持续为集团各部门及其客户提供各类咨询服务，以助它们为中国市场量身定制供应链管理服务，开拓中国内地市场。服务包括：

（1）提供中国法律、政策及法规咨询服务。为部门或其客户就进入中国市场提供相关建议，涉及范畴包括税务、销售、进出口与合规以及建立政府关系等。

（2）提供消费者及零售格局等市场信息，建立案例和手册，帮助各部门了解中国市场的最新情况，并为客户提供增值服务。

（3）协助国外品牌开拓国内零售及电商等零售渠道。利丰研究中心多年来与内地各界紧密联系，拥有庞大的内地关系网络，涵盖商业、学术、媒体等，经常为各部门和商业伙伴穿针引线，提供企业配对服务。

近年，全球贸易环境变化急速，加上科技带来的变革，让供应链格局经历着前所未有的变化，影响着供应链内各个利益相关者。利丰研究中心作为集团整个供应链生态系统的一环，凭借全面的第一手资料，将继续把冯氏集团积累百多年的经验与各界分享（见图 17-13）。

正如国务院发展研究中心老专家吴敬琏在本书第一版序言中所指出的，"利丰集团的经验对于中国内地商贸行业现代化发展有着更为重要的借鉴意义，因为它不仅为内地传统的内外贸企业的改造和发展探索出了可借鉴的方向和方法，也为国内企业通过高效率的供应链管理降低流通成本、提高企业效益作出了榜样。"重塑供应链，与行业各企业共同推进全球商贸发展正是冯氏集团利丰研究中心未来的愿景。

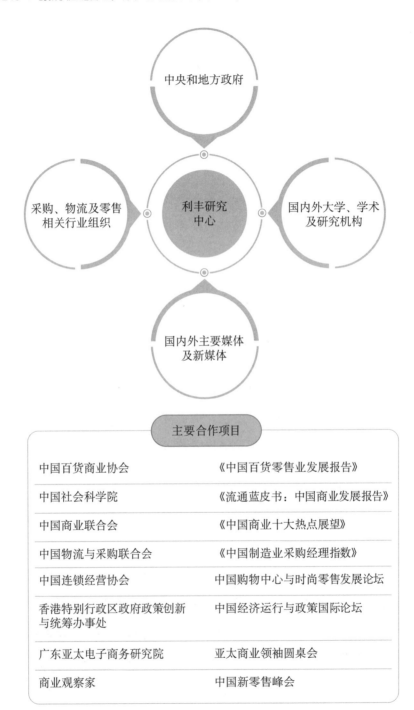

图 17-13　利丰研究中心与合作伙伴

第二节　创新业务及伙伴

一、创新业务：利程坊

近年来，智能通信和电子商务迅猛发展，创新科技及商业模式如雨后春笋般衍生。冯氏集团早在 2015 年便设立了一个专项研究创新零售模式及科技应用，称为利程坊项目（Explorium，EXP）。利程坊位于上海市闵行区宜山路 2000 号利丰广场，占地 23 000 平方米，是一个为现代商贸企业创造价值的零售创新中枢。

（一）利程坊项目发展经历两个阶段：利程坊 1.0 及利程坊 2.0

1. 利程坊 1.0

利程坊 1.0 始于 2015 年，初始概念是进行创新零售实验，项目组在利丰广场设置不同的零售场景进行创新零售的技术测试，包括快闪店、3D 打印、可穿戴设备、试衣智能镜、门店客流追踪、微信客户管理模式等。国外客户亦可以在利程坊进行产品概念测试及新商业模式测试。利程坊 1.0 成功完成多项零售实验，拥有超过 2 万会员，每星期有超过 1 000 人次参观和参加活动，这些人流数据成为利程坊验证新模式的重要参考，本书第十五章提及的 DX 折扣店便是在利程坊实验中成功孵化的商业模式。

2. 利程坊 2.0

2017 年 10 月开始，冯氏集团大力推动进阶版利程坊 2.0，聚焦智慧供应链创新，目标不单是针对新零售，也包括未来的供应链（见图17-14）。

利程坊 2.0 为国内供应链及零售业界建立了一个与国际接轨、开放的创新生态系统平台，是一个海纳百川的合作空间，是经验与创新的交

图 17-14　利程坊 2.0

汇中心，更是让科技与创新商业模式无缝对接的开创性平台，孕育出新的消费品供应链方案与服务（见图 17-15）。

图 17-15　利程坊创新生态系统

利程坊 2.0 是聚焦新零售时代供应链创新的核心中枢，其三大发展目标是：

（1）加速供应链创新。携手国内外优质的加速器、孵化器与风险投资机构，引入有志于改革供应链模式的初创公司及新科技，结合冯氏集团丰富的全球供应链和零售资源整合实力，开创新的商业模式，加速创造智慧供应链的新未来。

（2）新零售实验。将最先进的零售科技真正应用到供应链场景里，与合作伙伴建立紧密关系，在促进合作的同时创造出新零售与智慧供应链并轨的新模式、新产品和新技术。

（3）分享冯氏全球经验。与大众分享冯氏集团逾百年的发展历程，具体展示集团在全球 50 多个经济体中运用贸易、物流、分销及零售业务的供应链资源的案例与经验，并利用数字化技术推动和打造未来的智慧供应链，为行业创造经济及社会价值。

（二）利程坊的空间设计

利程坊的空间设计高度配合整个集团的"三年计划"主题思路——"速度、创新、数字化"，新空间包括一系列设施。

1. 体验中心

利程坊的体验中心由几个主要展厅组成，展示整个冯氏集团的发展历史、经营模式及供应链数字化的进程（见图 17-16 及图 17-17）。体

图 17-16　利程坊体验中心
——冯氏集团的历史走廊

图 17-17　利程坊体验中心
——利丰供应链数字化的进程

验中心对外开放，不少国内外的政府部门、行业协会、传统或初创企业
与学院预约参观，访客络绎不绝。利程坊亦可以为有需要的参观者与集
团业务部门进行配对，由于集团商贸业务版图庞大，能处理端到端供应
链不同环节的需求，集团有能力为不同人士及机构提供所需的产品、服
务甚至供应链管理方案。

此外，集团个别部门亦在体验中心设立产品展厅，供国内外买家参
观及体验。利丰研究中心亦在利程坊设立展厅，展示其多项研究成果，
提供采购、分销、物流、零售和中国商业模式等的资料和刊物。为了加
强与公众之间的互动，展厅特设扩增实境互动墙，以轻松有趣的方式让
访客更容易掌握行业新动态（见图 17-18）。

图 17-18　上海利程坊中的利丰研究中心展厅

2. 合作空间

将利程坊作为创新型商业生态系统及新科技的试验田，冯氏集团可
以加速探索及测试新业务概念及模型、产品和零售技术，并进行原型设
计实验。合作空间以创新零售、智慧供应链等为主题，为部门、客户及

供应商提供一个测试的场景。

　　此外，利程坊亦定期举办各类论坛、峰会、会议、展览及培训活动，与生态系统成员交流合作的同时，携手开启新零售时代的未来宏图（见图 17-19）。2019 年，利程坊举办了超过 100 场创新活动。例如，Hello Future 是利程坊以"智慧供应链和新零售"为主题打造的产业交流平台，探讨人工智能、物联网、大数据、区块链等新技术，利程坊为集团与外部参与者搭建一个互动空间，通过彼此交流及分享灵感，为产业注入新思想，以科技打造智慧供应链，为未来提供答案。

图 17-19　利程坊举办的行业峰会、学术研讨会和论坛

　　以 2019 年 1 月的 Hello Future 智慧物流科技论坛为例，利程坊邀请了关注智能仓储机器人、运筹优化、仓储物流的中国物流创新领域的五家独角兽公司的负责人，同与会者分享对智慧物流应用场景和技术的深度见解。该活动吸引了逾百名物流创新领域的专业人士，冯氏集团相关部门的多位高管参加，并展开探讨交流。

2019 年 5 月举行的年度峰会 Hello Future Summit 的主题为时尚生活与未来科技，主讲者为科技、时装、美妆和零售界的顶级专家及初创企业的创新领袖，包括 Farfetch、宝马、资生堂、新天地、商汤科技、WeWork 等与会，共同探讨传统与创新之间，生活、时尚与科技如何相互交融。现场亦设有 Hello 时尚生活展区及 Hello 创业大街，不少初创企业向与会者展示它们的概念及商业模式。此次峰会参加者超过 1 000 名，线上同步直播的观众达 13 万人次，峰会受到时尚生活品牌商、初创企业及投资机构的关注，并被媒体广泛报道。

3. 创新中心

不少初创企业的痛点是空有概念，却受制于商业场景匮乏及资源不足，难以把概念落实。作为一家经历逾百年风雨的企业，冯氏集团深知初创企业的困境，因此积极与创新领域的伙伴合作，挑选一些与集团业务相关又极具潜力的初创项目，提供扶持及协助，利程坊则扮演了孵化平台的角色。

利程坊拥有供应链和创新零售领域的相关专家顾问团队，能给予创业者一些必要的指导和建议，更重要的是利程坊能够提供实验场景，为创业者连接冯氏集团的 10 000 家供应商及 2 000 多家国际客户资源。例如，若创业者拥有研发生产或管理方面的创新技术，与冯氏集团长期合作的工厂可以摇身一变成为初创企业创新技术的实验场所。利程坊作为初创企业与实体资源的连接器，拥有巨大的创新技术变现空间。有别于其他孵化平台以投资回报为主要目标，利程坊更重视提升初创企业的实力，乃至整个生态系统的影响力。

利程坊已经与中国创新和技术生态系统的主要参与者，如 InnoSpace、Microsoft Accelerator、NodeSpace、中创双投等建立了合作伙伴关系。这些合作伙伴为利程坊引入不同类型、处于不同发展阶段的初创企业，借助冯氏集团在供应链管理、物流和零售方面的全球化专业知识，为其投资组合中的创业公司以及整个生态系统创造协同效益。

利程坊的创新中心可以容纳 30 多家初创企业，为初创企业提供办公空间、概念测试的场景及活动、定期行业研讨会和课程（见图 17-20）。课程内容主要由冯氏学院设计，包括产品研发、设计思考、商业管理等。利程坊也定期安排冯氏集团不同业务部门的高管与初创企业分享行业心得、面对的挑战及未来的机遇等议题。利程坊创新生态系统里的合作伙伴亦会为初创企业提供资金支持或人脉网络。

图 17-20　创新中心

4. 其他

作为冯氏集团的全球智慧供应链系统展示服务平台，利程坊成为首批中国国际进口博览会（下称进博会）的"6 天 +365 天"常年展示交易平台。

中国自 2018 年起每年举办进博会，首届进博会期间，冯氏集团以"智慧零售供应链引领者"的身份亮相，在进博会的服务贸易展示区设立了三个展位，聚焦智慧生产、智慧零售和智慧物流三大板块，分别展示了 3D 打样技术、集团经典品牌 Delvaux 和 OK 便利店的全渠道市场营销能力，以及"货到人仓储机器人"，参观者不仅能够拥有身临其境的服务体验，还能近距离感受冯氏集团的智慧零售供应链解决方案（见图 17-21）。

图 17-21　冯氏集团亮相进博会

通过打造智慧零售供应链场景式体验，利程坊的"6 天 +365 天"常年展示交易平台向来自世界各地的到访者全方位展示冯氏集团的创新实力，并发挥其在贸易、物流、分销及零售业务的供应链资源整合优势，助力全球的商品、服务和技术进入中国市场。

（三）利程坊（香港）

作为一家以香港为总部的全球化商贸集团，冯氏集团不忘香港初创企业的需要，积极扶持当地初创企业，让创业者在冯氏集团的生态系统中展现其潜力与实力。

2018 年，利程坊（香港）正式成立，旨在成为香港供应链创新生态系统的召集者。集团业务部门与外部创新力量联合，共同向创新供应链迈进，利程坊（香港）从中发挥穿针引线的作用（见图 17-22）。

在冯氏学院的管理下，利程坊（香港）与粤港澳大湾区的孵化器和加速器社区合作，为初创企业提供试验空间，亦为初创企业配对相关的业务部门，试验新的商业模式和技术，致力扶持初创企业把概念发展成一定规模的业务。

利程坊（香港）亦会定期举办活动，交流知识和构想，各方结合各自的专长，激活深层供应链专业知识，共同创造供应链的未来。活动参与者包括：冯氏学院及集团旗下零售、分销、采购和物流各部门，初创企业，投资者，意见领袖，专业人士，本地教育机构等。

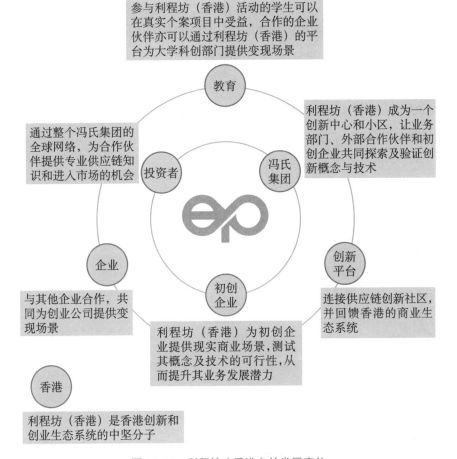

参与利程坊（香港）活动的学生可以在真实个案项目中受益，合作的企业伙伴亦可以通过利程坊（香港）的平台为大学科创部门提供变现场景

利程坊（香港）成为一个创新中心和小区，让业务部门、外部合作伙伴和初创企业共同探索及验证创新概念与技术

通过整个冯氏集团的全球网络，为合作伙伴提供专业供应链知识和进入市场的机会

连接供应链创新社区，并回馈香港的商业生态系统

与其他企业合作，共同为创业公司提供变现场景

利程坊（香港）为初创企业提供现实商业场景，测试其概念及技术的可行性，从而提升其业务发展潜力

利程坊（香港）是香港创新和创业生态系统的中坚分子

图 17-22 利程坊（香港）的发展定位

二、创新伙伴

冯氏集团一向重视科技及时代变化为业务带来的契机，更经常与具备创新能力的企业合作，共同为迈向未来的供应链而努力。下面介绍与冯氏集团合作的多家新型企业。

（一）WeWork

WeWork 旨在构建一个创新空间的全球网络，通过服务据点和软件，为全球会员提供创新空间和互动协作社区网络。WeWork 会员包括初创企业、自由工作者、中小型企业，以及《财富》500强等大型企业。随着业务不断扩张，WeWork为不同规模的企业提供工作桌、办公室、区域总部，甚至将整栋大厦作为它们的办公场所。WeWork相信企业领袖及员工能在更自在的工作环境中发挥互助精神，为办公空间注入富有创造力、专注力和相互联系的新动力；在紧密联系的社区里，WeWork会员能打造他们热爱的事业、开创有意义的人生并成就更好的自己，为世界带来正面的影响。

为员工提供舒适惬意且激发创意的工作空间一向是冯氏集团的意愿，与WeWork的理念不谋而合。冯氏集团主席冯国经博士曾表示："对企业来说，人才是最重要也是最有限的资源。提供现代化的工作环境，吸引年轻的科技一代，对冯氏集团十分重要。"

因此，2018年冯氏与WeWork签订合作协议，为冯氏集团打造一个充满活力的创新空间。2019年3月，由WeWork改造后的上海利丰广场二号大楼正式启用（见图17-23），部分办公家具由利家设计及生产。此外，大楼内1楼至9楼设立了WeWork的创新空间，开放给来自各行各业、不同规模的公司使用，成为WeWork会员专属社区之一。

图 17-23 WeWork 改造后的上海利丰广场二号楼

同时，WeWork的会员社区与利程坊互动融合。通过WeWork策略性的布局和精心设计的公共空间，冯氏集团的员工、利程坊的孵化器和初创公司之间将有更多的互动和协作。这个创新项目将有助于利程坊更高效地整合供应链创新企业，通过空间改造为办公模式注入创新元素，引领未来的工作和生活方式，将整个供应链上的初创公司、孵化器以及风投资本，从产品概念到零售无缝地连接起来，共同为冯氏集团打造一个智能型供应链生态系统，吸引创新人才。

（二）京东

京东集团（下称京东）是中国领先的技术驱动型电商和零售基础设施服务商。京东向合作伙伴、品牌商和多个领域开放了技术和基础设施，致力提升各行各业的生产效率。京东是纳斯达克 100 指数成员和《财富》全球 500 强企业。

2018 年 2 月，冯氏零售与京东在北京签署战略合作协议，双方共同搭建人工智能无界零售中心，冯氏零售在京东人工智能平台的支持下，专注于智慧零售消费领域的研究，打造更高效率的零售方案（见图 17-24）。

图 17-24　冯氏零售与京东签约仪式

合作伊始，双方专注打造新一代人工智能技术驱动的线上线下零售系统，利用人工智能打破线上和线下零售场景之间的屏障，开发能够管理商品、价格、库存和订购的端到端综合系统，在供应链管理层面真正将上游供应商、终端销售商和消费者连接起来。同时，双方研究人工智能与其他线上线下场景的结合点，如通过人工智能驱动的虚拟试衣、无人门店、智能导购助手等解决方案，帮助服装等品类的零售业进一步优化消费体验。

京东人工智能事业部与冯氏零售第一个落地的合作项目是在时尚鞋服品牌 Roots（详细介绍见第十五章）的门店中探索多样化的智能服务。比如，Roots 位于上海的两家零售店铺中设有智能显示屏幕，可以为消费者进行个性化、精准化商品推荐，利用人脸识别技术，可识别消费者的年龄、性别、表情等信息，并依据这些信息主动提供商品推荐以及店内专属优惠。智能显示屏幕也能记录并深入分析消费者的购物喜好，实现真正的定制化服务。

2019 年 3 月，双方合作的第二个人工智能项目落地，是香港首个应用在零售场景中的人工智能结算系统。目前，该系统已安装在香港 OK 便利店位于长沙湾和铜锣湾旗舰店中的人工智能零售区。通过京东人工智能事业部的这套人工智能结算系统，可以实现多件商品、任意角度一次性识别，单次识别用时不到 1 秒，使便利店内消费者平均结账效率提高 30% 以上，有效提升消费体验。同时对门店而言，可以显著提升运营效率，增加店内交易额（详细介绍见第十五章）。

冯氏零售在全球范围内拥有海量的线下零售场景，而京东近年来一直全力推进人工智能技术在零售领域的应用落地，双方将继续联手在更多零售业态和线下场景提升"人工智能＋零售"的体验。此次战略合作协议的签订，无论对京东还是冯氏都具有极其重大的意义。

除了冯氏零售，冯氏集团旗下的利丰集团亦于 2020 年 7 月与京东宣布达成战略合作协议，双方的合作将加速利丰供应链的数字化发展，利丰亦会充分利用其全球供应链网络，与京东在自有品牌方面合作进一步拓展国内业务。

（三）阿里巴巴

阿里巴巴集团（下称阿里巴巴）是中国最大的电子商务平台企业，通过其生态系统及创新技术，阿里巴巴拥有逾 6 亿用户，具有消费者洞察与新零售生态优势。

2018 年 11 月，冯氏零售和阿里巴巴在首届中国国际进口博览会现场共同宣布达成战略合作（见图 17-25），双方将融合彼此线上线下的能力，致力于帮助国际品牌顺利进入中国，更好地满足中国不断增长和变化的消费需求，顺应中国政府鼓励进口的大方向，此项合作无疑迎合了中国市场消费持续升级的大趋势。

图 17-25 冯氏零售与阿里巴巴签约仪式

一方面，全球不断涌现新兴时尚品牌、利基品牌、设计师品牌以及历史悠久的当地中高档经典品牌，它们具备进入中国市场并实现规模化的巨大潜力。另一方面，随着中国消费能力持续升级，中国消费者对海外品牌的接受程度越来越高，购买的意愿及能力亦与日俱增。供方与需方都已准备就绪，中间唯独欠缺一道桥梁连接国际品牌及中国消费者，现在，正好由冯氏零售和阿里巴巴共同担当这个角色。

第三节　供应链金融

在一般商业活动中，为了应急或处理买卖账期，企业突然出现资金周转不灵的情况时有发生。一些第三方机构，如银行或融资公司会扮演中间人角色，向借方提供贷款。不过由于要承担风险，第三方机构的信贷审批一般非常严格，手续费及利息亦颇高。此外，不是所有企业都能轻易进行外部融资，特别是那些没有足够抵押品的中小企业，往往难以及时弥补资金缺口，甚至出现资金链断裂。

冯氏集团旗下的 LF Credit（下称 LFC）为集团客户提供贸易信贷服务，解决供应链当中的资金困境，令买卖双方都可以更轻松、更有信心地完成交易。

贸易信贷服务的具体运作是：LFC 承购供应商的应收账款，当供应商向利丰客户交付货品时，LFC 便会代客户预先支付费用，到买卖双方的结账日，LFC 会从客户那里收回应收账款。在此过程中，供应商能早于结账日收到现金，利丰客户亦能延至结账日才支出费用，买卖双方都可以灵活运用资金。

为什么利丰客户情愿支付一点利息给 LFC，也要采用 LFC 的贸易信贷服务而非通过银行进行融资？银行一般会以折扣价买入供应商的应收账款，提供 60 天的融资并收取每月利息。银行为了降低风险，要求供应商除了要向利丰提交文件，还要向银行提供大量证明文件，接受严格审查，这些无形成本往往反映在订单价格上。相反，由于 LFC 主要为利丰的庞大客户群提供服务，全盘掌握供应链管理的细节及融资风险，同时，利丰对供应商的背景了如指掌，供应商无须额外提交书面证明或接受合规审查，只需签署简单的同意书便可以得到账单款项，客户还款期亦可以量身定制（见图 17-26）。

对供应商的价值
- 供应商获得应收账款融资，优于从银行或其他金融机构融资
- 供应商无需额外的抵押品，充分掌握资金周转
- 对于难以取得银行贷款的小企业而言，LFC 的融资令它们可以承接较大规模的订单，逐渐提升接单能力

对客户的价值
- 客户从发展中国家采购更容易，LFC 能代为提供贸易信贷服务，降低客户直接将货款给当地供应商的风险
- 客户可延长还款期，资金周转更灵活

**LF Credit
提供的贸易信贷服务**

图 17-26　贸易信贷服务对供应商及客户的价值

LFC 总部虽然位于新加坡，但是全球客户都可以轻松地向 LFC 申请贸易信贷服务，因为 LFC 实施的财务管理与冯氏集团的数据平台实时对接，申请者可直接在利丰的门户网站以电子方式完成申请。LFC 使用数字化系统替代繁重的文书录入工作；利用电子发票按采购订单进行核对、传递及批准，并通过标准化工作流程追踪进度，既节省时间，又提升效率。

供应链金融本身亦是一种客户关系管理。即使是一般被银行评为较高风险的融资申请，只要买卖双方均是利丰供应链上的伙伴，LFC 也可以经审核后承办贸易信贷服务申请。LFC 愿意为客户承担资金风险，除了因为买卖双方都在利丰的供应链监督之内，两者事先已通过利丰的信用筛查，还基于对客户的信任及长期的合作关系。利丰一向都很珍惜与供应链伙伴的关系，期望建立长期、稳定及可信赖的合作关系，不单提供贸易、检测及物流等服务，还通过 LFC 提供贸易信贷服务，令利

丰的端到端供应链更完备、供应链的流程更顺畅。

　　当然，企业必须重视资金流及融资风险管理的平衡（见图 17-27），并掌握其发展规律，这才是发展供应链金融的健康途径。随着全球品牌和零售客户的倒闭风险上升，冯氏集团建立了全球信贷风险管理机制，亦与第三方信用保险机构合作，管理这类应收账项的信贷风险。LFC 设立企业信用审核团队，定期监测供应商及客户的财务状况、盈利能力等数据，按照其财务表现评分，将信用额度与信用评级挂钩，有效管理信贷风险。

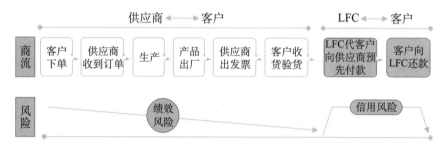

图 17-27　资金流及融资风险

　　除了应收账款，LFC 还会就应急事故提供信贷服务。例如，利丰客户在印度尼西亚的供应商工厂不幸发生火灾，生产暂停，利丰立刻帮助客户将订单转移至另一家合规工厂。由于该工厂规模较小，当时没有足够的资金购买原材料，于是 LFC 为这家小工厂进行融资，订单得以顺利完成。在此案例中，由于利丰有庞大的合规供应商资源及 LFC 提供适时的财务协助，客户的订单才可以如期交付。

06

第六篇

可持续发展的
利丰供应链

第十八章
可持续发展理念的觉醒

　　近年来，全球营商环境越发复杂，企业要面对不同方面的挑战：科技的突破改变甚至颠覆了企业的运营模式，企业要在变革的同时进行突围；新商业模式和新市场相继出现，部分企业可能将资源过度倾斜于抢滩新市场，甚至试图以巨额资金补贴方法占领新市场，而把企业盈利、长远发展、社会责任及可持续发展放在次要地位。

　　企业要在市场中站稳脚跟并生生不息地发展，需要目光长远、内外兼修。在企业内部，决策、财务、运营和环境等层面的风险无处不在。在应对激烈的市场竞争时，企业亦应防微杜渐，将既存风险纳入决策考虑，进行预防和控制。同时，企业需要为社会和自然环境等外部环境作出回馈和贡献。企业与合作伙伴应就可持续发展的目标达成一致意见，并互相监督。只有在整个企业生态系统中贯彻执行可持续发展理念，企业才能无后顾之忧，一往无前。

　　由于国际社会倡导可持续消费的改革，例如采用可再生资源，制定产品环保方面的强制性最低标准，使用强制性环保标签，开展鼓励源头减废的运动，加上群众参与、社会认同、绿色商业模式的出现，以及法律的制定，配合宣传、教育活动以及奖励计划等措施，消费者支持可持续发展的消费理念渐渐形成。

2011年12月，美国推动产品安全的全球领导者UL（Underwriters Laboratories）发布全球年度研究报告，调查消费者对于产品如何及在何处生产、销售、采购的感性认识。研究报告《产品意识指引》探索了消费者和制造商在产品安全、创新、性能和可持续性等方面看法上的相同和冲突之处。报告指出，日益强势的消费者希望制造商在产品安全和品质上提供更多信息[①]：

● 超过90%的制造商都信心满满，相信自己在产品安全、可靠性和可持续性方面高于基准点。但是70%的消费者并不认为制造商在发布新产品前已进行充分的测试。

● 消费者对产品信息的需求日益攀升，他们力求对产品有更多的了解，对制造商的要求也越来越高。

以中国为例，《2017伊利中国可持续消费指数报告》显示：若两种产品价格相同，97%的受访者愿意选择更有益于社会和环境的可持续产品；而大部分人群接受可持续产品价格高于普通同类产品10%以下。[②]面对环境污染及食品安全问题，生活条件日益改善的中国消费者对绿色环保的意识和产品需求在不断提升；中国"十三五"规划也提出绿色、时尚、品质等新型消费。内地消费者把绿色环保产品与他们关注的"安全健康"要素直接联系起来。随着雾霾、转基因、甲醛等成为热门话题，环保已经是消费者不得不认真思考、无法逃避的问题，支持环保逐渐成为一种生活态度。

---

① Underwriters Laboratories. UL率先展开对制造商和消费者的产品意识研究.（2011-12-12）. https://hongkong.ul.com/news/ul-product-mindset-20111212_20111212160100/.
② 新浪公益.《2017伊利中国可持续消费指数报告》发布.（2018-01-25）. http://gongyi.sina.com.cn/gyzx/2018-01-25/doc-ifyqwiqk4593186.shtml.

此外，虽然消费品供应链已帮助亿万人摆脱贫困，但是快速工业化也带来了严重的环境、社会和健康成本，全球消费者越来越意识到这些代价。随着一些违规工厂的事件被披露，推动中国企业在供应链合规承诺方面加以改善受到广泛关注。因此，供应商因成本上升和监管标准更严而面临更大的压力。

2017年，中共中央总书记习近平在中国共产党第十九次全国代表大会上的工作报告中重点提及，要满足人民日益增长的美好生活需要，努力实现更高质量、更有效率、更加公平、更可持续的发展。① 随着消费者进行可持续消费的意愿日益高涨，企业需要并有责任把可持续发展的理念融入企业的经营战略及价值创造。

第一节 冯氏集团的可持续发展实践

长期以来，冯氏集团始终不渝地朝着可持续发展方向前进，致力改善供应链领域所涵盖的各个方面。冯氏的供应商网络遍布全球50多个经济体，涉及10 000家供应商、超过34 000名员工及其家庭，这一广阔的生态影响着10亿人的生活。作为一个负责任的企业，冯氏将风险管理和可持续发展理念放在业务及计划过程中至关重要的位置。

自2002年以来，冯氏签署了"联合国全球契约"（United Nations Global Compact，UNGC），致力于把全球契约框架纳入日常运营、价值链及产品。自2015年9月联合国启动"可持续发展目标"以来，冯氏审查了内部议程，与全球各方共同努力，确保冯氏的可持续发展水平与"2030年可持续发展议程"步伐一致。

冯氏集团亦经常宣传鼓励良好的风险管理文化，定期和用户沟通以

① 新华社.习近平：决胜全面建成小康社会 夺取新时代中国特色社会主义伟大胜利——在中国共产党第十九次全国代表大会上的报告.（2017-10-27）. https://www.xinhuanet.com/2017-10/27/c-1121867529.htm.

及安排安全意识培训课程。集团致力于增强系统的安全性，以防止系统受到黑客攻击。通过实施最先进的技术来主动检测和应对系统中的潜在威胁，在当前采用的多层安全架构部署下确保系统得到妥善保护。集团将继续评估和更新技术，以增强网络安全能力，提高企业的风险管控能力，提高安全管理成效，持续配合公司长远发展，巩固并加强竞争优势。

凭借遍布全球网络的优势和对市场及产品的渊博知识，冯氏的愿景是通过其供应链带来可扩展及可持续的改变，推动社区发展、聚集供应链伙伴及利用创新的数字化解决方案，改善供应链领域所涵盖的人民生活。在创造经济价值的同时，亦创造社会价值，肩负作为全球公民的责任。提升环境、社会责任和公司治理（environment, social responsibility, corporate governance, ESG）的绩效指标是冯氏可持续发展策略的主要动力，ESG 的管理已融入全球运营。

一家企业在应对全球大型事件时最能体现其价值。面对 2019 年底突如其来的新冠肺炎疫情，冯氏第一时间成立了跨部门的全球危机管理小组，密切关注各地疫情的发展动态。

对内，冯氏做好防控工作，尽一切努力保障员工的健康和安全。例如，通过多种方式提前做好员工复工前疫情防控宣传工作，制作防控手册，明确员工注意事项及行为要求。复工期间，集团为员工准备了口罩、消毒剂、体温枪等防护物资，进入工作场所前进行体温监测，对公共区域全面消毒，督促员工勤洗手和注意个人卫生，共同守护自己和身边人的健康，确保复工后防疫工作落实到位。

对外，冯氏亦积极帮助有需要的社群，包括向不同地区给予支援及捐赠口罩，例如，集团把旗下的科技公司所生产的医用口罩给当地政府调配使用；香港 Circle K 向全港各区年满 65 岁或以上长者派发口罩并向当地慈善机构捐赠防护物资。另外，集团旗下的利丰物流积极配合多家客户的捐赠计划，在春节期间以及节后复工后对一线的医护人员和相关工作者给予支持和关心，在 2020 年 2 月留守员工不足的情况下，把各种捐赠物资，包括空气净化器、暖风扇、洗手液、护手霜、润肤露、羽绒服等，准时发运湖北及其他地区，在为客户提供服务的同时满足社会需求，相助抵抗疫情。

延伸阅读

联合国全球契约可持续发展目标

可持续发展目标是 2015 年在联合国峰会上通过的一项新议程，旨在从 2015 年到 2030 年间以综合方式彻底解决社会、经济和环境这三个范畴的发展问题，推动全球性的可持续发展。

可持续发展目标的 17 项原则如下：

1 无贫穷
在世界各地消除各种形式的贫困。

2 零饥饿
消除饥饿，实现粮食安全、改善营养和促进可持续农业。

3 良好健康与福祉
确保健康的生活方式，促进各年龄段人群的福祉。

4 优质教育
确保包容、公平的优质教育，确保所有人拥有终身学习的机会。

5 性别平等
实现性别平等，并赋予所有妇女和儿童权利。

6 清洁饮水与卫生设施
确保所有人享有清洁饮水和卫生措施，并对其进行可持续管理。

7 经济适用的清洁能源
确保所有人获得可负担、可靠和可持续的现代能源。

8 体面工作和经济增长
促进持久、包容、可持续的经济增长，实现充分和生产性就业，确保所有人有体面的工作。

9 产业、创新和基础设施
建设有风险抵御能力的基础设施、促进包容的可持续工业，并推动创新。

第二节　利丰的可持续发展倡议与策略方针

多年以来，利丰一直与"全球时尚议程"（Global Fashion Agenda）及多家国际知名服装企业携手努力，引领时装界的可持续发展变革。"全球时尚议程"是国际时尚行业巨头共同发起的一项最重要的时尚和供应链倡议，致力推动时尚可持续发展，并以"使可持续性更趋时尚"及"确保可持续发展成为高层次策略的优先事项"为使命。2019年，利丰参与编写倡议项目中的《行政总裁议程2019》①，其中列出了应受时装界领袖重视的可持续发展重点，包括：

①　Global Fashion Agenda. The CEO Agenda 2019.（2019）. https://www.globalfashionagenda. com/ceo-agenda-2019/.

（1）供应链可追溯性；

（2）应对气候变化；

（3）有效利用水资源、能源和化学品；

（4）互相尊重及安全的工作场所；

（5）可持续的物流组合；

（6）循环时尚系统；

（7）促进更好的工资制度；

（8）第四次工业革命。

就整体业务而言，利丰与母公司步伐一致，自 2009 年起，利丰已全面落实可持续发展策略，分别在 2014 年和 2017 年更新了策略方针，并根据以下四大策略调整行动（见图 18-1）。

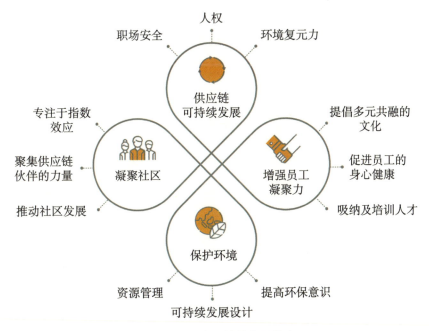

图 18-1　利丰可持续发展策略

1. 供应链可持续发展

管理风险及遵守法规，并与业界及伙伴合作改善可持续发展的表现，满足全球零售市场的需求，同时保护供应链内的员工及社区的生活。

2. 增强员工凝聚力

员工是公司的核心资产，也是业务取得成功的关键。利丰凝聚和支持员工，非常重视员工的福祉及职业发展。

3. 凝聚社区

利用全球网络推动社区发展，凝聚供应链合作伙伴的力量，利用创新的解决方案发挥指数效应，从而改善供应链中的利益相关者及社区的生活，为社区带来可扩展及可持续的改变。

4. 保护环境

致力减少对环境造成的影响，在业务中建构可持续发展的工作环境及提高员工对环境的关注度，带来改变。

第十九章

利丰的四个
可持续发展策略

第一节　策略一：供应链可持续发展

利丰凝聚全球供应链的力量，为全球品牌及零售商量身打造一站式的供应链及物流解决方案，为超过 2 000 家零售客户设计、采购及供应种类繁多的产品，包括服装、美容产品、配饰、家具及家居产品等。

利丰的首要工作是发展及经营负责任、具有可持续性及灵活性的供应链，以满足千变万化的全球零售市场需求，同时保障及改善所有业务相关人士的生活，并致力于改善供应链中 10 亿人的生活。

2019 年，利丰从接近 6 900 家活跃工厂进行采购，主要采购市场为中国、越南、孟加拉国、印度及印度尼西亚。其中 80% 的采购量集中于近 20% 的工厂，大约半数的工厂与利丰保持 5 年以上的紧密合作关系。

由于利丰的业务涉及数以千计的客户、供应商、各种产品类别及地区，必定会面对各地方政府及合作伙伴的众多要求。在某些情况下，客户会有特定的社会及环境合规要求，而一些客户亦会要求利丰引导它们厘定与业务最相关的标准及惯例。在供应链可持续发展的大前提下，利丰作为全球供应链管理者坚决执行以下措施：

（1）监管有关健康安全、劳工及环境的基本规定的合规操作，在不同发展程度的经济体当中，利丰会管理在当地的供应链的相关风险，包括极端贫困、薄弱制度和治理，以及生态系统受压。

（2）提高供应商的可持续发展绩效，以应对全球零售商及消费者不断变化的需求、不断变更的法律和法规，以及工人与相关社区的新意向。

利丰的社会及环保标准符合联合国《世界人权宣言》、国际劳工组织的核心公约及法律规定。然而，鉴于全球对履行《巴黎气候变化协定》《2030年可持续发展议程》以及其他国际与行业架构准则的期望越来越高，仅符合上述公约与规定还不够。可持续的供应链策略必须符合风险管理与合规标准，同时推动供应链在可持续发展方面不断改进。

应对不断变化的挑战，把握当中的机遇，乃是利丰供应链可持续发展策略的关键。利丰的供应链措施专注于以下三个重点：

（1）识别、按标准衡量及减小风险。利丰按国际及国家标准监察供应商的合规情况：建筑及防火安全、职业安全及健康、人权及劳工权利、商业道德及透明度，以及环保等方面的表现。不过，单靠审核并不会产生可持续发展的供应链。重复审核会令工厂把时间及资源用于公文式地应付审核，而非实际改善运营。因此，利丰设法减少重复的审核，让内部人员及供应商得以分配资源，真正持续解决各种问题，同时让供应商增强能力，能够独立地持续改善其工厂的日常工作。

（2）与供应链伙伴合作。利丰在可持续发展方面制定未来目标，并就供应链内的全球风险采取集体方针，改善社会及环境状况，以及各方绩效。利丰已签署多项相关的合作协议，确保伙伴间目标及方针一致，并充分利用在业界的影响力带动更大的进展。

（3）聚焦数字化。互联互通的数字供应链具有更高的透明度，可提升上游供应链伙伴的可视性，了解它们在人权、职场安全及环保方面的表现，进一步提供帮助及指引。例如，在供应商层面，可采用预测性分析等工具识别风险的性质及水平，来帮助执行、评估及修订行动计划。

一、风险管理和合规

利丰坚守良好的企业管治原则，其企业可持续发展和合规团队隶属冯氏集团，直接向集团主席办公室汇报，独立于任何内部和外部利益相关者。早在 2001 年，利丰就成立了风险管理及可持续发展委员会，由集团荣誉主席冯国经博士担任委员会主席，委员会就集团的风险管理及内部监控制度向董事会提出建议，并审核集团在企业责任及可持续发展上的常规及策略。可持续发展供应链的管理模式，不仅能够协助企业加强管治，达到管控风险的效果，更可为企业带来强劲的动力，迈向成功并惠泽社群。

集团的风险管理程序融入策略制定、业务规划、资金分配、投资决定、内部监控及日常运营，其中包括风险识别、可承受风险评估、监控制定及执行。这是一个持续的过程，包括定期监察、分析并向风险管理及可持续发展委员会汇报。集团亦会研究及讨论构成重大影响的新生风险。企业可持续发展和合规团队由全球 12 个国家逾 30 名员工组成，并由业务风险及供应链合规公司 Elevate 提供支持，覆盖范围遍布北美洲、中美洲、欧洲、中东及亚洲，而中心管治团队则扎根香港。

利丰的《供应商行为准则》（下称《准则》）是对供应商进行风险评估的基础规范，《准则》列出根据国际劳工组织核心公约、《加州供应链透明度法案》《英国反现代奴隶制法案》以及其他有关人权、劳工权益、安全、环境及保安、透明度与道德的地方法律所要求的最低标准。所有与利丰合作的供应商必须接受及符合这些最低标准。利丰亦提供一系列多种语言的资料作为《准则》的补充，其中包括社会、环境及保安的标准指引，以及工厂运营标准的相关实用资料。全球层面，利丰亦为刚开展合作的新工厂及集团的业务单位提供相关培训，确保合作伙伴了解《准则》及违规后果。

利丰采用一套兼具风险评估和策略性决定功能的程序来管理供应链风险，一方面与高能力低风险的供应商发展业务，另一方面支持需要调整的供应商改善表现。所有申请加入利丰供应商网络的工厂，均须接受全球评估流程，以及按《准则》规定进行的审核与监察。若这些工厂未能达标，它们的整体水平必须在指定时间内提升，在生产方面作出技术改进，提升运营的可持续发展能力，并以高度透明的方式经营业务，直至符合《准则》的要求才可以加入利丰的供应商网络。

利丰委派第三方审计公司负责评核供应商对《准则》的遵守情况，并根据各供应商的风险水平，采用不同程序审核每个一级供应商。利丰会整合审计资料和行业及全国数据，以综观整体风险。利丰亦会根据客户要求，或童工、强迫劳动等高风险情况，审核其他级别的供应商。通过诚信、表现和准确性等一系列稳健的关键绩效指标，利丰监测第三方审计公司的表现。情况许可的话，利丰还会利用丰富的审计资料比较不同的审计结果，量度公司表现，并向审计公司反映审计结果或风险评估的任何缺漏。利丰会轮流聘用不同审计公司进行实地审核，务求取长补短，善用每家公司的长处，并降低贪污的风险。

除了整合评估外，实时数据和成熟的分析工具亦有助于公司作出更快、更精明的决策，这对供应链尽职调查的发展至关重要。2018 年，利丰与第三方审计公司 Elevate 建立了名为"LF.VATE"的合作伙伴关系，携手为供应商提供基准评价和风险评估服务，支持并引导供应商改善业务。利丰的供应链覆盖范围广泛多元，意味着利丰可以从多个渠道获取合规数据和资料。因此，利丰能够快速作出明智决策，将生产交给实力较强、风险较低的供应商。通过从多个数据点取得信息并加以分析，利丰可以更全面地审视供应链合规性。利丰持续采用最新科技和先进算法，以期更准确地预测风险，防患于未然。

利丰通过内部评级系统，量度及追踪供应商的表现从而加快进度。在发现违规情况后，或评审加入利丰供应商系统的申请时，会要求相关工厂根据纠正计划处理问题。按违规情况的严重程度，有即时执行至执行3个月或6个月等多种要求。评级工厂的指标如下：

- A级与B级工厂可能出现一个或多个非关键问题；A级工厂属"接近合规标准"，而B级工厂则属"须改善"。

- C级工厂出现一个或多个关键问题，一般而言，C级工厂的问题必须经注资或花更长时间方可解决，以维持合规状况。

- D级工厂出现一个或多个严重问题。

- 就出现一个或多个零容忍问题的工厂而言，若问题并未得到系统性解决，利丰会停止合作程序，相关业务亦予以终止，并就此执行负责任的退出方案。

纠正流程的具体步骤因违规情况的严重程度而异。一般而言，违规的情况是通过审计或其他途径发现的，然后利丰与工厂商讨解决问题。工厂要订立一套纠正计划，其中包括分析核心原因，计划的重点是设计预防措施。利丰将监控及支持该工厂的改进过程，并验证问题是否得以妥善整治。然后，工厂在接受最终审计后必须获得C级或以上的评级，方可继续从利丰接受新订单。当出现零容忍的违规情况时，利丰终止与相关工厂的业务并与客户协商及执行退出方案。

利丰的全球数据显示，最常见的违规情况涉及社会福利、安全、过度超时工作与化学品管理等。为了帮助工厂提升效能，利丰提供量身打造的方案，满足相关工厂在社会、环境及其他主题方面的培训及能力培养需要，让供应商掌握必要的技能，以可持续的方式发展业务，促进持续的自我改进。2018 年，利丰开发崭新的数字学习工具，提供有关强迫劳动问题的信息、健康和安全以及环境绩效等方面的培训。

二、提升可持续发展表现

利丰与客户、供应商及行业合作伙伴共同努力，进一步落实可持续发展策略，务求满足客户对可持续采购物料及产品的需求，并通过对工厂的妥善管理，减少对环境的影响，重点工作包括职场安全、人权及环境复元力。

（一）职场安全

在孟加拉国，利丰为两个工厂安全改进组织担任顾问，包括孟加拉国消防及建筑物安全协议（下称协议）及孟加拉国工人安全联盟（下称联盟）。这两个团体分别由欧洲及北美的主要品牌及零售商组成。

在利丰的供应链中，属于协议范围内的工厂平均能够解决初次检查中发现的 84% 的问题，26% 的工厂能够解决全部问题。就联盟范围内的工厂而言，初次检查中发现的问题平均有 86% 获得解决，94% 的工厂现已全面解决重大问题。协议和联盟取得的成果证明了集体行动的价值。通过深入评估和对问题进行补救，辅以工人赋权和工人安全培训计划，它们在安全方面取得了可量化的改善。

协议及联盟的成果显示了集体行动的价值，亦表明工厂所有者应认真对待纠正流程，履行承诺，为员工提供更安全的工作环境。利丰了解到相关的价值，因此将这些组织的经验扩展到其他主要国家。为实现这一点，利丰与荷兰可持续贸易倡议组织和多个领先品牌及零售商合作，实施生命与建筑安全倡议。这项倡议将为孟加拉国以外的各国工厂提供同级评估、补救及安全培训。

（二）人权

利丰的人权架构以《联合国工商业与人权指导原则》为指引，根据国际人权公约及 1998 年《国际劳工组织关于工作中基本原则和权利宣言》为人权作出定义。这些原则，特别是它们在国家法律和现实生活背景下的应用，成为利丰人权政策及程序的内容和架构。利丰在有关社会对话、性别及工人福祉、反现代奴隶制及童工，以及工资等重要方面不断努力，促进人权发展。

1. 社会对话计划

利丰在孟加拉国实施社会对话计划，以改善孟加拉国"出口推广区"外的工厂中管理层与工人之间的关系，并增强关系管理的意识。该计划为中层管理人员提供有关结社自由、参与委员会、安全委员会及申诉机制等主题的培训。计划由利丰与 Just Solutions 共同开发，Just Solutions 是一家英国机构，在改善孟加拉国工厂关系方面十分有经验。计划第一阶段（2016 年 2 月至 2017 年 12 月）的结果显示，工人的离职率由 4.13% 下降至 3.16%，旷工率亦下降了 8 个百分点。计划第二阶段于 2018 年 7 月展开，大半年内已培训了来自 11 家工厂的超过 300 名中层管理人员及工人。

2. 利丰工厂员工应用程序

通过冯氏学院和利丰企业可持续发展和合规团队的共同努力，利丰工厂员工应用程序已诞生。该应用程序是一个数字平台，让工厂工人和管理层能够进行双向通信。2018 年初，利丰成功为越南的 10 家供应商推出应用程序，覆盖超过 15 000 名工人。在推出后的 6 个星期内，应用程序的浏览量就超过 26 000 次。迄今为止，利丰在 4 个生产国家推出应用程序，提供英语、越南语、印度尼西亚语、印地语、康纳达语、泰米尔语及孟加拉语等语言选择。2019 年的每月活跃用户数量较 2018 年平均增加 433%。

3. 打击利用童工及年轻工人进行危险工作的现象

利丰的《准则》禁止雇用未满 15 岁、未满完成义务教育年龄或相关国家法定就业年龄（以较高者为准）的未成年人。《准则》亦禁止雇用国际劳工组织第 182 号公约规定的最恶劣形式童工。

2018 年，利丰制定了专门程序以改善用于识别和纠正童工案件的内部流程，并将其标准化，为员工提供相关培训。由于孟加拉国仍然是利用童工及年轻工人进行危险工作的高风险国家，利丰越来越关注相关问题，与外部机构儿童权利和企业社会责任中心紧密合作，支持利丰在这个国家的工作，例如确保所有童工案件均根据国际最佳惯例及儿童的最佳利益得到解决。

4. 性别、健康与数字工资

利丰与商务社会责任国际协会合作推行 HERproject，涉及孟加拉国、柬埔寨、印度及越南等国的 84 家工厂超过 175 000 名工人。自 HERproject 计划于 2014 年推出以来，利丰举行了超过 1 000 场培训，即每家工厂在 14～18 个月内举行 12 场培训。随着最后一批工厂于 2018 年完成培训，计划结束，逾 5 000 名接受过培训的"同济教育工作者"将继续在其所在的工厂中分享学会的技能和知识。其中的 HERhealth 项目将培训焦点放在健康和营养上。该项目在多方面取得重大成果：印度工厂的生产力上升 11%，越南女性工人辞职率降低 28 个百分点，孟加拉国工厂的女性工人病假率亦降低 4 个百分点。

2018 年，利丰帮助商务社会责任国际协会推出 HERfinance 数字工资计划。该计划获得比尔及梅琳达·盖茨基金会的支持，集合全球品牌及其供应商与当地专家伙伴，共同帮助工厂及工人过渡至数字工资。

目前，全球超过 17 亿人无法获得正式的金融服务。对低收入的工人而言，现金支付意味着存钱的可能性较低，因此更容易受到意外的经济冲击（如疾病或失业）带来的影响。过渡至数字支付有利于所有工人，特别是女性，因为数字支付往往代表他们拥有正式账户的所有权和访问权。数字支付的记录系统确保工人能够妥善和及时获得工资，流程透明、高效且安全。对利丰而言，重要的是不仅能够确认工人获得工资，更可利用这一点作为早期指标，查看工厂是否出现可能影响表现、业务连续性及工人生计的潜在财政困难。

（三）环境复元力

利丰的环境方针包括识别和减小供应链中的环境风险，同时支持可大规模改善环境影响的解决方案。利丰与领先组织、思想领袖、品牌商、零售商和供应商合作，推动整个行业不断进步。供应链中的主要环境风险包括：

- 织物生产、染色和处理所产生的废水和化学污染；
- 水资源短缺，并因原料采购和加工以及面料生产而加剧；
- 供应链各个层面的能源消耗，以及温室气体和废气排放。

1. 采购中的环保特性

利丰的目标是满足客户对可持续来源材料和产品的需求，同时与拥有良好管理的工厂合作，从而减少对环境的影响。为客户提供虚拟设计及样板，不但有助于利丰快速分享概念、完善设计、选择材料和调整产品特性，更可避免差旅和运输对环境造成的影响，同时减少制作实体样板和产品所导致的浪费。利丰已经在与主要客户的业务中引入虚拟设计及虚拟样板技术，并期望进一步扩大这项创新、有效及可持续的采购方案的应用范围。

2. 评估工厂表现

可持续服装联盟在服装、鞋类及纺织业的可持续生产方面担任领导角色，而利丰是可持续服装联盟的成员。最初，利丰与此联盟的合作是开发 Higg Index（Higg Index 是一系列适用于设施、品牌及产品的工具，可测量供应链对环境、社会及劳工的影响）。

鉴于联盟的 Higg Index 尚未覆盖大部分供应商网络，而且在产品和工厂层面均有评定环境效率的迫切需求，利丰开发了若干辅助工具以评估供应商环保绩效并将其与相关指标进行比较。利丰亦与麻省理工学院的全球运营领导者计划及冯氏学院合作研发出一个流动环境数据平台，供应商能够利用网络工具进行简单的环境评估。对通过此工具收集的数据进行分析，可提高工厂的能源和资源使用效率，在产品层面提升环境效益。

利丰使用 Higg Index 设施环境模块评估供应链中的风险与机遇。2018 年，利丰已为 600 多家工厂评估其环保表现。利丰致力于在供应链进一步应用 Higg Index，2019 年的目标是完成 1 000 次模块评估。利丰鼓励供应商根据 Higg Index 提升其环保表现，并通过合作给予支持。

3. 减少化学品使用量

2017 年，利丰推出了一项措施来监控、减少并最终杜绝在供应链中使用危险化学品，从利丰的自有品牌开始推行。该计划为工厂提供培训，以识别应避免使用的主要化学物，并进行测试以确保进展。2018 年，利丰与 GoBlu 合作，采用更主动、可扩展的化学品管理方式以实现目标。此方式涉及一个重新设计的流程，以实现化学品库存数字化、简化须改善领域的追踪和识别、提高透明度，以及促进化学品的主动管理。到 2019 年初，利丰一共评估了 20 个设施，其中 3 个在中国，17 个在孟加拉国，并根据它们的化学品列表识别出必须予以替代的主要化学品。2019 年，利丰进一步扩大计划，覆盖利丰的直属工厂及上游伙伴。

4. 气候变化与能源效率

气候变化引发的极端天气有可能影响和破坏供应链中的不同节点，包括天然材料/原料的供应、生产商的产品制造，以及最终产品的储存及交付流程。这些管理风险已纳入利丰的风险评估流程。

利丰极力支持供应链上的供应商在环保表现及自动化科技方面取得领先地位。2018年，利丰在中国和印度的多家工厂实施"智能工厂"项目。通过安装能源传感器，中国工厂及印度工厂的用电量分别减少15%及3%，回本期更短至12个月内。利丰于2019年进一步扩展"智能工厂"项目，未来会逐步向那些能够有效节能的供应商采购更多产品。

第二节 策略二：增强员工凝聚力

作为全球供应链管理者，利丰深知人力资源是公司持续扩展业务和提升盈利的重要资产，因此非常重视招聘、培训及挽留人才。

在人力资源事宜上，利丰实行平等机会政策，从甄选与招聘，到培训与发展、绩效考核与晋升、薪酬与福利、裁员与解雇，以及退休等方面，都不会基于诸如种族、婚姻状况、性别、年龄及残疾等理由而存有任何形式的歧视。所以，利丰的高级管理人员及团队均来自世界各地，他们拥有不同的国籍、文化背景、工作经验及人生阅历，这种多元广泛的跨文化及国际工作经验启发创新，让利丰的全球业务健康持续发展。

目前，利丰在全球超过50个市场共聘用超过16 000名雇员。从设计师、采购员、品质保证与控制专家到仓库配送和物流专业人员，利丰的员工均属高技术人才，在其领域处于世界前列。

利丰的可持续发展策略着重于培养多元文化、实践公司的核心价值、关怀员工和增强凝聚力、培训人才，提供一个互相尊重、安全健康的工作环境。利丰对人才的措施集中于以下三方面：

（1）提倡多元共融的文化；

（2）促进员工的身心健康；

（3）吸纳及培训人才。

一、重点一：提倡多元共融的文化

鼓励全球员工团队认同和支持多元共融、互相联系、互相欣赏和互相肯定，是利丰的一项核心措施，借此缔造具有企业精神、凝聚力、彼此尊重的工作环境，培养员工对公司的长远承诺。采取平等与开放的态度可以提升业务表现。加强职场包容性，将鼓励更具创意的解决方案产生，亦能更广泛地吸引人才，助他们发挥潜能，在工作上尽其所能。

利丰通过内部通讯平台 One Family，每月发布教育主题文章及信息性影片，以营造学习环境并促进有关差异的开放交流。分享创新且引人入胜的信息与方法、讲解多元及共融的意义以及如何打破障碍和消除误解，可让员工开放地探讨多元共融如何丰富公司的文化和工作环境。One Family 内部通讯平台通过故事、网志和社交媒体信息，连接世界各地员工。2018 年，One Family 的页面浏览量超过 1 300 万次。员工还可利用 OneTouch 应用程序随时自由分享感受和想法，与世界各地有相同兴趣、热忱或职务的员工组成群组。

Ways of Working（WoW）把传统的办公室改造成开放式的工作环境，方便员工之间协作，工作流程更顺畅，沟通更快速，这种有利于想象与试验的空间亦有助于激发创意。此项目还利用数字平台技术把员工和客户联系起来。通过各地的 WoW 工作方式变革委员会，利丰鼓励员工接纳并推广这一文化转变。变革委员会不但就工作环境的整体布局提供咨询，也帮助员工适应 WoW 开放式办公环境。利丰位于香港、雅加达、青岛、新德里、首尔、新加坡、胡志明市及上海的办公室已完成改造，伦敦及达喀尔的办公室改造工程有望在 2020 年完成。

每年，利丰在全球各地办公室举办多项活动，与员工分享公司的策略，促进对话与创新思维。通过举办年度大会、团队会议及其他活动，让员工可向经验丰富的专业人士学习，并与其他员工协作构思业务计划。为了让员工与行政总裁与高级领导团队直接交流，利丰在 2019 年于全球多个城市举行了 115 场员工沟通大会，讨论业务的重点、表现、方向及计划，员工现场参会超过 17 000 人次，有 1 100 多名员工在全球各地以视频形式参与。利丰亦定期举办答谢活动、家庭同乐日及员工嘉许颁奖礼，嘉许员工为公司付出的努力。

二、重点二：促进员工的身心健康

利丰非常重视员工的健康、安全和福祉，确保员工在工作中感到安全和受尊重，并能发挥所长。

（一）劳工权利

利丰制定了一套策略及计划以支持员工福祉，并符合公司办事处、生产设施及配送中心等不同工作环境的职业健康及安全规定。为满足各地需要及符合当地法律规定，利丰确保员工的工作时间、福利及其他雇佣条款均根据当地情况量身定制。利丰位于曼谷的生产设施连续十年获泰国劳工部颁发的"劳工关系与福利优秀机构奖"，印证了利丰在这方面的努力。

利丰支持人权及劳工权利国际宣言，并且非常重视维护一个互相尊重、没有任何歧视及骚扰行为的工作环境，为所有员工提供平等机会。所有新雇员在接受入职培训时都要知晓该守则的要求。该措施支持员工更坚定地履行承诺，在实施时以政策及指引为依据，在收购新业务及持续进行的招聘、培训、表现评估、纪律及申诉程序中严格执行。守则明确结社自由和集体谈判权均获得尊重。

（二）职业安全

利丰在全球网络采取各项措施，确保设施安全且符合用途，亦定期举行安全、火警及紧急应变演习。

利丰的所有物流设施已全面实施正规的职业健康及安全（Occupational Health and Safety，OHS）管理系统，其旗下六个位于中国香港及一个在新加坡的设施均获得职业健康及安全管理系统（OHSAS）18001 OHS 标准的认证。两个位于中国内地及一个位于泰国的设施获得 ISO 45001 标准认证。利丰在新加坡的配送中心获得新加坡工作场所安全与健康委员会颁发的 BizSAFE STAR 证书。在泰国的设施亦连续 4 年获得职业安全与健康研究所颁发的"零意外银奖"。

利丰在所有设施举办有关工作场所危险意识、安全工作实践、化学品管理、铲车操作、安全驾驶、泄漏、火灾和紧急事故预防及应对等主题的安全讲座、培训课程与演习。另外，利丰还举行多种形式的职业健康及安全活动，并提供辅导、医疗及疫苗接种服务。

（三）身心健康

利丰在全球实施员工健康及福祉计划，专注提升员工对各种健康、情绪与社会问题的认知，帮助他们取得资源以应对不同的需要。利丰在全球多个办事处设有健身中心，为员工提供健康检查、自我帮助及正念训练，以及瑜伽、舞蹈课程及马拉松训练等，曾举办多项较大型的活动。

（1）myRun 是冯氏集团的一个全球性的运动项目，目的是鼓励员工组织参加本地的跑步赛事。跑步比赛不单是一项极佳的团队建设活动，也是促进员工建立更健康的生活方式、给他们所在社区提供支持的好机会。这项活动始于 2009 年，当时有约 200 名员工参加了香港渣打马拉松[①]赛事，这是在香港举行的一项国际体育盛事，也成为 myRun 一个重要的年度活动。香港员工组织参加马拉松赛事渐渐扩展至其他地方，现在全球各地办事处主动参与当地的跑步赛事、慈善跑或其他跑步活动。

（2）每年的 11 月，利丰的男员工会参与一项有关男性健康的国际活动"十一胡子月"（Movember）。此项改善男士健康的活动在 1999 年始于澳大利亚，参与活动的男员工"Mo Bros"会 30 天不刮胡子，而女员工"Mo Si"就致力于通过一系列活动如筹款、健康讲座和电影播放

---

① 由香港业余田径总会主办，自 1997 年起该赛事由渣打银行冠名赞助，故得此名，是香港最大型的公路长跑比赛。

等，提高对男性健康问题如前列腺癌、睾丸癌和抑郁症的关注。近年，利丰与"十一胡子月"举办者合作，为了提高员工的参与率，把"十一胡子月"的健康指南翻译成 9 种语言，向世界各地的办公室、工厂和配送中心派发。

三、重点三：吸纳及培训人才

吸纳及培训优秀人才是企业发展业务的必要条件。近年，利丰大幅增加在 LinkedIn、Facebook、Instagram 及微信等社交媒体上的曝光率，以吸引世界各地最优秀的人才。利丰从 2015 年开始使用 LinkedIn 招募人才，2019 年通过该平台收到超过 40 000 份职位申请。2018 年，利丰通过 HireFit 预测模型把人工智能应用于人才招募，不但提升了流程效率，让人力资源团队节约了宝贵资源，亦为应聘者营造了更好体验。

HireFit 使用人工智能加强版的网上面试，分析人类语言隐藏的模式，从而预测一个人取得成功的机会。这个系统使用了天然语言处理及计算语言学的尖端科技。与其他长达一小时的评估及连串测试不同，HireFit 只要求求职者完成一项由 3 条无限制问题（答案没有正确或错误之分）组成的调查，并对其进行人格评估，从而深入观察求职者的人格、技能及"适合程度"（见图 19-1）。

图 19-1 HireFit

除了吸纳外来人才，利丰亦鼓励员工把握内部转职机会，提升技能或发展新的竞争力。作为公司持续的人才发展计划的一环，利丰亦鼓励有潜质晋升为领导层的员工跨职能和跨地区发展，为他们在未来担任领导角色做好准备。

（一）鼓励学习

利丰相信建立浓厚的学习文化对于可持续发展起着至关重要的作用。为了支持员工充分发挥才能，利丰制定了一系列展才计划，着重培训领导能力、增加专业知识和技能，以及提高生产力。

利丰亦为员工提供灵活的学习途径，2018 年 9 月，利丰开始启用新的人力资源信息系统 Workday，其中的 Workday 学习平台有近 2 000 个学习课程及约 17 000 份网上学习资料，包括应用程序、电子书、影片、网络研讨会及播客等，员工可按自己的进度灵活分配时间学习。课程主题包括事业发展、技能培训及个人发展等。Workday 平台亦容许学习者上传及分享自己的学习倡议，鼓励学习交流。2018 年，约有 12 500 位员工参加分享或使用了这些学习资源。

（二）领袖培训

2017 年，利丰修改和更新了领导才能模型，以迎合"三年计划"的主题"速度、创新、数字化"。通过使用一个以能力为基础的领导方式，利丰可以更好地识别和发展人才，令他们脱颖而出，成为下一代领导者。利丰亦为高层管理人员举办重点工作坊，协助他们根据既定条件和流程识别发展高潜力的人才。根据公司不同的工作级别，利丰更新了六项领导才能（见图 19-2）。

图 19-2 领导才能模型

在冯氏学院的支持下，利丰继续为不同级别的管理人员制定相应的领导才能计划。"领导自己，领导他人"领袖培训课程自 2015 年推出以来，一直让高级与中级管理人员学习不同技能，从而胜任员工管理角色。参加者通过多个仿真练习与任务，深入了解自身及其他人的工作方式和特质，从而改善与团队的沟通和联系，以及提供和接收反馈的方式。至 2018 年，此课程达到全球培训超过 1 500 名管理人员的里程碑。

（三）专业及技术性培训

近年，利丰推出顾问式销售工作坊，将业务发展由以往的集中于纯粹达成销售交易，转移至具有持续性的商贸合作层面，为客户的业务创造价值和施以正面影响。通过把焦点放在客户面对的挑战上，利丰的采购员工掌握了顾问式思维以及各类模型、工具与技能，以商业合作伙伴的角色为客户提供解决方案，帮助它们达到业务目标。

为了使员工具备必要的数字化、技术和管理技能，接纳改变，成功根据"三年计划"完成转型，利丰举办了量身定制的体验式培训课程。课程主题包括自我意识、压力管理、建立复元力与应对挑战、情感灵活度、团队联系，以及个人变化、动机和积极的心理动态。

另外，利丰依照国际认可的准则和指引，支持员工参加更深入详尽的漂染色和印染计划。利丰亦举办研讨会，重点关注如何提升颜色管理及纺织品漂染的速度及创新。利丰有 200 多名员工参与这些研讨会，向外部专家学习运用数字印花技术的方法、纺织品漂染的新技术、对已上色纺织品的视觉评估以及设计及审核流程中的颜色数据数字化。这些知识让员工了解精确颜色管理并提高效率，在加快产品开发和生产交付速度方面具有重大作用。

利丰亦与 Trendalytics 平台合作，开发了以最新趋势、品牌和市场情报为焦点的网上课程。此平台可提供有关消费者、趋势、定价和竞争者的信息，负责产品开发及采购的员工可利用该信息，为客户量身定制仪表盘。Trendalytics 与利丰世界各地的员工分享趋势情报，当中包含一系列数据驱动的趋势预测及报告，所涉范畴包括配饰、美容、时装周、鞋类、男装、女装及 Trendalytics 的操作提示。

在加强对遵守道德和廉正运营的承诺方面，利丰的业务部门、法律 / 合规部门和发展部门等团队组成了工作组。2017 年，工作组在 19 个地方举办工作坊，超过 2 800 名公司员工和来自 30 家供应商的代表参与。通过演讲、案例学习和分组练习，参加者学会如何更好地认识、了解和远离会带来负面形象的行为。这些工作坊让参加者掌握合适的技巧，按照公司的业务守则和标准规范自己的行为。为持续推进这项重要的活动，利丰在香港、上海、深圳和台北开展了有关培训人员的活动，并认证了 64 位领袖培训员，以便在各地推动培训课程。

（四）创新及试验计划

利丰与奇点大学合作，为高级管理层推出数字教育计划，学习如何通过识别颠覆性力量、了解指数型技术及运用创新工具和方法，加快推动创新变革。

第六章提及的平台 The Kitchen，于 2017 年底已有超过 2 500 位员工协作并提出 600 个创新概念。平台渐趋成熟，概念和执行的质量显著提高，众包概念与业务的相关性增加了 23%，而顺利蜕变成为原型的概念亦大幅增加 178%。部分由 The Kitchen 孵化的创新产品意念亦通过与客户合作进入市场。The Kitchen 曾获《福布斯》[①] 以及《麻省理工学院斯隆管理学院评论》[②] 报道，利丰亦因 The Kitchen 项目荣获 Spigit 颁发的 Ignite 2017 年度发布大奖（Launch of the Year award）。2018 年，The

---

[①] Robert Tucker. Cultivating A Risk-taking Culture：Inside Li & Fung's Innovation Journey.（2017-06-06）. https://www.forbes.com/sites/robertbtucker/2017/07/06/cultivating-a-risk-taking-culture-inside-li-fungs-innovation-journey/#37c1fb9a7e14.

[②] Arvind Malhotra, Ann Majchrzak, Lâle Kesebi, Sean Looram. Developing Innovative Solutions Through Internal Crowdsourcing.（2017-05-31）. https://sloanreview.mit.edu/article/developing-innovative-solutions-through-internal-crowdsourcing/.

Kitchen 再接再厉，主办了 9 个网上挑战活动，超过 2 100 人集思广益，构思产品及流程等方面的持续改善方案。

另外，利丰实施了以下措施，从根本上改变运营业务及与供应链中利益相关者互动的方式：

● 通过提供指导并引入设计思维和快速原型技术，提升业务部门解决业务问题的能力。不论是业务流程还是与客户合作的效率，都有显著提升。举例而言，其中一项合作项目使制作时装所需时间（从设计概念到发货至店铺的时间）由 40 个星期缩短至 24 个星期，节省了 40% 的时间。

● 为业务部门在策略发展中的创新提供研究支持。举例而言，对千禧一代的购物习惯进行研究，可考证其购物及作出购买决定的相关假设与看法，从而帮助业务部门为客户提供有针对性的新产品或服务。

● 对供应链数字化的概念进行试验，这涉及生产线与订单系统之间的联系，工厂可按要求制作半定制产品。

● 通过反思和探索产品开发的各个方面，利用技术为客户开发有意义的小产品。研究团队采用传感器与连接性技术对材料选择进行试验，通过研究、构思、快速原型设计和消费者验证有效测试新的可穿戴产品，然后在内部分享所得成果。研究团队已为某娱乐集团成功研发产品，其中一项产品正在申请专利。

● 举办名为"Hack the Runway"的黑客马拉松，将各个创新者、机器学习大师、数据科学家、用户体验和用户界面设计师及应用专家社群联系起来，解决各种业务问题。

● 举办"Hello Design Thinking"工作坊，主要推广设计思维的原理和方法，以及在解决业务问题方面的应用。

● 实施业务模拟计划，通过把采购业务中有待解决的模拟挑战及问题游戏化，建立协作所需的业务弹性及技能。

● 利丰把焦点放在创新者社群的建立和培育上。对外，利丰亦正建构一个合作者生态系统，初创公司及大型跨国公司均涵盖其中。利丰致力凝聚力量，打造创新者社群，加快步伐迈向目标，创造开放创新的企业文化。

● 2018年起，利丰开始试验先进物料的内部知识平台，该平台由顶尖趋势分析师统整而成，由一众设计师、物料专家和采购人员负责运营。平台聚焦于电子纺织品、可持续发展布料或发热布料等先进物料，以探讨其多元化的崭新应用方式。通过这个平台，利丰的员工能够认识并试验这类逐渐受市场和客户欢迎和认可的先进物料，为客户打造创新方案。

（五）新一代领导团队培育计划

冯氏集团的业务遍及全球超过50个国家及地区，集团贯彻轻资产的管理原则，确信优秀的员工是集团最宝贵的资产，致力于广纳贤才。

管理培训生计划是由冯氏集团主席冯国经博士指导设立的，其理念是为具有才能的年轻专业人才打造发展平台，在提升专业水平的同时为他们匹配能发挥所长的工作领域。冯博士希望管理培训生能在不同的领域为集团端对端供应链带来协同效应，并借助他们的新思维和工作模式，使冯氏集团的业务不断创新和持续发展。

 延伸阅读

管理培训生计划

由冯氏学院负责的管理培训生计划从世界各地招揽有潜力的人才，例如吸引牛津大学、剑桥大学、麻省理工学院、纽约大学、清华大学、中欧国际工商学院等的优秀人才，为他们提供端对端供应链的培训、国际营商的实习机会，以及于集团内外建立人脉联系的平台。管理培训生

将会成为集团业务或特定职能部门的领导，从而为集团以及业务相关的
社群作出贡献。

　　培训计划接受不同国籍、不同教育背景和工作经验的外部或内部人
才申请，以"因品格而获聘用，再培训专业技能"的理念甄选和集团价
值观一致的申请者。同时，申请者需具备一定的国际视野、流动性和适
应能力，以应对集团全球业务对人才的需求。

　　冯氏学院每年会从来自世界各地逾千位申请者中选拔最优秀的
15~20位年轻人成为管理培训生。过去8年，培训计划已为集团培育
超过100位管理人才。他们来自26个国家和地区，在遍布亚洲、欧洲、
美洲和非洲的近70个地点实习。

　　不同的供应链业务和功能对人才的需求有所不同。由于各业务领
域需要不同技能和特质的员工，而员工在适合他们的业务领域和职能中
才会有最佳的表现，管理培训生可选择申请符合自身专长和兴趣的专业
领域。

为期三年的培训计划

　　培训计划分为两大阶段，第一年为基本培训，而第二、三年则是指
导发展。培训计划第一阶段包括两次分别为期3个月的实习，以及一系
列专业培训。通过实习、考察及交流，管理培训生能了解集团不同领域
的业务及在不同地区的具体操作。

　　基本培训完成之后，冯氏学院会根据管理培训生的技能和集团业务
的需求进行职位配对。作出配对时从几个角度考虑，包括：评估业务范
畴是否适合该管理培训生，该管理培训生能否为实习的业务部门作出贡
献，以及管理培训生发展的学习需要。

　　第二阶段为指导发展，管理培训生在各部门开始正式工作。作为
部门的初级管理人员，他们会得到职业生涯规划及高级管理层的悉心指
导。管理培训生会在新的工作岗位接受在职培训，确保所属单位适合他

们的长远发展。管理培训生还会接受年度的集体培训，以了解集团最新发展以及继续拓展他们的人际网络。

集团及管理培训生之双赢局面

培训计划每年能吸引全球逾千名优秀人才申请，是因为计划的高留职率、累积的正面评价和冯氏集团一贯的良好声誉，更是因为集团为管理培训生提供多元化和国际化的工作机会，这些都成为有志参与计划的人才的强心针。

在为期3年的培训计划中，管理培训生不仅接触自己专业领域的业务，更有机会在全球的部门实习，对集团的多元化业务乃至整个端到端供应链都会有所了解。计划不仅为他们提供发展事业的平台，更让他们有面向世界和扩展全球人际网络的机会，帮助他们突破现有的事业高度。作为集团的未来领袖，管理培训生需要为集团注入新思维，推动业务创新，因此他们会在集团的长期支持下得到持续的专业发展。除了技能和知识构建之外，培训活动也为他们提供互相交流的机会。

四、展望未来

面对行业的快速发展，利丰在建立未来供应链时亦须处理不断改变的需求。因此，员工必须掌握必要的技能，于当下及将来采取以客户为中心的方式运营业务，缔造持续专业发展及不断适应的创新文化。

展望未来，利丰的优先工作包括加强企业文化与员工培训，使之符合集团的目标及价值，以及通过采用前瞻性方针修正绩效管理以支持"三年计划"，确保学习、职业和领导力发展符合利丰的业务方向。

第三节 策略三：凝聚社区

冯氏集团从开业初期的一家小型贸易公司发展至今，一直深知企业成功之道在于回馈社会，与业务植根之社区分享经营成果。集团一方面在有业务经营的城市和社区创造就业机会，促进当地经济发展；另一方面推行社区外展计划，特别是在培育青少年发展方面进行投资。

冯氏（1906）慈善基金会于2006年成立，支持冯氏集团在世界各地的员工参与社区活动，为社区作出贡献。2016年，冯氏（1906）慈善基金会改名为利丰慈善基金会（The Li & Fung Foundation），成为利丰的企业基金会，旨在支持为利丰供应链领域所涵盖的10亿人口的生活带来改变的活动。利丰慈善基金会的工作聚焦于以下三个范畴：推动社区发展、凝聚供应链伙伴力量，以及专注于指数效应。

一、推动社区发展

利丰通过调配全球员工的专长、兴趣、时间和天赋，增强社区参与意识，解决社会及环境问题。利丰鼓励和支持员工协助有需要的人士改善生活，并通过筹办地区活动及全球运动，为社区的福祉作出贡献。

利丰的社区参与大使激励员工参与社区服务、分享信息、与社区合作伙伴联系、举办活动及记录功效与成绩。利丰出版的《社区参与双周通讯》报道在全球议题各方面的工作，亦刊登员工在世界各地奉献社会的故事，增强员工的社区服务意识，鼓励他们参与社区活动。此外，利丰也通过《义工领导者每月通讯》、网站最新消息以及社交媒体渠道增加员工与义务工作者的沟通。

为了令社区参与工作更有成效，利丰直接与全球超过80个社区伙伴携手合作，包括亚洲女子大学、商务社会责任国际协会、多地的癌症基金会、柬埔寨儿童基金会、Captivating International、诺贝儿童基金会、Crossroads、仁人家园（Habitat for Humanity）、Movember Foundation、红十字会、Room to Read、妇女基金会及世界自然基金会。

（一）潜能发展

为需要帮助的人提供学习和成长的机会，可以改变命运并对社区的福祉作出贡献。利丰与各地方组织合作，帮助弱势社群或被剥夺权利的儿童、青少年和成人接受教育、学习新技能，令他们在个人和／或事业上有所发展。举办的活动包括：

● 资助中国的女童接受教育并为其提供日常生活用品，使她们能在安全、良好的环境中学习，此外还提供职业培训。

● 超过 12 700 名青少年受惠于各项社区参与活动，例如在孟加拉国、柬埔寨、中国、危地马拉、巴基斯坦、菲律宾、泰国、美国及越南进行的辅导、物品捐赠、肥皂再分发、植树、电脑实验室安装、职业讲座及家访活动。

● 与亚洲女子大学、Foster Pride、妇女基金会及其他关注青少年的组织合作，协助贫穷但具备潜质的青年发展所长和脱贫。利丰在孟加拉国通过职业工作坊、演讲、师友计划、生活指导、工作实习、经济支持和实习生计划，与青年分享技能、经验和专业知识。

（二）帮助有需要的社区

利丰相信每个社区都拥有独特的文化特色和地理特性，因此，要提升员工对社会责任及环保方面的关注，最大限度发挥他们的影响力，为社区带来有意义的改变。为达到此目标，利丰鼓励员工身体力行，参加有关环球议题的全球性运动及针对特定目标的当地项目。利丰举办的全球活动主题广泛，同时亦支持满足社会需要和改善生活的多项本地化活动，例如：

- 从各地海岸及市区收集垃圾、植树，举办工作坊，以增强环保意识。此外，来自 24 个国家的员工及其家人、朋友踊跃参与，承诺放弃使用一次性用品。

- 利丰提升员工对人道主义的关注，在全球各地（从泰国到土耳其）39 个办事处的员工共献血近 54 万毫升，可拯救 2 845 个生命。

- 利丰在员工和社区的健康上投入资源，启动多个项目，开展多个活动并积极筹款，旨在提升人们对相关议题的关注。利丰在巴基斯坦卡拉奇的一个弱势社区为支持当地一所学校的基础设施升级，举办难民运动会、为难民筹办体育活动、支持跑步赛事及推广健康运动。利丰的妇女健康关注运动"粉红月"获得危地马拉、尼加拉瓜、荷兰以及菲律宾等地超过 4 000 名员工以一身粉红色打扮响应，而利丰的男士健康关注运动"十一胡子月"同样获得全球各地雇员支持。2018 年，利丰是香港地区筹款最多的 5 家企业之一。

- 在孟加拉国、中国、巴基斯坦、土耳其和越南，利丰积极参与学校翻新改造工程，以改善学校环境，其中包括校服和教学设备的捐赠、建筑及基本维修项目，以及其他基本必需品的捐赠以支持儿童教育。

- 利丰员工在世界各地付出时间及努力做公益，为难民、学生、老人、有需要的儿童、贫穷妇女、孤儿和露宿者捐赠衣物、食物和学习用品。

二、聚集供应链伙伴的力量

供应链是利丰业务的基石，亦是连接世界各地社区的重要工具。利丰集合客户、供应商及社区合作伙伴的力量，分享技能和专长，通过推行特定项目为利益相关者建立可持续的共享价值。作为聚合的催化剂，利丰相信协作的力量能为业界带来改变，因此利丰跟全球客户、供应商及其他业界利益相关者合作，共同解决行业在发展上所面对的挑战。以下是利丰于 2017—2018 年开展的活动的例子：

- 与 Industree Foundation 在印度分享行业专业知识和最佳实践以建立组织的能力，并与万事达信用卡融合性金融实验室合作，帮助印度的珠宝工匠提升行业知识和改进工作方式。

- 与商务社会责任国际协会合作推出 HERproject，在孟加拉国、柬埔寨、印度和越南开展培训，提升工人（大部分为女性）在营养、健康及理财方面的知识，从而改善工厂内的沟通协作及提高效率。项目在多方面取得积极效果，包括工人缺勤和请病假的天数减少，大幅改善了工作场所的沟通。

- 在比尔及梅琳达·盖茨基金会的支持下，利丰推出了商务社会责任国际协会 HERfinance 数字工资计划，集合全球品牌及其供应商与当地专家伙伴，共同帮助工厂及工人过渡至数字工资。

- 与物流业务部门合作，收集及运送旧衣物，以支持香港的社区合作伙伴，包括 Redress 及九龙金域扶轮社。

- 帮助残障人士找到有意义的工作是社会融合计划的一部分，这些计划在中国台湾的物流设施包装业务及在中国大陆的美容产品生产业务中推行。现在这些人都拥有了长期的收入和工作经验。利丰的美容产品业务亦跟国内一家设于郊区的工厂合作，为工人增加就业机会及促进社会共融。

三、专注于指数效应

凭借科技、信息及网络的力量，加上员工的热忱，利丰致力于落实多个可扩展计划，让许多人从中获益。通过与生态系统内外部的公司和机构合作，利丰期望为世界带来重大改变。利丰相信指数思维和行动能够为公司员工、社区及供应链的工人创建更美好的世界。

利丰充分利用科技的力量，在线上平台对内对外分享工作成果，并为世界各地有需要的创业者提供微型资金。利丰更邀请社区成员参与各个议题的研讨会，为工厂工人推出互动教育应用程序试点项目。其中重点的项目包括：

● 与 Kiva 合作，为超过 30 个国家接近 200 名创业者（其中 84% 为女性）提供微型资金。大部分创业者位于利丰业务所在的地区，包括柬埔寨和越南。

● 利丰员工及其家庭成员、朋友与前员工积极参与义务工作和筹款活动，扩大利丰在社区的正面影响。义务工作包括需要亲力亲为的社区支持项目、环保项目、教育项目、献血活动、健康运动项目、筹款及捐赠活动。

● 利丰通过集团的内部沟通渠道及社交媒体平台，与员工分享动人的社区参与故事，并鼓励员工交流心得。2018 年，利丰的 One Family 平台的参与和浏览次数超过 1 300 万次，利丰的社交媒体受众人数亦持续上升。

第四节　策略四：保护环境

过去多年间，利丰进行多项投资，完成了能源与水源效益提升及翻新工程，并对全球各业务进行调查，了解全球运营正在采取的措施，鼓励减少对环境造成影响的业务。利丰的全球办事处、配送中心及生产设施在运营、维护、翻新及装修方面均采用最佳实践方法，包括采取措施增强工作场所的可持续性、减少消耗、减废、推广循环再利用及扩大采购具有可持续属性的项目，投资于节能建筑系统、器材及照明、节水设备及装置以及节省燃料的运输工具。

利丰努力实现联合国可持续发展目标中的"经济适用的清洁能源"

及"负责任消费和生产"。2017 年，利丰荣获香港管理专业协会颁发的"可持续发展奖"之卓越奖，此奖项表扬利丰将可持续发展引入业务，从而提升经济、环境、管治与社会表现。另外，利丰亦获得香港特别行政区政府环境运动委员会颁发的"香港环境卓越大奖"（服务及贸易业）金奖及"香港绿色机构"证书。

利丰在泰国曼谷的设施扩展了其全面可持续发展计划，彰显利丰对环保的承诺。由于此设施在环保方面取得成就，获得了泰国政府颁发的多个奖项和证书，包括自 2011 年连续获得产业部颁发的"良好环境治理奖"和"绿色产业证书"。2017 年，该设施再一次荣获"绿色产业证书"第五级别的最高殊荣，这是对其凝聚供应商、业界及社区伙伴一起参与提升整体环保表现之举的认同。

2018 年，利丰开展多项全球运动，以提高对全球气候和废弃物危机的认识，并分享行动诀窍。时至今日，利丰的各项业务运营均实施了量度、追踪及管理环保表现的系统，共有 14 个配送中心获得 ISO 14001 环境管理体系认证。

重点一：提高环保意识

利丰鼓励和支持员工注意如何在日常生活中减少对环境造成的影响，亦大力支持他们付诸行动，减少消耗和浪费，扩大采购具有可持续属性的项目。为唤起员工的环保意识，利丰鼓励员工参加各类活动，包括在业务运营上努力节约资源，植树，清洁公园、河岸、海滩和海岸线，以及保护沿海海洋生物。

利丰全球员工可通过 One Family 内部通讯平台及其互动功能分享最佳的环保实践方法。One Family 不仅报道有关环保措施的故事，还鼓励员工通过实时推送界面，围绕感兴趣的话题评论文章、撰写及追踪网志、分享影片。

员工可于 One Touch 应用程序自行记录义务工作时间，而利丰亦鼓励员工善用年度 8 小时的义务工作休假政策，参与他们所支持的社区活动。例如在 2017 年，利丰连续 6 年举办 "Clean up our World" 运动，4 700 多名员工共同贡献了接近 11 000 小时支持 71 个海滩的清洁和其他环保活动。利丰还推出了 "创造更美好生活" 计划以表扬在 One Touch 上记录 8 小时或以上义务工作时间的员工。自计划实施以来，有 450 名员工成为 "创造更美好生活超级英雄"。

重点二：可持续发展设计

将可持续发展的功能融入空间的设计、建造和整修，改变办事处、配送中心以及生产设施，是利丰努力减少对环境造成的影响，以及为员工维持一个健康、安全及美观的工作环境不可或缺的一环。

根据《新建筑物、主要改造和室内商业用途的可持续设计、建造及改造指引》，利丰提供符合人体工程学的工作空间，采用资源效率高的设备和装置，并选用符合第三方认证要求的建筑和内部装修材料、家具及其他物品。

2019 年，利丰在纽约取得一项领先能源与环境设计（Leadership in Energy and Environmental Design，LEED）白金级认证，在香港获得一项金级及一项银级认证，在伊斯坦布尔亦有一项银级认证。利丰的巴黎办事处设于获得 BREEAM 认证的建筑物内，利丰在新加坡获得 LEED 金级认证的配送中心亦获得新加坡建设局颁授的绿色建筑标志白金奖。

WoW 工作方式项目于 2016 年推出，支持利丰 "三年计划" 的业务改革目标，包括重新设计全球各办公室的工作空间，以鼓励更多的协作。WoW 工作方式项目会通过减少翻修工序、在模块化多用途的工作空间中以灵活方式改造家具，以及使用环保型材料，以减少对环境的影响。

重点三：资源管理

2019 年，利丰全面汇报公司全球业务整体环境数据，报告范围涵盖全球超过 230 个办事处和 220 多个配送中心。

（一）负责任的采购

利丰按《供应商行为准则》的要求评估供应商的表现。该规定亦正式纳入利丰与供应商签订的合同，也属于建议书要求及遴选程序的一部分。

利丰加强评估公司的采购惯例，增进与供应商的交流，建议采取可减少相关活动对环境影响的措施。利丰同时启动了一个检视系统和流程的项目，旨在使验证和审核供应商的过程更为健全，以确保供应商网络日趋符合利丰的准则中有关社会和环境的规定。

利丰推出的增效措施让公司对环境有更正面的影响：

● 减少使用国际快递服务。此措施不但减少利丰和旗下的工厂及客户之间空邮样板的数量，亦减少了物料浪费和温室气体排放。

● 透过监测商务飞行的效率与成效，加强整体商务差旅的决策流程。

● 在各办事处移除及整合打印机，2018 年，办事处打印机总数减少 1/4。

（二）提高能源效益及减少排放

气候变化正严重影响全球和生态系统的复元力。气温和天气的变化影响生物多样性、天然和人造环境、食品生产、资源供应和运输，以及其他方面。气候变化带来的影响正在冲击利丰的商品和服务采购与交付。利丰采购物料、制造产品和运送产品给客户时均须考虑这些风险。

利丰承诺于业务范围内负责任地管理对环境造成的影响。为减少能源消耗量、温室气体及废气排放量，利丰的办公室和生产设施以及货车车队及配送中心均已设立消耗量及排放量监控系统。所有的设施均符合相关的监管要求。以下为利丰减少用电量、燃料消耗量和温室气体排放量的主要措施：

- 逐步将运营的照明改用 LED 灯。

- 采用及优化具有能源效益的建筑物、空调系统、生产系统及设备。

- 在服务器机房整合设备，安装节能刀锋服务器和虚拟机。

- 通过改善空气流通和包封要求高强度冷却的区域，节省能源。

- 利用视频会议设施、IP 视频电话、VidyoDesktop 网上电话及 Webex，减少整体差旅需要。

- 升级加热和冷却系统以提高效率，采用洁净能源，比如在曼谷的设施使用太阳能，锅炉改用天然气、液体石油气；位于伊斯坦布尔的大厦加装太阳能电池板来发电。2019 年，利丰亦会为香港的配送中心安装太阳能电池板。

- 使用设有充电式电池的铲车，并安全地重复利用报废铲车可用的部件。

- 使用装有充电式电池的手提监控设备，连接到中央数据库以监控库存，从而减少纸张消耗，提高仓库运营效率。

- 位于马来西亚的配送中心已投入无人机进行盘点，避免仓库人员使用消耗能源的大型装备在高空工作，从而实现环保及安全保障。无人机每小时可盘点 180 个卡板的货物，比传统模式快一倍，同时令配送中心的生产力提升。

（三）善用资源和减废

利丰致力善用资源及减废，并且在整个业务运营上逐步实行节约用水措施，包括在各办事处安装节水型水龙头及其他装置，并在设施内安装设备，储蓄雨水用于园林灌溉以减少耗水量，还鼓励员工改变日常的行为习惯。

利丰的生产设施也执行相关制度以减少消耗，同时采取措施减少生产过程中的废料，监测污水排放，恰当地处理、储存及弃置化学品及固体材料和废料。

利丰各办事处使用的纸张都获得森林管理委员会认证，或由纳入森林认证体系认可计划的生产商制造。

利丰各办事处及设施在过去多年里尽量减少废料产生，循环再利用各种物料，并回收废纸、包装材料、打印机／复印机墨盒、铝罐、塑料瓶、托盘及其他物料。在生产设施方面，利丰亦采取各种措施，更有效地管理物料和减少废物产生。这些措施涵盖的范围包括适用于多种产品生产的弹性加工线，减少消耗和浪费的精益生产项目，妥善处理、储存和处置物料和化学品，以符合法律和欧盟订立的《关于化学品注册、评估、授权和限制法规》的规定。此外，利丰的生产和物流设施会循环再利用及回收由塑料和木材制成的托盘，回收废弃物资，并尽量减少内部储存和发送制成品的包装。

第二十章
利丰推动可持续
发展工作的经验

随着利丰把可持续发展以制度化的方法拓展及深耕，其客户和供应商也逐渐认同可持续发展的意义和影响。为了让供应链成员都参与到可持续发展中来，利丰不断探讨一些相关策略和倡议，包括：

（1）将日常业务运营中与战略规划层面中的可持续实践结合起来；

（2）让供应商了解最佳实践和知识，赋能供应商持续改进绩效，使可持续发展与业务的关系更密切；

（3）实践可持续发展的商业模式，推动伙伴以创新的方式思考和行动，建立竞争优势；

（4）致力于成为关注全球社区及社会参与的企业。

"可持续性一直是冯氏家族的核心价值，尽管过去的做法比较单纯，主要是要求供应商遵守《供应商行为准则》，确保供应商与国际公认的劳工与道德标准和做法接轨。同时持守回馈社会、支持公益活动、积极参与社区活动等目标。"利丰集团行政总裁冯裕钧说，"但是，现在市场对我们各方面的期望越来越高，包括安全、环境保护、社会责任和工作标准。许多工业意外及灾难如工厂火灾及倒塌等问题，都引发社会关注。我们需要更好的战略来解决这些问题：从事后处理个别事件转变为前瞻性的全面综合战略，为我们的客户提供全方位解决方案，创造可持续的供应链管理价值。我们需要帮助客户在各方面的发展都保持可持续性。"

利丰自 2009 年起落实全面可持续发展策略，以下为总结的经验。

一、可持续发展与经济发展需要双轨并行

为了实现可持续发展的目标，企业需要先在市场上站稳脚跟，当主营业务达到经济效益，成绩有目共睹时，供应链伙伴才会愿意投资于可持续发展的项目，并期望同样得到回报。通过投入各种社区活动，利丰发现实践可持续性的工厂可以提升生产力、节省成本、得到客户认同，社区更强大，实现共赢。例如 HERproject 在开始推广时，可持续性、供应商合规性和社会公益都是分开的，但是，当可持续发展的效益显现出来以后，一切都连接起来，缺一不可，当中需要文化变革，才能创造一个更好的供应商生态系统、更好的营商环境。

二、可持续性观点的演进

在推进可持续发展工作上，利丰面对的最大挑战是改变供应链上各利益相关者的心态及行为。世界各地的员工、供应商、客户、消费者和社区都必须认同利丰可持续发展的信念，接受公司的可持续发展理念并付诸实践。这需要大量的教育和沟通，虽然新的可持续关注点可能会让一些传统利益相关者感到不安，但利丰积极说服各方变得更加灵活和开放合作，让各方明白整个世界在不断变化，可持续性的呼声日益高涨，推动可持续发展会带来有形和无形价值。

起初，对客户来说，利丰确保供应商遵守基本环境法规只是一项附加服务，不过时至今日，回应社会对可持续发展的需求已经是一项备受重视的基本营商条件。另外，为了实现可持续发展，企业亦有义务教育消费者关于可持续性消费的选择。利丰及零售商客户在教育消费者方面不遗余力，帮助消费者了解何谓美好生活，认识到个人所作出的选择对社会及下一代带来的影响，让他们不要只关心个人消费成本而忽视社会成本。

三、注意地方法规及文化差异

利丰的供应商遍布全球，由于国家和国际法律的差异、社会和文化规范的不同、个别的营商环境及面对交付货物的压力亦有所区别，显然，各家供应商需要的可持续发展指引也有所不同。为此，利丰于2010 年推出了整体可持续发展策略，帮助不同区域的供应链成员改善社区的环境和经济条件，针对各个业务地区计算环保成本及碳足迹，为全球可持续发展作出贡献。2011 年，利丰进一步提高对可持续发展的重视程度，在董事会内成立了一个风险管理和可持续发展委员会，负责实施战略及管理可持续发展带来的各种风险和机遇。

四、供应商不单需要审计，更需要指导及支持

维系可持续发展的供应链，审计是不可或缺的。不过，很多工厂屡屡接待不同客户的"审计"，以及跟进大大小小的"纠正行动计划"，不胜其烦，有时来自不同客户的纠正行动计划的要求甚至互相矛盾。

利丰的供应商合规性和可持续发展经理强调："不仅仅是审计，我们需要评估、教育和参与。利丰需要成为一名教练，为供应商提供建设能力、技能、知识、培训、科技、财务援助和联系。"一定程度上，"合规"是一个过时的术语，它意味着不是失败便是通过，不是惩罚便是接纳。但是，利丰认为"合作"更重要，以利丰为桥梁，从客户到合作工厂都提升

质量，使供应链从上游开始直通下游，各成员都在可持续发展当中成长。

五、供应链的溯源可视性

供应链的可追溯性及可视性已经变得越来越重要。为了确保供应商符合当地环保法规，越来越多客户要求供应商提供有关温室气体排放、用水量等具体数据，它们不仅要掌握一线供应商的数据，更要知道一层层外包供应商或原材料生产商的资料。

因此，利丰致力于为品牌客户提供服务数据和提升供应链可视性，支持品牌展现优质的绿色产品的应有价值。通过数据共享，消费者亦可以知道产品是否符合可持续发展的采购及生产原则。当整个社会都重视环保、生态和道德，愿意群策群力，追源溯本，互相监督，全供应链持续发展才能实现。

总而言之，作为全球供应链管理者，利丰将各成员聚集在一起，并且汇聚不同的技术、智慧、资金和资源。利丰通过在供应链中发挥领导力而获得竞争优势，有能力改造供应链体系，以确保供应链安全、可持续、透明并创造价值。以往通过将生产分散到不同的市场来优化全球供应链，利丰成为行业的先导，现在供应链面临转向可持续发展的新挑战，利丰将继续致力于在供应链可持续发展的新时代领军。

总结：利丰冯氏——
全方位供应链的启示

第二十一章
总结访谈

　　冯氏集团至今已历经了 110 多年，正迈进第四代迎来新发展。在过去一个多世纪，冯氏集团由一家传统商号发展到今时今日的跨国商贸集团，跨越了不同时代的挑战及环境变迁，有赖家族几代人以及全体员工的努力耕耘，克服了历史上多次危机。

第一节　冯氏集团：变·迎变·不变

　　冯氏集团原名利丰集团，由先祖父冯栢燎与李道明先生合资，于 1906 年 11 月 28 日在广州沙面成立。公司的名称由李道明的"李"和冯栢燎的"冯"两字的谐音"利"与"丰"组成，寓意"利润丰盛"。利丰开业之初，以外销陶瓷为主业，兼营古董及工艺品。之后，利丰逐步将外销业务扩展至竹器、藤器、烟花、爆竹以及玉石和象牙等手工艺品，生意很快走上轨道。

　　20 世纪三四十年代，日本侵华，广州沦陷，冯栢燎将利丰迁至相对安全稳定的香港。第二次世界大战爆发后，香港也沦陷了，利丰的业务陷于瘫痪。1945年，日本宣布无条件投降，冯汉柱作为第二代家族领导人管理公司，恢复业务。战争结束，向来不参与业务管理的合伙人李道明宣布退休，并将所持有的利丰股权全数卖给冯氏家族。之后，香港经济起飞，制造业开始蓬勃发展，到了60年代，利丰从40年代只有数十名职员的小型公司，发展成为一家拥有数百家海外客户、采购网络遍及香港逾1 000家工厂的贸易公司。

到了70年代初，冯国经和冯国纶（第三代家族成员）先后从美国哈佛大学毕业返港加入利丰。为了配合宏观商贸环境的改变，他们利用从美国学到的先进管理理论，对利丰进行了一次哈佛案例式的研究，由此发现了公司在企业架构、会计部门等方面需要改进之处。两人随即着手策划历时两年的改革，并于1973年将利丰成功上市，这成为公司迈向现代企业的里程碑。之后内地实行改革开放，加上东南亚以至全球发展中国家陆续开放，为生产及采购带来巨大机遇。香港逐步发展为生产性服务中心，利丰亦与时俱进，着力发展离岸生产模式，将管理重点转向内地的工厂网络，为客户提供采购及相关服务。哈佛大学曾对利丰进行一系列的案例分析，总结了利丰多年以来应用供应链管理的跨国经验，详细的案例内容参见《供应链管理：香港利丰集团的实践》。

进入新时代，冯裕钧（第四代家族成员）于2001年加入利丰，他从基层做起，先后在成衣、硬货等部门任职，不但在一线及后勤工作，也曾服务于公司在香港及欧美的多个部门，熟悉公司各业务环节的运作。加入利丰前，冯裕钧亦是从哈佛大学毕业，再于美国东北大学深造，拥有美国注册会计师资格和在硅谷创办信息科技公司的经验。加入利丰约20年来，冯裕钧和父辈一样面对不少当代大环境带来的挑战和机遇，例如2009年全球金融海啸以及近年来数字科技广泛应用所带来的冲击。凭着掌握的知识和经验,冯裕钧将创新的理念和技术融入传统的经营业务,在进一步发展现有优势业务的同时优化公司结构,使之既能保持大公司的规模,又能体现小公司的灵活性和创新性,从而将公司业务推向创新发展阶段,创造出新的业绩。

(一)变

从冯氏集团百多年的发展历程可见,变化是时代不变的定律。数字科技快速发展,移动互联网改变了消费行为和方式,消费需求日趋个性化和碎片化,为上游供应链带来全新挑战,在迎合"小批量、多批次、快翻单"要求的同时,确保产品质量、厂房合规、供应链可持续发展等,成为所有企业必须面对的课题。

亚洲中产阶层的兴起亦改变了全球贸易流通的走势。从前的"亚洲生产,欧美消费"已转变为"全球生产,全球消费",亚洲地区已渐渐由以出口为主导变为迅速增长的进口市场。不过,在文化、对时尚潮流的理解、消费习惯等方面,新兴的亚洲市场与成熟的欧美市场有极大差异,企业进军新市场往往需要领航员保驾护航。

此外,世界进入了智能制造的时代,新工业革命的核心不是单纯的智能化、自动化,而是商业模式的转变。更多企业利用物联网采集及反馈数据,驱动研发设计、生产设备和决定生产模式,从而提升整体供应链效率、弹性回应消费者定制化需求。科技的革新和商业模式的创新将成为未来不可逆转的趋势。

(二)迎变

未来是迎变的时代。目前,消费领域已高度数字化,网上购物蔚然成风,消费不再受时间和地点限制,然而,上游供应链包括产品设计研发、采购生产等环节的数字化程度仍相对滞后。

为迎合下游供应链的快速变化,利丰于2017—2019年的"三年计划"中提出"速度、创新、数字化"的发展方向,以创造未来的供应链。利丰正建立一个全面整合的数字平台，连接逾10 000家供应商、2 000家客户和其他伙伴，提供全程可视的服务和数据分析，让利丰能够提供更好更快的供应链服务。

（1）速度。协助客户缩短交货期及加快将产品推向市场的速度，通过简化流程、善用高科技，以及采用创新的方式与客户及其他业界伙伴合作，令运营更灵活敏捷，也可更迅速地制作成品。

（2）创新。不仅将创新融入产品及服务，更把创新融入运营模式，以及与客户和生态系统其他伙伴的合作方式，以形成一个持开放态度的创新及合作文化。

（3）数字化。实现供应链全面数字化是提升速度和创新不可或缺的一环。从产品开发、样板制作，到产品生产及运送，利丰致力于将供应链上所有主要程序数字化，提供以数据主导的市场洞察及切合所需的服务。

（三）不变

冯氏在革新之中也有坚持不变的核心价值："我们是企业家"、"我们是一家人"及"我们秉持谦逊的态度"，多年来冯氏一直贯彻执行。

（1）"我们是企业家"（We are entrepreneurs）。时刻忠实地了解客户所需，为客户提供量身定制的供应链管理服务。在固有服务的基础上，积极探索创新创意，重视创新发展。

（2）"我们是一家人"（We are family）。经过冯氏家族几代人的努力以及员工的耕耘，冯氏成为立足香港的跨国商贸集团。冯氏以员工的发展为己任，不但大力投资人才培训，亦重视内部团结及与员工建立长远关系。

（3）"我们秉持谦逊的态度"（We are humble）。谦卑使人进步。冯氏拥有多元文化，积极广纳意见，拥抱创新创意，与同业分享智慧结晶与经验。正是因为这份谦卑，伙伴之间得以坦诚相待，在遇上困难时更推心置腹、互相扶持。

冯氏特别重视企业持续发展，大力投入资源培训人才和员工，其管理培训生计划网罗全球顶尖管理人才，集团内部设立冯氏学院和利丰研究中心，为集团旗下各公司的员工及营商伙伴提供培训及支持，提升掌控未来的能力。

为配合创新发展方向，利丰邀请以提供创新思维和革命性科技培训闻名的奇点大学为集团管理层授课。课程内容包括颠覆性创新、人工智能、机器人技术、3D 打印、指数式机遇，等等。同时建立创新业务孵化平台利程坊，探索各种颠覆性创新模式，让利程坊成为创新型商业生态系统及新科技的试验田。员工也能在分享过程中受到启发，将创新创意融入下一阶段的发展策略。对可持续发展的重视成为冯氏集团成功的基石。

以下辑录冯氏集团主席及利丰荣誉主席冯国经博士、利丰主席冯国纶博士、利丰行政总裁冯裕钧先生的访谈，剖析和前瞻未来供应链发展的趋势，为全书作总结。

第二节　访谈一：冯国经
（冯氏集团主席、利丰荣誉主席）

简历： 现任冯氏集团主席，同时出任冯氏控股（1937）有限公司董事。于 1973 年加入利丰出任经理，1977 年调升为利丰出口贸易业务董事总经理，1981 年出任利丰董事总经理，1989 年出任利丰主席。自 2012 年 5 月退任利丰主席后，担任利丰荣誉主席。

冯国经博士是国际商界领袖，热心学术及公益活动，在香港、内地及海外担任多项商会要职及社会公职。出任中国人民政治协商会议第十至第十二届全国委员会委员，并于 2009—2014 年担任中国国际经济交流中心副理事长。拥有麻省理工学院电机工程学士及硕士学位，以及哈佛大学商业经济学博士学位。冯博士曾任哈佛大学商学院教授四年。

问：哈佛大学四度将冯氏兄弟的经商之道列为商学院工商管理硕士（MBA）教案，让全球的 MBA 学子在最高学术殿堂讨论。《远东经济评论》喻冯氏兄弟为亚洲最有头脑的商人。二位改写全球贸易供应链的历史，让家族企业屹立百多年。根据您的经验和观察，您认为这些年间供应链有何变化？

答：供应链的发展和演进可分为三个阶段。供应链 1.0 是垂直整合、本地化的供应链。工厂生产的消费品在本地或邻近市场销售。

供应链 2.0 是全球分散生产的供应链。全球分散生产由两个因素推动。第一，中国改革开放，尤其是邓小平南方谈话后，中国开放沿海城市，释放了大量劳动力。第二，信息及通信科技，特别是互联网出现，容许无国界的供应链管理。在此阶段，消费者不再受限于本地制造的商品，例如，本地制造的成衣占美国市场的比例由 1960 年的 95% 下降至 1990 年的 50%。而中国就在这一阶段逐步发展成为"世界工厂"。

供应链 3.0 是全球的智慧供应链。智慧供应链的出现有三个原因。第一，科技长足发展，新科技包括人工智能、机器学习、大数据及区块链，革新了整个零售业的面貌；此外，智能电话的广泛应用令电子商务飞跃发展。第二，近 20 亿中产消费者在发展中国家涌现，令全球消费的增长点由西方国家转向发展中国家，特别是中国市场。第三，全球对可持续发展日益重视，特别是联合国在 2015 年发布《2030 年可持续发展目标》后，工人权益、产品安全和环保等议题备受关注。

企业要成功，首先要具备全球视野，通过掌握整个商业生态系统，分析企业在生态系统中的定位。这样，企业可借助生态系统的网络，在更大范围内寻找合作伙伴并建立业务关系，发挥所长，共同协作，从而提升整体效益。其次，面对快速变化的市场环境，企业必须重新审视自身的商业模式，要有创新和冒险精神，通过不断试验寻求突破。最后，善用新科技，例如前面提及的新技术，以及数字平台的建设，从而整合供应链不同环节的数据，及时回应客户需求，提升供应链整体效率，甚至发现新商机。

以冯氏为例，集团正在寻找更多合作伙伴，积极探索创新发展之路。近年，冯氏在上海建立了首个全球智慧供应链系统展示服务平台"利程坊"。利程坊希望与创新合作伙伴共同打造一个以智慧供应链为核心的开放创新生态。我们希望吸引更多供应链和零售领域的优秀初创企业进驻，通过冯氏全球供应链资源整合能力及供应商、分销商、零售客户网络优势，帮助初创企业验证和测试新想法、开发新产品新技术，推动其快速成长。

此外，在首届中国国际进口博览会上，我们与阿里巴巴达成战略合作协议。双方融合彼此在线上线下零售领域的优势，致力于帮助全球品牌进入中国内地市场，满足中国消费者日益增长的需求。阿里巴巴为品牌提供天猫、银泰等零售渠道，冯氏零售则提供广泛线下渠道支持，帮助国际品牌在线上线下全渠道创造更丰厚利润，实现可持续的规模化增长。

至于科技应用方面，2018 年，我们与京东共同搭建人工智能无界零售中心，在人工智能平台及智能零售两个方向进行深度合作，利用先进的人工智能技术打造更加高效的零售方案，提供创新的产品、服务和内容，并专注于智能消费等领域的研究。2019 年，冯氏零售与京东共同研发取得成果，冯氏零售旗下的 OK 便利店在香港长沙湾和铜锣湾旗舰店开设人工智能零售区 A.I.R. Zone，这是香港首个应用在零售场景中的人工智能结算系统项目。

问：《哈佛商业评论》称利丰的供应链管理为"香港风格的供应链管理"，具有"快捷、全球化和创业精神"等特点。可否用简单例子说明利丰多年来正在实践的全球供应链管理模式？

答：举例说，一位来自欧洲的零售商客户向我们定制 10 000 件成衣，这并不是一项简单的从某国采购和生产货品的业务。

处理这份订单，我们也许会先从韩国购买纱线，然后运往中国台湾进行纺织和染色；同时，由于日本的拉链和纽扣高质耐用，我们会到 YKK（日本的一家大型拉链厂商）在中国大陆的工厂订购拉链；基于商贸协议和工人状况的考虑，泰国是最理想的生产地之一，我们会把布料和拉链等部件运到泰国进行生产。另外，为了能按时交货，我们会将订单分发到在泰国的 5 家工厂，这样，我们便能为客户量身定制一条最具成本效益的价值链，尽可能满足客户的需要。

在收到订单的 5 个星期后，10 000 件衣服就安放在欧洲客户的货架上，它们的颜色、剪裁设计完全相同，跟由同一家工厂生产没有分别。可以想象当中的生产工序、品质控制及物流协作多么完善紧密。

这是一种高增值、真正实现全球化生产的一站式价值链。产品标签上或许会标示"泰国制造"，但其实不完全由泰国制造。我们分解整个价值链过程，优化每一个步骤，并为每个工序寻求最佳的处理方案，然后全球生产。这种做法不但降低了物流和运输成本，更使我们能凭借高增值服务扩大盈利，公司能生产出工序更复杂的优质产品，并能更快捷地交付。

问：自 2008—2009 年美国次贷危机引发全球金融海啸以来，国际经贸环境发生巨大变化，世界经济发展的重心逐步移向亚太地区，全球供应链管理又有何变化？

答：30 年前，大部分消费由西方先进国家带动，比如经济合作与发展组织（OECD）成员。1980 年，OECD 成员的消费占全球消费的 83%，发展中国家占 17%，不过，今天这个比例已调整至约 75% 和 25%，发展中国家的消费快速增长，而西方国家虽然仍在增长，但已经慢下来了。我们的看法是，到 2050 年发展中国家的消费额在全球占比会超过发达国家。我们要注意市场在变，消费重心慢慢从西方转移到发展中国家。

　　我们可看到全球供应链将呈现以下发展趋势。第一，中国在全球制造业的比重不会继续提升，甚至可能下降。中国经历产业升级，腾笼换鸟，由"在中国制造"（Made in China）变为"由中国制造"（Made by China）。第二，亚洲地区的消费和高附加值产业会不断增长，而美国的高端制造业可能会由于运输成本上升等因素回归本土。第三，在自然灾害频发的时代，全球供应链地理位置的分布将更趋多元，这将改变过去单一关注成本而忽视其他风险的管理模式。第四，全球多功能产业链发展创新的需求将促使通信技术、信息技术及交通技术不断迭代更新。第五，由于新兴经济体巨大的人口规模、自然资源及可消耗能源的限制，国家及企业将更关注生产和消费的可持续发展。第六，金融和贸易监管与政策等宏观环境对实体经济的冲击将日趋频繁，国家和企业需重视全球治理问题。

　　问：近年，中国政府提出"一带一路"倡议，您认为对全球供应链以及各类企业有什么启示？

　　答：毫无疑问，成功推行"一带一路"倡议将会加速全球供应链格局的变革，衍生以下三个新趋势：

　　第一个趋势是从单向供应链演变成多向供应链。首先，新兴中产阶层的兴起以及消费全球化的浪潮改变了传统的"东方生产，西方消费"模式。过去 20 年，所有货源都来自亚洲，大部分付运到欧美，当中以中国制造的产品出口到欧美占多数，供应链基本是单向的。目前，全球供应链变得更加微妙、复杂和多向。而随着"一带一路"沿线消费力量的迅速崛起，全球生产、全球消费的网络状新供应链格局正在形成。像中国、印度这些非 OECD 国家正在成为全球供应链不容忽视的重要消费来源，这为全球的企业带来了机遇和挑战。

第二个趋势是由线下供应链扩大至全渠道供应链。在供应链方向发生改变的同时，消费模式也正发生变化。在销售端，数字化经济和电子商务的兴起正在重构整个销售生态，结合线上和线下服务，形成商家与消费者接触的全渠道模式，成为消费端的整体趋势。这种消费模式的改变对供应链上游各个环节产生巨大影响。可见的趋势包括：订单的碎片化、不断提高的物流要求，以及从大规模标准化生产转向大规模定制生产，等等。

第三个趋势是从为大企业服务转向为中小企业服务。前面也提及，非 OECD 国家的崛起以及电子商务在这些国家的飞速发展，让更多中小企业甚至微型企业参与全球供应链。在"一带一路"倡议下，大企业需要探索如何为中小微型企业提供有效服务的模式。我认为，这个新市场和以往的欧美市场大为不同，最好的模式就是能让新兴市场与欧美市场互补，这为敢于创新的企业提供了巨大的机遇。

问：您刚才提到，原来的新兴市场不仅仅是全球生产基地，更是迅速增长、庞大的消费市场。过去单向的全球供应链管理模式正发生改变，可否以冯氏集团为例，对此略作说明？

答：自 20 世纪 80 年代以来，利丰在中国内地的采购贸易业务日益兴盛，即使 2018 年上半年开始出现中美贸易摩擦，中国内地仍是利丰贸易最大采购市场。利丰见证了内地经济的发展和变迁。过去 40 年，中国是世界重要的生产和采购基地，随着经济发展、生产成本和国民购买力的上升，中国内地已逐步由生产基地转变为生产和内销市场并重的经济体系。从另一个角度来说，中国着重把技术、企业、资金等"引进来"，目前是"引进来"和"走出去"并重。

香港作为中介人角色，过去只做单程客，将外面客源引入内地，但随着内地积极走出去，现在已演变成做双程客生意，市场规模不断扩大。新兴亚洲国家的中产阶层将成为全球消费增长的引擎，因此，我们首先在中国发展"亚洲消费者"业务，已成立 Asia Retail Company（ARC）部门为中国内地市场引进国际品牌和商品，提供产品策选服务，并为国内企业打造自有品牌，此业务将扩展到东南亚国家联盟和印度市场。

问：智能手机的高渗透率改变了零售环境，消费者运用碎片化的时间购物，并通过社交媒体分享消费体验。消费者更注重设计，对个性化产品的需求剧增。冯氏如何回应此市场变化？

答：冯氏有过百年深厚的国际商贸与供应链资源整合实力，与国际品牌有丰富的合作经验，掌握市场潮流和趋势。针对消费者个性化需求剧增的趋势，我常提到的一个概念就是策选，策选这一概念在西方国家可能已耳熟能详，但对于中国等亚洲市场还是比较新的概念。

策选是把供应方的成本和规模优势联系起来，以可扩展的组合形式提供产品给零售商以及消费者。通过先进的分析和人工智能来实现供需匹配，例如 3D 设计使消费者能够从产品设计的外观得到非常生动和"几乎真实"的概念与观感，更容易确定该设计是否符合消费期望和偏好，亦可以基于消费者喜好推荐相关款式或产品，满足消费者个性化的需求。简而言之，策选使用数据和需求匹配，以智能手段把消费信息过滤成为产品库。通过这种方式，消费者被赋予权利在不同的选项中挑选心目中的个性化产品，同时供应商仍然可以批量生产完成订单。

冯氏凭借多年的贸易经验及数据，有能力为客户策选市场潜力高、设计独特的专属原创产品系列。当客户需要设计原创产品系列时，冯氏可根据客户的需求设计、开发和策选出最具竞争力的特色产品。冯氏有许多性价比高的出口产品，包括服装、鞋履、配饰、家具、家居和床上用品及美妆产品等，为客户在集团的 10 000 家供应商中挑选出最好最合适的产品，设计定制专属的优质产品系列，进行采购。

第三节　访谈二：冯国纶
（冯氏集团副主席、利丰集团主席）

简历： 冯氏集团副主席、利丰集团主席、利标品牌有限公司主席及冯氏控股（1937）有限公司董事。于1972年加入利丰，1976年调升为利丰出口贸易业务董事，1986年出任利丰董事总经理，2011年担任执行副主席，2012年5月出任利丰集团主席。

冯国纶博士热心出任公职，是中国人民政治协商会议第九届全国委员会委员。拥有普林斯顿大学工程学士学位及哈佛大学商学院工商管理硕士学位，并先后获得香港科技大学、香港理工大学及香港浸会大学颁授荣誉工商管理学博士学位。

问： 利丰由一家在广州创立的贸易公司，发展到目前管理全球逾10 000家供应商、服务2 000家零售客户，在过去百多年各种各样的变化中，利丰如何应对排山倒海的挑战？

答： 利丰百多年来一直面对不同的挑战，包括各种颠覆性的变迁，就应对危机、改变而言，我们从不感陌生。利丰1906年于广州创立，当时是清朝末年，广州是重要的商埠，我祖父少时在香港上学，学过英语，可以直接与外国客户沟通，从事中国商品出口贸易，产品包括中国手工艺品、茶叶、丝绸、瓷器等，与外资贸易商一起竞争。其后因为战争，利丰把业务迁移到香港，一切重新开始。

随着20世纪50—70年代香港的工业发展及出口转口贸易优势显现，利丰的业务渐趋稳固。当我在1972年加入利丰时，香港的劳工成本开始不断增加，于是我们把生产基地转到中国台湾，后来台湾的成本又开始增加，我们又转到韩国，接着转到东南亚地区如泰国、印度尼西亚和菲律宾。中国大陆于1978年改革开放，我们回到大陆。

基本上，我们观察、探索并付诸实践，努力把每次危机都化为转机，沿着制造业全球化的大趋势走。哪里成本最低、效率最高，或是哪里反应最快、有能力持续发展，我们便到那里开拓业务。在此期间，世界贸易组织成立，促进了全球贸易的发展，运输成本降低，利丰也抓紧机遇，实践了全球供应链管理。经过长年累积经验及关系，今天的利丰采购网络遍及全球，若某地区贸易出现异动，利丰有能力迅速把生产线转移到其他市场，化解危机。

问：我们经常听到"颠覆"一词，很多人说新科技会为传统商贸带来翻天覆地的改变。您认为如何？

答：新科技的确会改变多种行业的经营模式，例如优步运用科技革新了整个出租车行业，因为它充分调动和利用了闲置的汽车运载能力。

过去几年，人们的焦点都一面倒地集中在线上市场逐步侵吞传统实体零售商的市场份额上。然而今天，所有商家都清楚意识到利用线上数据、通信技术及科技服务消费者的必要性。实体和线上零售商的界线已经随着全渠道营销的不断发展而变得模糊。各种零售业态相互补充，消费者亦乐见消费体验越来越完善。零售商和品牌商根据自身产品线的特点来决定各种渠道的比重。实际上，近几年我们已经看到主要的线上零售商与线下实体连锁店建立联盟，共同开设实体店，以拓展业务范围及扩大客源。我相信，那些既拥有新技术又掌握完善的全渠道策略，并具备实践策略所需的雄厚财力的商家，将会成为最终赢家。

有人认为，网上商贸平台会取代利丰的业务，事实是，只要利丰向客户提供有附加值的服务，客户就会选用利丰的服务，相反，任何渠道若不能为客户带来价值，就会被客户摒弃。客户会权衡成本和所得价值作出抉择。

问：您从事贸易业务接近 50 年，目睹世界不断发生变化，尤其地缘政治、国际贸易环境变幻莫测，可否谈谈利丰适应变化的策略？

答：不同企业面对变化会有不同反应，我很认同家兄的理论。如果一家公司不能根据世界的变化而调整经营策略，这家公司会成为历史。一家公司面对变化而作出反应，这亦只是小学级别。至于达到中学级别的公司，负责人会看得长远一些，预测市场的变化，提早作出应对，先发制人地制定策略迎接变化。至于有能力把公司再造的，才算是大学级别。不过，据我们观察，有不少大型企业因为欠缺再造能力而衰落。

那么，怎样再造公司呢？就是定期要以零为起点去重新审视及评估公司，从零的基准开始，不局限于已有的业绩，而是由专业单位领导者通过情境预测和倒推式规划等方法重新审视业务内容，决定优先次序，并根据成本和效益分析，就业务内容作出最合适的安排和规划，将资源重新配置或作最恰当的配置，这样才可再造自己的公司。这也就是利丰抗衡外部因素变化的不二法则——"三年计划"的实践。

不过，我们并不满足于大学级别，我们希望公司不仅有再造能力，还要把这种能力常规化，令集团可以持续发展。一家公司的再造，不能依赖一两位出色的员工，而是需要公司上下一心，通力实践执行，把计划内化成为恒常业务的一部分。这样，才可达到大学研究院的水平。

问：自1993年起利丰开始推行"三年计划"，为什么是三年？当今科技日新月异、快速发展，"三年计划"是否还适用？

答：利丰的"三年计划"参考了中国内地的五年规划，我们采用"三年计划"是因为商业世界变化迅速，若以五年为界，就太漫长了，如果每年制定一次计划则又太仓促，没有充足时间去执行计划内容，因此，我们认为三年最为合适，既可适应市场变化，也有足够时间去执行新的策略。值得注意的是，我们在明确"三年计划"的目标后，会义无反顾地去执行，即固定计划，不会因突发事件而作改动，这样，便可激发员工运用创新方法、突破思维去达到目标。

在制定"三年计划"时，我们首先评估三年后的环境是怎样的，包括三年后世界的经贸、营商环境及客户和供应商的发展情况等，然后按此确定利丰三年后的愿景和蓝图。想象并置身于利丰三年后的理想境界，再审视目前的位置与理想的差距，下一步是看看用什么策略跨越这个距离、用哪个组织架构和策略方法推行。这就是制定"三年计划"的具体步骤。

在上一个"三年计划"，我们试验及推行了多项数字化及强化集团供应链的技术，包括能追踪每一件产品的无线射频识别系统标签、虚拟样板制作等，取得不错的成果。在2017—2019年的"三年计划"中，我们聚焦于"速度、创新、数字化"，以创造未来的供应链，协助客户在数字经济中驰骋。

问：国际贸易形势急速变化，您是如何看未来的商贸环境的？

答：2009年是世界经济的分水岭。当年，为应对金融海啸，很多国家采取了货币量化宽松政策，大量货币在市场上流通，低息环境和极低的借贷成本促使众多科技初创公司成立，多种颠覆性科技应运而生。

与此同时，因内地工厂发生员工坠楼事故，政府改变政策，大幅提升了最低工资，其世界工厂的角色也发生转变。随着人工成本上升，劳动密集的行业开始由中国转移至越南及印度等东南亚地区。中国经济增长动力逐步转向内需市场，内地亦信守承诺，开放内地消费市场，预期2030年将成为全球最大消费市场。在中国带领下，亚洲经济趋势稳健，几十年来全球化的经济成果转化为大量中产阶层消费者兴起和消费市场不断增长。我相信亚洲将成为未来经济增长的最大赢家。

不过，国际贸易摩擦不容忽视，我们将继续密切关注贸易格局的变动，协助客户及供应商应对危机。我们拥有全球最大的采购网络，这足以帮助我们应对贸易冲突可能导致的生产混乱。

问：利丰的目标是塑造未来的供应链，造福供应链生态下的10亿人。未来的供应链是什么样的呢？

答：目前的零售领域高度数字化，消费者通过社交媒体浏览和交换购物信息，讲求与零售商即时互动，他们的喜好变化很快，线上付款后，希望即时收到网购产品。可是，供应链上游领域仍然十分传统。电商平台为吸引网购者，常常许下"即日送""一日送"之类的送货保证，但是，支持它们的工厂不一定能达到对生产速度的要求，实际情况是不少厂商需要在货物上架前预备足够的库存，在整条供应链上，这些库存都是真金白银的投资，如果实际网购订单比预测的需求少，那些真金白银便会付诸东流。

未来的世界将高度数字化，速度是供应链的决胜关键，能有效降低库存。未来利丰的供应链将会更多地运用数据，缩短从研制到出货的周期，并追求全面自动化。单是利丰自己的生态系统已足以构建一个庞大的数据库，可以作出洞察分析，加上外部数据及其他创新科技，利丰能快速回应客户和消费者的需求。

第四节　访谈三：冯裕钧
（利丰集团行政总裁）

简历：利丰行政总裁。于 2001 年加入利丰，曾任 LF Europe 总裁，主管欧洲分销业务，于 2008 年出任执行董事，并曾任利丰运营总监（2012 年至 2014 年 7 月），负责环球基础设施，自 2014 年 7 月出任利丰行政总裁。拥有哈佛大学文学学士学位、东北大学会计硕士学位及工商管理硕士学位；为美国注册会计师。

问：在过去的业绩发布会、投资者简介会和公开讲座等场合，您常用一幅龟兔赛跑的图来比喻利丰面对的情况，可否讲述一下这幅图？

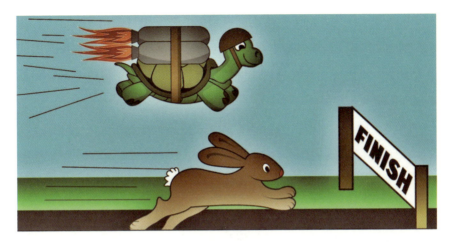

龟兔赛跑

答：兔子是比喻消费者，他们正以兔子的速度前行，他们在社交媒体接触到心仪的商品，便希望尽快拥有，不可能再等一两个月，因为消费行为可能每天都在改变，他们很快便会对商品失去兴趣。但是供应链的上游成员，例如供应商、品牌商等，仍以乌龟速度前行，传统40个星期的供货期已不合时宜，商家必须与兔子跑得一样快，才可配合消费者的速度，不会被市场淘汰。

我认为供应链要加速，数字化是一项利器，每个行业都将有一定程度的数字化，这只是时间问题，我们希望成为第一家供应链全面数字化的公司，而这场竞赛的关键是数据。

问：那么，利丰如何加快上游供应链的速度呢？

答：如果供货周期长达40～50个星期，待商品推向市场时，潮流已过，很可能会导致库存，零售商也许要降价促销商品。传统上，产品开发用时约3个月或以上，如果采用数字化流程，可把流程大幅缩短到数天。

很多人都有疑问：行业内有不少公司掌握相关技术，利丰有何不同？有什么过人之处？利丰创立的卓越数字中心拥有业内规模最大、地域分布最广的一个虚拟设计团队，并已成功发展为此领域的领导者之一。在两到三年内，利丰很可能拥有最大的数字设计数据库。

到 2019 年，利丰供应链各环节已陆续数字化，整个流程所需时间大大缩减。我们成功地提升供应链的速度，从设计到产品上架的交付期平均缩短了 30%。

问：在加入利丰前，您曾在美国硅谷创办科技公司。在全球知名的科创地区创业，您对"创新"有什么体会？

答：现在，世界发展步伐加速，经营环境多变。如果说我在加入利丰前的工作经验令我了解到新时代的商业运作及创新文化，那么，我加入利丰后的一项使命便是将"创新"这个理念带进利丰。

于我而言，创新意味着创造一种文化。每个人都可以自由开放地合作，创造新的工作方式、新产品、新服务和发展新业务。我要做的是投入资源，凝聚有创新理念的人才，并鼓励创新发展。同时，我也要求每个业务部门在制定工作计划时须注入创新元素，为客户提供更多价值。我希望只要是好的建议，就不会被埋没，即使试错失败，团队仍会获得支持，再接再厉；业务部门更会主动地进行跨团队、跨地域合作，结合各类专才，共同创造解决方案。

问：在 2017—2019 年的"三年计划"中，您刚才提及的"速度"、"创新"和"数字化"都是核心关键词，可否更详细地介绍一下您的构想？

答：利丰是一家规模庞大的公司，我曾问我的同事，利丰哪些方面做得最出色。我得到的答案是"各方面都做得很好"，我对这个答案不太满意，而这亦不符合我的看法。我希望利丰专精于几方面的核心业务，而不是样样皆能。我们应在某方面做得最好，而不是各方面都做得不错。在"三年计划"中，我们的目标是构建未来的供应链，我们必须决策果断，因为其他企业也正在做相同的事。如果我们不迅速行动，便不会再具有优势。而要行动迅速，便需要专注核心业务。

在制定 2017—2019 年的"三年计划"时，利丰面对的外部环境是这样的：美国零售商面临库存压力、零售商促销活动持续、零售商倒闭和破产数史无前例地高、新科技颠覆旧有商业模式。大多数零售商都认为科技应用已成日常，不创新即灭亡。

全球的营商环境正快速变化。传统供应链侧重于成本，而目前大部分零售商愈来愈重视敏捷的供应链。因此，利丰"三年计划"的三大元素之一是速度。我们的目标是协助客户缩短交货期及加快将产品推向市场的速度。通过简化流程、善用高科技，以及采用创新的方式与客户及其他业界伙伴合作，我们不仅可令运营更灵活敏捷，也可更迅速地生产成品。

凭借与大批不同类型的全球零售商合作所积累的经验，我们现在为客户提供更多改善供应链速度的方案，令它们的销售额及毛利得以增加，亦改善了降价促销及堆积库存的情况。与此同时，我们亦已提升内部运营水平，使之变得如小型初创企业般灵活快速地运作，把过去需数月才能完成的流程大幅缩短至数小时。我们相信灵活运作及迅速回应环境改变和客户所需，是未来各大企业的制胜关键。

至于创新方面，我们将创新融入产品及服务，以确保零售客户的门店可时常供应新颖、个性化及高质量的产品，同时提升毛利及销售量。此外，利丰把创新融入运营模式，以及与客户及供应链生态系统其他伙伴的合作，借以打造一种鼓励创新与合作并重的文化。领导一个传统行业改变，我们本身必须持续创建新的运营模式，以适应快速变化的环境。

实践供应链全面数字化可提高运营速度和创新能力。我们正在打造一个一站式平台，为客户及供应商提供更畅顺、更有效率、更具成本效益的服务，推出紧贴市场需求及潮流的产品。我们希望通过数字化创造未来的供应链，帮助客户成功驾驭数字型经济，同时为供应链领域涵盖的 10 亿人创造更美好的生活。

问：正如您刚才提及，国际贸易环境不断变化，在执行"三年计划"的同时，利丰如何抵御这些外在的影响？

答：近年来，我们看到供应链下游的零售商都千方百计减少存货，无预警破产或关闭的零售店也史无前例地多，如此具有挑战性的经营环境确实前所未见。总体上服装行业的需求依旧疲软，但家居产品及运动休闲服饰的需求却发展强劲。另外，地缘政治与经济环境在不断变化，全球面对很多不明朗因素。虽然如此，这也为利丰带来了机遇。我们多年来所积累的丰富的全球供应链管理经验，以及遍布世界各地的供应商网络，是我们的竞争优势。

利丰多年来沿用分散生产和采购基地的策略。目前，我们的采购基地已遍及 50 多个地区，足以应对国际贸易环境的任何变化。不少人有疑问，利丰为何不把生产基地减至 3～5 个，从而节省成本和增加效益？由利丰过去 40 多年的经验可知，各种贸易干扰每年都会出现，有时候是贸易纠纷、国际贸易协议的改变，有时候是汇率、原材料价格的波动，有时候是工资问题，而在全球分散生产采购基地，是应对贸易形势改变的有效策略。

过去几十年，我们在每个生产地区与当地合作方已建立牢固的伙伴关系，熟悉当地的供应商、商业组织和政府机构，也掌握当地的法律、劳动、环保及合规标准，当某种产品因关税问题而需转移生产线时，利丰有能力即时应对。转移生产基地绝不是一朝一夕的事，从找到合规的工厂、合适的工人，到生产达到稳定水平，这个过程需要一定时间。过去，根据客户的业务策略需要，我们也成功协助客户把生产基地扩展至更多发展中国家，例如越南、印度尼西亚、印度和孟加拉国等。

问：在构建未来的供应链过程中，利丰遇到什么困难？

答：利丰营商 110 多年，有着深厚的历史和企业文化。在转型的过程中，根深蒂固的思维和文化是最难改变的。转型从来不是易事，不少公司在转型过程中遭遇挫败，我认为关键是具体的落实执行。我们首先要说服员工、客户和供应商认识转型的重要性和迫切性。我们与各机构如奇点大学合作，为资深员工、管理层进行培训，让员工了解科技带来的影响，使全公司朝着同一目标迈进，实现数字供应链。

要创新，供应链必须对新构想、人才和知识抱持开放态度，并要运用新科技，寻找合适的合作伙伴，借助伙伴现有的能力、知识、平台及科技进行创新。我们亦鼓励创新团队尝试创新方案如众包平台，与创新社区联系，集思广益。此外，我们重新设计工作环境，打造开放的工作空间，增进员工之间的互动交流。

在转型的过程中，利丰坚持三大核心价值不变，包括企业家精神、秉持谦逊的态度及如家人般相处，这些价值是凝聚及团结员工的关键，并为我们进一步拓展业务提供指引。我们的核心价值代表着利丰待人处世的方式。

最后，创造未来的供应链是推动全球供应链向前迈进的一个宏愿，利丰走在前端作为推手，正与各利益相关者包括我们的客户以及供应链上的参与者一起，群策群力，从根本上改变思维和工作方式，开放协作，实现互惠共赢。

未来全球化
供应链的面貌

　　国务院于 2017 年发布的《关于积极推进供应链创新与应用的指导意见》指出，供应链在促进降本增效、供需匹配和产业升级中的作用显著增强，成为供给侧结构性改革的重要支撑。中国的目标是，到 2020 年培育 100 家左右全球供应链领先企业，重点产业的供应链竞争力进入世界前列，中国成为全球供应链创新与应用的重要中心。随着供应链管理愈来愈受到重视，冯氏集团多年的全球供应链管理经验以及创建未来供应链的实践可以为政府、企业及其他读者提供参考，以迎接数字化时代带来的机遇和挑战。

　　虽然本书所阐述的管理原理和实施方法是基于冯氏集团在商贸行业的实践归纳和总结出来的，但是对其他不同类型的产业也具有同样的适用性和参考价值。通过具体的业务案例，本书让读者了解全球商贸供应链管理的概念、实际操作和发展新趋势。

　　理论上，供应链管理者就是要管好商流、物流、资金流及信息流，但实际上，未来要做好全球化供应链管理，涵盖的范围更广，企业需要：

（1）拥有运筹全球资源的能力——不仅拥有全球网络，更重要的是全球视野。

（2）为产品赋予品牌价值——不仅要控制产品生产成本，更重要的是赋予品牌价值。

（3）以客户为中心——不仅以数字分析匹配供需双方，更重要的是提供全方位服务方案。

（4）有风险管理意识——不仅做好本分，更重要的是不断创新。

（5）由品质监控迈向可持续发展——不仅为今天把关，更重要的是能够把美好生活延续下去。

一、拥有运筹全球资源的能力

经过多年发展，中国企业的供应链管理水平不断提升，然而，中国现在的供应链大抵仍属于"被动式供应链"，企业的视野主要聚焦于本土市场，可以根据客户和消费者提出的要求作出快速回应，例如按照海外品牌或零售商的要求快速生产采购、为本土市场提供大众化商品，但大部分企业仍未具备跨国的产品设计和供应链管理能力，在国际产业链分工方面仍处于被动状态。

中国企业若要走出国门，便要向"主动式供应链"进发，具有预测新兴消费需求并快速反应的能力，在产品设计及开发、采购生产、物流、营销等方面主动提供改善供应链的方案，拥有跨国协调的灵活性，能够在世界各地采购和生产，取得国际竞争力。不过，这些能力正是目前大多数内地企业所欠缺的。

事实上，新兴亚洲国家的中产阶层即将成为全球消费增长的引擎，全球供应链会由单向转成双向，加上"一带一路"沿线国家消费力崛起，以往"东方生产，西方消费"的模式将会变成"全球生产，全球消费"的模式。企业拥有国际视野及运筹全球资源的能力是大势所趋。

冯氏集团作为全球网络协调员，多年来沿用分散生产和采购基地的策略，采购基地已遍及全球，足以应对国际贸易环境的各种变化。在平的世界中，集团为零售商提供设计、采购、分销、储存及运送多品类的快速消费品等服务，覆盖超过 2 万亿美元零售额的网络。集团熟悉海外市场需求，掌握丰富的采购市场信息，培育国际人才，为客户在全球分散生产，降低全球供应链风险。全球供应链双向模式已启动，一方面，集团有能力协助具有潜力的中国商品甚至品牌"走出去"；另一方面，集团亦致力于发展亚洲消费者业务，为中国内地市场引进国际品牌和商品，此后，会继续把业务扩展到东南亚国家及印度市场。

二、为产品赋予品牌价值

随着经济全球化程度加深、数字科技发展一日千里，各地市场的联系日益紧密，市场上出售的产品种类繁多，竞争激烈。而中国作为世界工厂，在世界每个角落随处可见"中国制造"的产品，这些产品价廉物美，但大多是国际品牌在中国代工的产品，大部分中国产品并未真正实现品牌国际化。品牌引领行业发展，与国家竞争力、经济实力和形象息息相关。

另外，国内中产消费市场不断扩大，这类消费者对生活品质的追求不断提升，中端自有品牌正在稳步增长，然而，能够开发中高端自有品牌并进行销售的国内企业仍屈指可数。在产品同质化问题越来越严重的情况下，要维持市场占有率，企业亟待提升产品，甚至企业本身的品牌价值。

冯氏集团的供应链管理方案除了能够为品牌商有效地以合理的价格设计及开发产品，管理采购生产，为产品的品质把关以外，更重要是能够设计自有品牌，为产品提升品牌价值。此外，集团旗下的利标亦可以为品牌客户开拓新市场，设计、开发、推广、批发和销售各种自有品牌及授权品牌的产品系列。以提升品牌的价值为依归，利标糅合品牌客户的文化，提供有创意、可信赖的创新型品牌管理服务，从灵感到概念到执行，为品牌商提供全面的品牌管理方案，积极提升品牌客户各品类的渗透率和全球影响力。

三、不变定律：以客户为中心

一流的供应链管理者应该在深入了解客户的需求后，提供具有附加值的服务，帮助客户快速回应市场需求，在信息不对称的市场中当好各利益相关者的桥梁。未来供应链以数字平台为支撑，打破信息壁垒，供应链企业更容易洞察市场风向和找出消费者习惯，分析潜在客户需求，真正实现以客户为中心的运营模式。

在数字化过程中，利丰提供的供应链管理方案把以客户为中心的原则发挥得淋漓尽致。利丰的客户从设计环节开始就可以参与其中，在数字设计平台上，设计师向客户呈现细致的3D数字设计，即时互动沟通，综合分析客户的意见，才投入生产。全供应链条高度透明，客户可以有效掌握信息，令最终产品真正符合客户需求。

四、有风险管理意识

全球的营商环境正快速变化，国际贸易争端、各国的政商环境，甚至天灾瘟疫都会令全球宏观市场变得难以预测，直接影响全球化供应链的发展。另外，新兴中产阶层的出现以及消费全球化的浪潮改变了传统"东方生产，西方消费"的模式，产品周期不断缩短；同一时间，不少消费者对绿色环保的认识和产品需求在不断提升，产品潮流变化频繁。

传统供应链侧重于成本优化及规模生产，已不能满足各式各样的消费需求。要提炼出能抗衡外在风险及危机的供应链，必须通过周而复始的规划、执行、检查和改进。企业需要不断检视其运营及长远策略，对不断变化的营商环境作出准确预判和及时回应。

为了开拓全球市场及规划未来，早在1993年利丰便推行"三年计划"。每个三年，利丰会以最新环境和企业状况来评估及展望企业的发展。虽然经历了众多不明朗的宏观经贸挑战，但是利丰从一开始便有危机意识，积极控制风险，采取轻资产管理策略，保障稳健的企业现金流，成就百年基业。而在2017—2019年的"三年计划"中，利丰更是提出"速度、创新、数字化"的发展方向，实践供应链全面数字化是利丰提升速度和创新的重要一环，是打造未来的供应链，回应新时代、新市场、新消费的需要。

此外，数字科技颠覆着既定的商业模式，在充满变革的时代，冯氏集团不懈创新，于2017年提出"创造智慧供应链，启迪新零售未来"，在上海推动了利程坊2.0的落成，引入有志于改革供应链模式的初创公司及新科技，配合冯氏丰富的全球供应链和零售资源整合实力，开拓新的商业模式，加速创造智慧供应链的新未来。利程坊也将最先进的科技真正应用到供应链的场景里，推动智慧供应链的改革，由此建立与合作伙伴的关系，在促进合作的同时创造出智慧供应链的新模式、新产品和新技术，为数字时代下的供应链发展探索新方向，并为商贸环境的革新创造价值。

五、迈向可持续发展

世界各地市场，包括中国内地，愈来愈重视消费品安全及质量保证，不仅政府大力促进消费品安全，传媒及精明的消费者也会时常监督产品的质量。每当出现产品安全丑闻，企业的形象都会大受打击，而一旦失去了消费者的信任，企业或品牌要恢复信誉并非易事。除了产品安全，产品的环保议题也成为消费者不得不认真思考的问题，支持可持续发展逐渐成为一种生活态度。因此，零售品牌需要慎选优秀可靠的供应链操作，倒逼生产、采购及分销企业都要严格进行质量管理。

可持续发展一直是冯氏家族的核心价值。集团的首要工作是发展及经营负责任、具有可持续性及灵活性的供应链，以满足千变万化的全球零售市场需求，同时保障及改善所有业务相关人士的生活，并致力于改善供应链中 10 亿人的生活。长期以来，集团确保社会及环保标准符合联合国《世界人权宣言》、国际劳工组织的核心公约及法律规定，确保供应链管理符合行业标准规定，重视产品合规和质量，早在 2001 年就成立了风险管理及可持续发展委员会，由利丰集团荣誉主席担任委员会主席，委员会就集团的风险管理及内部监控制度向董事会提出建议，并检查集团在企业责任及可持续发展上的常规及策略。集团的可持续发展供应链的管理模式，不仅帮助客户及合作工厂提升质量，使供应链由上游开始直通下游，各成员都在可持续发展当中成长，更可为企业带来强劲的动力迈向成功，并惠泽社群。

图书在版编目（CIP）数据

创新供应链管理：利丰冯氏的实践 / 冯氏集团利丰
研究中心编著；卢慧玲，张家敏执笔. -- 3版. -- 北京：
中国人民大学出版社，2021.4

ISBN 978-7-300-29095-9

Ⅰ. ①创… Ⅱ. ①冯… ②卢… ③张… Ⅲ. ①外贸公
司-企业管理-供应链管理-经验-香港 Ⅳ.
①F279.246

中国版本图书馆 CIP 数据核字（2021）第 035802 号

审图号：GS（2020）1398 号

创新供应链管理：利丰冯氏的实践（第三版）
冯氏集团利丰研究中心　编著
卢慧玲　张家敏　执笔
Chuangxin Gongyinglian Guanli: Lifeng Fengshi de Shijian

出版发行	中国人民大学出版社			
社　　址	北京中关村大街31号		**邮政编码**	100080
电　　话	010-62511242（总编室）		010-62511770（质管部）	
	010-82501766（邮购部）		010-62514148（门市部）	
	010-62515195（发行公司）		010-62515275（盗版举报）	
网　　址	http://www.crup.com.cn			
经　　销	新华书店			
印　　刷	北京联兴盛业印刷股份有限公司	**版　　次**	2003年9月第1版	
规　　格	160mm×230mm　16开本		2021年4月第3版	
印　　张	23.5插页2	**印　　次**	2021年4月第1次印刷	
字　　数	285 000	**定　　价**	89.00元	